EL ORIGEN DE LA BIBLIA

el Origen de la BIBLIA

Editado por

PHILIP WESLEY COMFORT

El capítulo sobre la historia de la Biblia en español escrito por

RAFAEL ALBERTO SERRANO

Tyndale House Publishers, Inc.
Carol Stream, Illinois

Visite la apasionante página de Tyndale Español en Internet: www.tyndaleespanol.com

TYNDALE y la pluma del logotipo de Tyndale son marcas registradas de Tyndale House Publishers, Inc.

El Origen de la Biblia

© 2008 por Tyndale House Publishers, Inc. Todos los derechos reservados.

Diseño por Timothy R. Botts

Traducción al español: Raquel Monsalve

Edición del español: Mafalda E. Novella & Cecilia Castro

Fotografía del pergamino de la portada © por Dorling Kindersley. Todos los derechos reservados.

Publicado en inglés en 2003 como *The Origin of the Bible* por Tyndale House Publishers, Inc. ISBN-10: 0-8423-8367-0; ISBN-13: 978-0-8423-8367-7.

Con permiso de Inter-Varsity Press, Inglaterra, para reproducir tres artículos del *New Bible Dictionary [Nuevo Diccionario de la Biblia]* (editor, J. D. Douglas), edición revisada, 1982: "La Biblia" por F. F. Bruce, "La inspiración de la Biblia" por J. I. Packer y "El canon del Antiguo Testamento" por R. T. Beckwith.

Con permiso de Philip Comfort para reproducir y adaptar porciones de *The Complete Guide to Bible Versions [La Guía Completa de Versiones Bíblicas],* publicado por Tyndale House Publishers, Inc., 1991.

Con permiso de Baker Book House para reproducir y adaptar porciones de *The Quest for the Original Text of the New Testament [La Búsqueda del Texto Original del Nuevo Testamento]* por Philip W. Comfort, 1992.

Library of Congress Cataloging-in-Publication Data

Origin of the Bible. Spanish.
    El origen de la Biblia / editado por Philip Wesley Comfort.
      p. cm.
    Includes bibliographical references.
    ISBN-13: 978-1-4143-1718-2 (hc)
    ISBN-10: 1-4143-1718-2 (hc)
    1. Bible—Introductions. I. Comfort, Philip Wesley. II. Title.
    BS475.3.O7518 2008
    220.1—dc22   2008002815

Impreso en los Estados Unidos de América

13   12   11   10   09   08
6   5   4   3   2   1

COLABORADORES

Harold O. J. Brown, Ph.D.
 anteriormente Catedrático de Teología Bíblica y Sistemática
 Catedrático Forman de Ética en Teología
 Trinity Evangelical Divinity School

R. T. Beckwith, M.A.
 anteriormente Director, Latimer Trust, Oxford

F. F. Bruce, M.A.
 anteriormente Catedrático Rylands de Exégesis y Crítica Bíblica
 University of Manchester, Inglaterra

Philip W. Comfort, Ph.D.
 Editor General, Departamento Bíblico, Tyndale House Publishers
 Catedrático Visitante, Nuevo Testamento, Coastal Carolina University

Raymond L. Elliott, M.A. (Teología), M.A. (Lingüística)
 Miembro emérito del equipo de Traductores Bíblicos Wycliffe/Instituto
 Lingüístico de Verano —tradujo el Nuevo Testamento al idioma
 nebaj ixil

Milton C. Fisher, Th.M., Ph.D., D.D.
 anteriormente Catedrático de Antiguo Testamento
 Reformed Episcopal Theological Seminary

R. K. Harrison, Ph.D., D.D.
 anteriormente Catedrático, Wycliffe College
 University of Toronto

Carl F. H. Henry, Th.D., Ph.D.
 anteriormente Catedrático Visitante
 Trinity Evangelical Divinity School

Mark R. Norton, M.A.
 Director Editorial, Departamento Bíblico, Tyndale House Publishers

J. I. Packer, M.A., D.Phil., D.D.
Catedrático de Teología Sistemática
Regent College

Leland Ryken, Ph.D.
Catedrático de Inglés
Wheaton College

Rafael Serrano, M.Div., Th.D. h.c.
Editor General, Departamento Bíblico Español, Tyndale House
Publishers

Larry Walker, Ph.D.
anteriormente Catedrático de Antiguo Testamento y de Idiomas
Semíticos
Mid-America Baptist Theological Seminary

Victor Walter, M.A., Th.M.
anteriormente Catedrático de Teología Práctica
Trinity Evangelical Divinity School
anteriormente Pastor, Cheyenne Evangelical Free Church

ÍNDICE

SECCIÓN CINCO
La traducción de la Biblia

INTRODUCCIÓN

LA BIBLIA. Sobre ningún otro libro se han escrito tantos otros como sobre la Biblia; entonces, ¿por qué otro libro más? A pesar de que existen muchos otros libros para ayudar al lector a comprender el contenido de la Biblia, pocos de ellos explican su origen. Este volumen ofrece una visión general de cómo la Biblia fue primero inspirada, canonizada, leída como literatura sagrada, copiada en antiguos manuscritos hebreos y griegos y luego traducida a los idiomas del mundo.

La primera sección, "La autoridad e inspiración de la Biblia," enfoca la inspiración divina, autoridad eterna e infalibilidad de la Biblia. La segunda sección, "El canon de la Biblia," describe los procesos involucrados en seleccionar los treinta y nueve libros del Antiguo Testamento y los veintisiete libros del Nuevo Testamento para que formaran parte de la Escritura canonizada. Esta sección también contiene un ensayo sobre los libros apócrifos del Antiguo y del Nuevo Testamento. La tercera sección, "La Biblia como texto literario," explica el entorno literario de la Biblia y demuestra cómo la Biblia es una obra maestra literaria. La cuarta sección, "Los textos y manuscritos bíblicos," describe los antiguos manuscritos bíblicos que han sido descubiertos y empleados para formar las ediciones de los textos hebreos y griegos. La quinta sección, "La traducción de la Biblia," ofrece información acerca de los lenguajes bíblicos (hebreo, arameo y griego) y de la traducción de la Biblia. Además, esta sección ofrece una historia sucinta de la Biblia en inglés y español y de otras versiones en muchos idiomas.

Espero que este libro inspire una fresca apreciación por nuestra Biblia y un mejor entendimiento de los procesos involucrados que han hecho de la Biblia el texto inspirado que es.

Philip W. Comfort

SECCIÓN UNO

La autoridad
e inspiración
de la Biblia

La Biblia

F. F. BRUCE

LA PALABRA "BIBLIA" se deriva, a través del latín, de la palabra griega *biblia* (libros); se refiere específicamente a los libros que la iglesia cristiana reconoce como canónicos. El uso cristiano más temprano de *ta biblia* (los libros) en este sentido se dice que fue en 2 Clemente 2:14 (circa 150 d.C.): "los libros y los apóstoles declaran que la iglesia . . . ha existido desde el principio." (Compare Daniel 9:2, NVI: "Yo, Daniel, logré entender ese pasaje de las Escrituras," donde la referencia es al cuerpo de los escritos proféticos del Antiguo Testamento.) La palabra griega *biblion* (cuyo plural es *biblia*) es un diminutivo de *biblos,* que en la práctica denota cualquier clase de documento escrito, pero originalmente uno escrito en papiro.

Un término sinónimo de "la Biblia" es "los escritos" o "las Escrituras" (en el griego, *hai graphai, ta grammata*), usados con frecuencia en el Nuevo Testamento para indicar los documentos del Antiguo Testamento en su totalidad o en parte. Por ejemplo, Mateo 21:42 dice: "¿Nunca leísteis en las Escrituras?" (*en tais graphais*). El pasaje paralelo, Marcos 12:10, tiene el singular, refiriéndose al texto particular citado: "¿Ni aun esta escritura habéis leído?" (*ten graphen tauten*). 2 Timoteo 3:15 habla de "las Sagradas Escrituras" (*ta hiera grammata*), y el siguiente versículo dice: "Toda la Escritura es inspirada por Dios" (*pasa graphe theopneustos*). En 2 Pedro 3:16 (NVI), "todas" las epístolas de Pablo están incluidas junto con "las demás Escrituras" (*tas loipas graphas*), refiriéndose probablemente a los escritos del Antiguo Testamento y los Evangelios.

CONTENIDO Y AUTORIDAD

Entre los cristianos, para los que el Antiguo Testamento y el Nuevo Testamento juntos constituyen la Biblia, no hay un acuerdo completo sobre su contenido. Algunas ramas de la iglesia siríaca no incluyen 2 Pedro, 2 y 3 Juan, Judas y Apocalipsis en el Nuevo Testamento. Las comunidades romanas y griegas incluyen varios libros en el Antiguo Testamento además de los que componen la Biblia hebrea; estos libros adicionales forman parte de la Septuaginta cristiana.

Aunque están incluidos, junto con uno o dos más, en la Biblia protestante inglesa completa, la Iglesia de Inglaterra (al igual que la Iglesia Luterana) sigue la enseñanza de Jerónimo que sostiene que pueden ser leídos "para ejemplos de la vida e instrucción de costumbres; pero que no se deben aplicar para establecer ninguna doctrina" (Artículo VI). Otras iglesias reformadas no le dan ningún estado canónico. La Biblia Etiópica incluye 1 Enoc y el libro de los Jubileos.

En las comunidades romanas, griegas y algunas otras antiguas, la Biblia, junto con las tradiciones vivas de la iglesia en algún sentido, constituye la autoridad suprema. Por otro lado, en las iglesias de la Reforma, sólo la Biblia es la corte final de apelaciones en asuntos de práctica y doctrina. Así es que el Artículo VI de la Iglesia de Inglaterra afirma: "La Santa Escritura contiene todas las cosas necesarias para la salvación; así que lo que no se lea allí, ni pueda ser probado por ella, no se le debe requerir a ningún hombre, para que no sea creído como un artículo de la fe, o sea enseñado como un requisito, o necesario para la salvación." Para el mismo efecto, la *Confesión de Fe de Westminster* (1.2) cataloga los 39 libros del Antiguo Testamento y los 27 del Nuevo Testamento como "todos... dados por inspiración de Dios para que sean la regla de fe y de conducta."

LOS DOS TESTAMENTOS

La palabra "testamento" en las designaciones "Antiguo Testamento" y "Nuevo Testamento," que se da a las dos divisiones de la Biblia, va desde el término *testamentum* en latín, al griego *diatheke,* que en la mayoría de las veces que aparece en la Biblia griega significa "pacto" en lugar de "testamento." En Jeremías 31:31, se predice un nuevo pacto, el cual reemplazará al que Dios hizo con Israel en el desierto (compare Éxodo 24:7 y siguientes). "Al llamar 'nuevo' a ese pacto, ha declarado obsoleto al anterior" (Hebreos 8:13, NVI). Los escritores del Nuevo Testamento ven el cumplimiento de la profecía del nuevo pacto en el nuevo orden inaugurado por la obra de Cristo; sus propias palabras de institución (1 Corintios 11:25) dan la autoridad para esta interpretación. Los libros del Antiguo Testamento, entonces, se llaman así debido a su asociación cercana con la historia del "antiguo pacto"; los libros del Nuevo Testamento se llaman así debido a que son los documentos en que se funda el "nuevo pacto." Un enfoque a nuestro uso común del término "Antiguo Testamento" aparece en 2 Corintios 3:14 (NVI) que dice: "al leer el antiguo pacto," aunque probablemente Pablo se refiere a la ley, la base del antiguo pacto, más que a todo el volumen de las Escrituras hebreas. Los cristianos usaron en general los términos "Antiguo Testamento" y "Nuevo Testamento" para las dos colecciones de libros durante la última parte del siglo II; Tertuliano tradujo *diatheke* al latín usando la palabra *instrumentum* (un documento legal) y también *testamentum;* la última palabra fue la que sobrevivió, desafortunadamente, puesto que las dos partes de la Biblia no son "testamentos" en el uso común del término.

El Antiguo Testamento

En la Biblia hebrea, los libros están ordenados en tres divisiones: la Ley, los Profetas y los Escritos. La Ley consta del Pentateuco, los cinco "libros de Moisés." Los Profetas se dividen en dos subdivisiones: los "Primeros Profetas," que son Josué, Jueces, Samuel y Reyes; y los "Últimos Profetas," que incluyen Isaías, Jeremías, Ezequiel y "El libro de los Doce Profetas." Los Escritos contienen el resto de los libros: primero se encuentran los Salmos, Proverbios y Job; luego los cinco "rollos," que son el Cantar de los Cantares, Rut, Lamentaciones, Eclesiastés y Ester; y finalmente Daniel, Esdras-Nehemías y Crónicas. Tradicionalmente se considera que el total es veinticuatro, pero estos veinticuatro corresponden exactamente a nuestro cómputo común de treinta y nueve, puesto que en el último cómputo los Profetas Menores se cuentan como doce libros, y Samuel, Reyes, Crónicas y Esdras-Nehemías como dos cada uno. En la antigüedad había otras formas de contar los mismos veinticuatro libros; en una (atestiguada por Josefo) el total fue rebajado a veintidós; en otra (que Jerónimo conocía) el total fue elevado a veintisiete.

No se le puede seguir la pista al origen del arreglo de los libros en la Biblia hebrea; se cree que la división en tres partes corresponde a las tres etapas en las que los libros recibieron reconocimiento canónico, pero no existe evidencia directa que lo pruebe.

En la Septuaginta, los libros están ordenados de acuerdo a la similitud del tema. El Pentateuco es seguido por los libros históricos, y estos son seguidos por los libros de poesía y sabiduría, y estos por los profetas. Es este orden, en sus características esenciales, el que ha sido perpetuado (por medio de la Vulgata) en la mayoría de las ediciones cristianas de la Biblia. En algunos aspectos este orden es más fiel a la secuencia cronológica del contenido narrativo que el orden de la Biblia hebrea; por ejemplo, Rut aparece inmediatamente después de Jueces (puesto que registra cosas que pasaron "en los días en que gobernaban los jueces"), y el trabajo del historiador aparece en el siguiente orden: Crónicas, Esdras y Nehemías.

La división en tres partes de la Biblia hebrea se refleja en las palabras de Lucas 24:44 ("en la ley de Moisés, en los profetas y en los salmos"); es más común en el Nuevo Testamento la referencia a "la ley y los profetas" (vea Mateo 7:12), o "Moisés y los profetas" (vea Lucas 16:29).

La revelación divina que registra el Antiguo Testamento fue comunicada en dos formas principales: por obras poderosas y por palabras proféticas. Estas dos formas de revelación están unidas en forma indisoluble. Las obras de misericordia y de juicio, con las cuales el Dios de Israel se hizo conocer a su pueblo elegido, no habrían podido llevar su mensaje apropiado si los profetas no se las hubieran interpretado —los "portavoces" de Dios que recibieron y comunicaron su Palabra. Por ejemplo, los hechos del Éxodo no habrían tenido un significado perdurable para los israelitas si Moisés no les hubiera dicho que en esos hechos el Dios de sus padres estaba actuando para liberarlos, de acuerdo a sus antiguas promesas, para que ellos pudieran ser su pueblo y él su Dios. Por otra parte, las palabras de Moisés no hubieran tenido fruto aparte de su vindicación en los acontecimientos del Éxodo. Podemos comparar el papel significativo y muy parecido de Samuel en la época de la amenaza de los filisteos, de los grandes profetas del siglo VIII a.C. cuando Asiria estaba arrasando con todo lo que tenía por delante, de Jeremías y Ezequiel cuando el reino de Judá llegó a su fin, y así sucesivamente.

Esta interacción de obras poderosas y palabras proféticas en el Antiguo Testamento explica por qué la historia y la profecía están tan entremezcladas a través de sus páginas; sin duda fue el descubrimiento de esto lo que guió a los judíos a incluir los libros históricos importantes entre los Profetas. Pero no sólo los escritos del Antiguo Testamento registran la progresiva revelación doble de Dios; al mismo tiempo registran la respuesta de los hombres a la revelación de Dios —una respuesta a veces obediente, y con demasiada frecuencia desobediente. En este registro del Antiguo Testamento de la respuesta de aquellos a quienes les llegó la Palabra de Dios, el Nuevo Testamento encuentra instrucción práctica para los creyentes. El apóstol Pablo escribe lo siguiente de la rebelión de los israelitas en el desierto, y de los desastres que siguieron: "Todo esto les sucedió para servir de ejemplo, y quedó escrito para advertencia nuestra, pues a nosotros nos ha llegado el fin de los tiempos" (1 Corintios 10:11, NVI).

En cuanto a su posición en la Biblia cristiana, el Antiguo Testamento es preparatorio en carácter: lo que "Dios . . . habló a nuestros antepasados en otras épocas por medio de los profetas," esperó su cumplimiento en lo que "nos ha hablado por medio de su Hijo" (Hebreos 1:1-2, NVI). Sin embargo, el Antiguo Testamento era la Biblia que los apóstoles y otros predicadores del evangelio en los primeros días del cristianismo llevaban consigo cuando proclamaban a Jesús como el Mesías, Señor y Salvador divinamente enviado; encontraron en el Antiguo Testamento el testimonio claro de Cristo (Juan 5:39), y una clara exposición del camino de salvación a través de la fe en él (Romanos 3:21; 2 Timoteo 3:15). Para usar el Antiguo Testamento tenían la autoridad y el ejemplo de Cristo mismo, y desde entonces la iglesia ha hecho bien cuando ha seguido el precedente sentado por él y sus apóstoles y reconocido al Antiguo Testamento como Escritura cristiana. "Lo que fue indispensable para el Redentor debe ser siempre indispensable para los redimidos" (G. A. Smith).

El Nuevo Testamento

El Nuevo Testamento complementa al Antiguo Testamento en relación al cumplimiento de promesas. Si el Antiguo Testamento registra que "Dios . . . habló a nuestros antepasados en otras épocas por medio de los profetas," el Nuevo Testamento registra esa palabra final que Dios habló en su Hijo, en quien toda la revelación inicial se resumió, confirmó y trascendió. Las obras poderosas de revelación del Antiguo Testamento culminaron en la obra redentora de Cristo; las palabras de los profetas del Antiguo Testamento reciben su cumplimiento en él. Pero él no es sólo la revelación suprema al hombre; es también la respuesta perfecta del hombre a Dios —el sumo sacerdote así como el apóstol de nuestra profesión (Hebreos 3:1). Si el Antiguo Testamento registra el testimonio de aquellos que vieron el día de Cristo antes de que llegara, el Nuevo Testamento registra el testimonio de aquellos que lo vieron y lo escucharon en los días en que vivía en la carne, y que llegaron a conocer y a proclamar el significado de su venida más cabalmente, por el poder de su Espíritu, después de su resurrección de los muertos.

Durante los últimos 1600 años, la gran mayoría de los cristianos ha aceptado que el Nuevo Testamento está compuesto de veintisiete libros. Estos veintisiete libros caen naturalmente en cuatro divisiones: (1) los cuatro Evangelios, (2) los Hechos de los Apóstoles, (3) veintiún cartas escritas por los apóstoles y "hombres apostólicos" y (4) el Apocalipsis. Este orden no sólo es lógico, sino que bastante cronológico en lo referente al tema de los documentos; sin embargo, no corresponde al orden en el que fueron escritos.

Los primeros documentos que se escribieron del Nuevo Testamento fueron las primeras Epístolas de Pablo. Estas (posiblemente junto con la Epístola de Santiago) fueron escritas entre 48 y 60 d.C., aún antes de que se escribiera el primero de los Evangelios. Los cuatro Evangelios pertenecen a las décadas 60 a 100, y también se debe asignar a estas décadas todos (o casi todos) los otros escritos del Nuevo Testamento. Mientras que la escritura de los libros del Antiguo Testamento comprendió un período de mil años o más, los libros del Nuevo Testamento se escribieron en un período de un siglo.

Los escritos del Nuevo Testamento no se agruparon en la forma en que los conocemos inmediatamente después de ser escritos. Al principio, los Evangelios individuales tenían una existencia local e independiente en los grupos para los cuales fueron escritos originalmente. Sin embargo, a comienzos del siglo II, se juntaron y comenzaron a circular como un registro que constaba de cuatro partes. Cuando sucedió esto, el libro de Hechos fue separado de Lucas, con el que había formado un escrito de dos volúmenes, y comenzó una carrera separada e importante por sí solo.

Al principio, las cartas de Pablo fueron preservadas por las comunidades y los individuos a quienes habían sido enviadas. Pero para fines del siglo I existen evidencias que sugieren que la correspondencia de Pablo que sobrevivió comenzó a ser recolectada en una colección paulina, la cual circuló con rapidez entre las iglesias —primero una colección más pequeña de diez cartas, y muy pronto después una más grande de trece cartas, ampliada por la inclusión de las tres Epístolas Pastorales. Dentro de la colección paulina, las cartas parecen haber sido colocadas no en orden cronológico, sino en orden descendiente de acuerdo a su longitud. Se puede reconocer este principio en el orden que se encuentra en la mayoría de las ediciones del Nuevo Testamento hoy: las cartas a las iglesias están antes de las cartas a los individuos, y dentro de estas dos subdivisiones están colocadas de manera que las más largas van primero y las más cortas después. (La única excepción a este plan es que Gálatas está antes de Efesios, aunque Efesios es un poco más larga que Gálatas.)

Con la colección de los Evangelios y la colección paulina, y con Hechos, que sirve como un eslabón entre las dos, tenemos el comienzo del canon del Nuevo Testamento como lo conocemos. A la iglesia primitiva, que heredó la Biblia hebrea (o la versión griega de la Septuaginta) como sus Escrituras sagradas, no le tomó mucho tiempo colocar las nuevas escrituras evangélicas y apostólicas junto a la ley y los profetas, y usarlos para la propagación y defensa del evangelio y para la adoración cristiana. Por eso es que Justino Mártir, alrededor de la mitad del siglo II, describe la forma en que los cristianos en sus reuniones dominicales leían "las memorias de los apóstoles y los escritos de los profetas" (*Apología* 1.67). Fue natural, entonces, que cuando el cristianismo se esparció entre las personas que hablaban otras lenguas y no hablaban griego, el Nuevo Testamento fuera traducido del griego a esas lenguas para beneficio de los nuevos conversos. Había versiones latinas y siríacas del Nuevo Testamento para 200 d.C., y una versión cóptica en el siglo siguiente.

EL MENSAJE DE LA BIBLIA

La Biblia ha jugado, y continúa jugando, un papel notable en la historia de la civilización. Muchos lenguajes se han comenzado a escribir por primera vez para que la Biblia, en su totalidad o en parte, se pudiera traducir a ellos en forma escrita. Y este es sólo un pequeño ejemplo de la misión civilizadora de la Biblia en el mundo.

Esta misión civilizadora es el efecto directo del mensaje central de la Biblia. Puede sorprender que se hable de un mensaje central en una colección de escritos que refleja la historia de la civilización en el Cercano Oriente a través de miles de años. Pero hay un mensaje central, y es este reconocimiento el que ha llevado al tratamiento común de la Biblia como un solo libro, y no sólo una colección de libros —al igual que el plural griego *biblia* (libros) se convirtió en el singular latín *biblia* (el libro).

El mensaje central de la Biblia es la historia de la salvación, y a través de ambos Testamentos se pueden distinguir tres aspectos de esta historia en desarrollo: el que trae la salvación, el camino a la salvación y los herederos de la salvación. Esto podría ser reformulado en términos de la idea del pacto, expresando que el mensaje central de la Biblia es el pacto de Dios con los hombres; y que los aspectos son el mediador del pacto, la base del pacto y la gente del pacto. Dios mismo es el Salvador de su pueblo y es él quien confirma su pacto de misericordia con ellos. El que trae la salvación, el mediador del pacto, es Jesucristo, el Hijo de Dios. El camino a la salvación, la base del pacto, es la gracia de Dios, que pide de su pueblo una respuesta de fe y obediencia. Los herederos de la salvación, el pueblo del pacto, son el Israel de Dios, la iglesia de Dios.

La continuidad del pueblo del pacto del Antiguo Testamento y el pueblo del pacto del Nuevo Testamento no está clara para el lector de nuestra Biblia actual, porque "iglesia" es una palabra exclusiva del Nuevo Testamento y es natural que el lector piense que la iglesia es algo que comenzó en la época del Nuevo Testamento. Pero el lector de la Biblia griega no se enfrentaba a ninguna palabra nueva cuando encontró *ekklesia* en el Nuevo Testamento; ya la había encontrado en la Septuaginta como una de las palabras para indicar a Israel como la "asamblea" del pueblo del Señor. Sin embargo, es cierto que tiene un significado nuevo y más amplio en el Nuevo Testamento. El pueblo del viejo pacto tenía que morir con él para resucitar con él a una nueva vida —una nueva vida en la cual habían desaparecido las restricciones de nacionalidad. Jesús provee en sí mismo la continuidad vital entre el Israel antiguo y el nuevo, y sus fieles seguidores eran ambos, el remanente del antiguo y el núcleo del nuevo. El Señor siervo y su pueblo siervo unen a los dos Testamentos.

El mensaje de la Biblia es el mensaje de Dios para el hombre, comunicado "muchas veces y de varias maneras" (Hebreos 1:1, NVI) y finalmente encarnado en Cristo. Así que "la autoridad de las Santas Escrituras, por las que ellas deben ser creídas y obedecidas, no depende del testimonio de ningún hombre o iglesia, sino exclusivamente de Dios (quien en sí mismo es la verdad), el autor de ellas; y deben ser creídas, porque son Palabra de Dios" (*Confesión de Fe de Westminster,* 1.4).

BIBLIOGRAFÍA

Barr, J., editor general. *The Cambridge History of the Bible [La Historia Cambridge de la Biblia],* Volúmenes I–III, 1975.

Bruce, F. F. *The Books and the Parchments [Los Libros y los Pergaminos],* 1952.

Dodd, C. H. *According to the Scriptures [Según las Escrituras],* 1952.

Reid, J. K. S. *The Authority of the Bible [La Autoridad de la Biblia],* 1957.

Warfield, B. B. *The Inspiration and Authority of the Bible [La Inspiración y la Autoridad de la Biblia],* 1948.

Westcott, B. F. *The Bible in the Church [La Biblia en la Iglesia],* 1896.

La autoridad de la Biblia
CARL F. H. HENRY

LA CIVILIZACIÓN OCCIDENTAL está en una severa "crisis de autoridad," que no se limita solamente al campo de la fe religiosa, ni tampoco es una amenaza especial o única para los que creen en la Biblia. La autoridad paternal, la autoridad marital, la autoridad política, la autoridad académica y la autoridad eclesiástica son puestas en duda. No sólo la autoridad en particular —la autoridad de las Escrituras, la autoridad del papa, de líderes políticos y así sucesivamente— sino que también el concepto de autoridad en sí mismo es desafiado con vigor. Por eso la crisis actual de autoridad bíblica refleja un consenso decadente de la civilización en los asuntos de soberanía y sumisión.

En algunos aspectos, el poner en duda la autoridad en esta época tiene una base moral legítima y es altamente encomiable. El siglo XX ha sido testigo del ascenso al poder de tiranos crueles y que proceden con arbitrariedad, imponiendo reglas totalitarias en ciudadanías políticamente esclavizadas. En los Estados Unidos se usó mal el poder político durante la llamada "época de Watergate." El poder de las corporaciones ha sido manipulado para obtener ventajas institucionales tanto de enormes conglomerados comerciales como de uniones laborales muy grandes.

REBELIÓN CONTRA LA AUTORIDAD BÍBLICA
Juez de hombres y naciones, el Dios que se revela a sí mismo ejerce autoridad y poder ilimitados. Toda la autoridad y el poder de los

seres creados provienen de la autoridad y el poder de Dios. Como el Creador soberano de todo, el Dios de la Biblia quiere y tiene el derecho de ser obedecido. El poder que otorga Dios es un fideicomiso divino, una mayordomía. Las criaturas de Dios son moralmente responsables por el uso o mal uso que hagan de dicho poder. En la sociedad humana caída, Dios instituye el gobierno civil para la promoción de la justicia y el orden. Él aprueba un orden de autoridad y relaciones productivas en el hogar al estipular ciertas responsabilidades a los esposos, esposas e hijos. También determina un patrón de prioridades para la iglesia: Jesucristo la cabeza, los profetas y los apóstoles a través de quienes llegó la revelación redentora, y así sucesivamente. Las Escrituras inspiradas, que revelan la voluntad trascendente de Dios en una forma escrita objetiva, son la regla de fe y conducta a través de las cuales Cristo ejercita su autoridad divina en la vida de los creyentes.

La rebelión contra autoridades particulares se ha ampliado en nuestro tiempo a una rebelión contra toda la autoridad trascendente y externa. Poner en duda la autoridad es una práctica que se tolera y promueve en muchos círculos académicos. Algunos filósofos, con un punto de vista totalmente secular, han afirmado que Dios y lo sobrenatural son conceptos imaginarios, y que la verdadera realidad consiste de eventos y procesos naturales. Se dice que toda la existencia es temporal y cambiante; se declara que todas las creencias e ideales son relativos a la época y a la cultura en que aparecen. Por lo tanto, se afirma que la religión bíblica, al igual que todas las religiones, es simplemente un fenómeno cultural. Tales pensadores rechazan la afirmación de la autoridad divina de la Biblia; y la revelación trascendental, las verdades establecidas y los mandamientos inmutables, son considerados invenciones piadosas.

Afirmando que el hombre ha alcanzado "la mayoría de edad," el secularismo radical defiende y apoya la autonomía humana y la creatividad individual. Se dice que el hombre es su propio señor, y el inventor de sus propios ideales y valores. Vive en un universo supuestamente sin propósito, que presumiblemente ha sido formado por un accidente cósmico. Por lo tanto, se declara a los seres humanos como totalmente libres para imponer en la naturaleza y en la historia cualquier criterio moral que prefieran. Para tal punto de vista, insistir en verdades y valores dados divinamente y en principios trascendentales sería reprimir la autorrealización y retardar el desarrollo creativo personal. Por lo tanto, el punto de vista radicalmente secular va más allá de oponerse a autoridades externas particulares cuyas afirmaciones son consideradas arbitrarias o inmorales; el secularismo radical es agresivamente contrario a toda autoridad externa y objetiva, considerándola intrínsecamente restrictiva del espíritu humano autónomo.

Cualquier lector de la Biblia reconoce el rechazo a la autoridad divina y a una revelación definitiva de lo que es bueno o malo como un fenómeno antiguo. No es sólo algo característico del hombre contemporáneo considerar que ha llegado "a la mayoría de edad"; esto ya se encontró en el Edén. Adán y Eva se rebelaron contra la voluntad de Dios siguiendo sus preferencias individuales y su propio egoísmo. Pero su rebelión fue reconocida como pecado y no fue racionalizada como "gnosis" filosófica en las fronteras del avance evolucionista.

Si uno abraza un punto de vista estrictamente de desarrollo, que considera que toda la realidad es contingente y cambiante, ¿qué base queda para el papel decisivamente creativo de la humanidad en el universo? ¿Cómo podría un cosmos sin propósito llevar a la autosatisfacción individual? Solamente la alternativa bíblica del Dios Creador-Redentor, quien creó a los seres humanos para la obediencia moral y un alto destino espiritual, preserva la dignidad permanente y universal de la especie humana. La Biblia lo hace, sin embargo, con un llamado que demanda una decisión espiritual. La Biblia establece que el hombre es superior a los animales, que su dignidad alta ("casi igual a Dios," Salmo 8:5, BLS)

15

se debe a la imagen divina racional y moral que tiene por su creación. En el contexto de la participación universal humana en el
pecado adánico, la Biblia pronuncia un llamado divino y miseri-
cordioso a la redención por medio de la obra y la mediación personal de Cristo. Se invita a la humanidad caída a experimentar
la obra renovadora del Espíritu Santo, para ser conformada a la
imagen de Jesucristo y anticipar un destino final en la eterna presencia del Dios de justicia y justificación.

El rechazo contemporáneo de los principios bíblicos no descansa en ninguna demostración lógica de que el caso del teísmo
bíblico es falso; más bien se basa en una preferencia subjetiva de
puntos de vista alternativos de "la vida buena."

La Biblia no es la única que nos recuerda que los seres humanos tienen todos los días una relación responsable con el Dios soberano. El Creador revela su autoridad en el cosmos, en la historia
y en la consciencia interior, una revelación del Dios vivo que pe-
netra la mente de cada ser humano (Romanos 1:18-20; 2:12-15).
La supresión rebelde de esa "revelación general divina" no consi-
gue evitar completamente el temor de tener que rendir cuentas al
final (Romanos 1:32). Sin embargo, es la Biblia como "revelación
especial" la que con más claridad confronta nuestra rebelión espiritual con la realidad y autoridad de Dios. En las Escrituras, el
carácter y la voluntad de Dios, el significado de la existencia humana, la naturaleza del reino espiritual y los propósitos de Dios
para los seres humanos de todas las épocas están declarados en
forma totalmente inteligible. La Biblia publica en forma objetiva
el criterio por medio del cual Dios juzga a los individuos y a las
naciones, así como las maneras en que se pueden recobrar moralmente y ser restaurados a la comunión personal con él.

Por lo tanto, el respeto por la Biblia es decisivo para el curso
de la cultura occidental y, a la larga, para la civilización humana
en general. La revelación divina inteligible, la base para creer en la
autoridad soberana del Dios Creador-Redentor sobre toda la vida

humana, descansa en la confiabilidad de lo que dicen las Escrituras acerca de Dios y de su propósito. El naturalismo moderno impugna la autoridad de la Biblia y ataca la afirmación de que la Biblia es la Palabra de Dios escrita, es decir, una revelación dada trascendentalmente de la mente y la voluntad de Dios en una forma literaria objetiva. La autoridad de las Escrituras es el centro de la tormenta en ambas, la controversia sobre la religión revelada y el conflicto moderno sobre los valores de la civilización.

CRITICISMO ALTO

En el siglo XX, la discusión sobre la autoridad bíblica fue ensombrecida tanto por las afirmaciones generalizadas del criticismo alto, de parte de críticos no evangélicos, como por aseveraciones extravagantes de lo que requiere e implica la autoridad de las escrituras, de parte de polémicos evangélicos.

En muchos círculos académicos parece sobrevivir el escepticismo hacia la confiabilidad de las Escrituras, a pesar del colapso de las teorías críticas. Todavía se encuentra una disposición para confiar en escritores seculares cuyas credenciales para proveer testimonio histórico son menos adecuadas que las de los escritores bíblicos. No hace mucho tiempo muchos eruditos rechazaron la historicidad de los relatos patriarcales, negaron que en los tiempos de Moisés existiera la escritura y le atribuyeron los Evangelios y las Epístolas a escritores del siglo II. Pero el criticismo alto ha sufrido algunos contratiempos espectaculares y sorprendentes, principalmente debido a hallazgos arqueológicos. Ya no se afirma que las glorias de la época del rey Salomón son una fabricación literaria; que "Yahweh," el Dios redentor de los hebreos, fuera desconocido antes de los profetas del siglo VIII a.C.; o que las representaciones de Esdras en cuanto a la cautividad babilónica son ficción. Los arqueólogos han localizado las minas de cobre de la época de Salomón que durante mucho tiempo estuvieron perdidas. Se han descubierto tablas en Ebla, cerca de Aleppo, que prueban que nombres similares a los de los patriarcas eran comunes entre la gente que vivía en Ebla poco antes de que tuvieran lugar los acontecimientos registrados en los últimos capítulos del Génesis.

John T. Robinson, un crítico del Nuevo Testamento, concedió en *Redating the New Testament [Fechando de Nuevo el Nuevo Testamento]* (1906) que las fechas tardes que se le han atribuido al Nuevo Testamento son totalmente imposibles de aceptar. Robinson argumentó que el hecho de que los Evangelios y las Epístolas no mencionaran la destrucción del Templo en 70 d.C. es evidencia de que los escritos se completaron antes, porque de otra manera ese acontecimiento hubiera sido mencionado apologéticamente por los autores. Sin embargo, sería mejor llegar a las fechas de la composición por lo que enseñan los escritores y por quiénes son ellos antes que por lo que no contienen los escritos; tampoco es prudente dejarse guiar principalmente por una supuesta motivación apologética subyacente en su composición.

El punto de vista "documentario" de las Escrituras ha sido considerado por los no evangélicos, por mucho tiempo, como el logro establecido más firmemente del criticismo literario e histórico. La teoría (de que las narraciones del Antiguo Testamento son un producto de la "redacción" de editores que combinaron registros separados en una sola narración) ha tenido —hasta hace poco— el apoyo de casi todos los eruditos prestigiosos del Antiguo Testamento fuera de los círculos evangélicos. Pero la teoría, también conocida como la "hipótesis J-E-P-D" (las letras en alemán representan los supuestamente documentos separados), ha estado bajo un ataque cada vez mayor. Umberto Cassuto (1883–1951), quien ocupaba el cargo de profesor de la Biblia en la Universidad Hebrea de Jerusalén, repudiaba la noción crítica prevaleciente de que los relatos bíblicos obtuvieron su unidad por medio de redacción literaria (edición), pero retuvo fechas relativamente tardes para la terminación del Pentateuco y del libro de Isaías (*Biblical and Oriental Studies [Estudios Bíblicos y Orientales],* publicado póstumamente, 1973). En una entrevista de la revista *Christianity Today* en 1959, Cyrus H. Gordon, un distinguido erudito judío, rechazó la noción de que el uso de "Elohim" y "Yahweh" como nombres divergentes de Dios implica fuentes literarias diferentes ("Higher Critics and Forbidden Fruit [Los Críticos Altos y el Fruto Prohibido").

Investigaciones lingüísticas recientes apoyan el argumento de que las variaciones de estilo reflejan el ritmo y el tono de las narrativas; es menos probable que identifiquen a los supuestos redactores. Robert Longacre ha sostenido que "la suposición de fuentes documentarias divergentes" en la historia del Diluvio, por ejemplo, es innecesaria y "oscurece mucho de la estructura verdaderamente elegante de la historia." Entonces, los puntos de vista más antiguos que atribuyen la enseñanza de las Escrituras no a los originalmente nombrados recipientes de la revelación divina, sino a redactores editoriales posteriores, están *cayendo bajo nuevo criticismo.* Es más, Bernard Childs ha argumentado con persuasión contra el punto de vista de que existen, detrás de las escrituras canónicas, escritos anteriores y fuentes más confiables que los escritores hebreos mitificaron a favor del culto hebreo.

CÓMO SE VE LA BIBLIA A SÍ MISMA

La naturaleza inteligible de la revelación divina —la presunción de que se puede conocer la voluntad de Dios por medio de verdades válidas— es la presunción central de la autoridad de la Biblia. Una teología neo-protestante mucho más reciente catalogó de doctrinario y estático el énfasis tradicional evangélico. Insistió, en cambio, que la autoridad de las Escrituras debe ser experimentada internamente como un testimonio de la gracia divina que engendra fe y obediencia, renunciando así a su carácter objetivo de verdad universal válida. De cierta forma inconsecuente, casi todos los teólogos neo-protestantes se han valido del registro para apoyar racionalmente aquellos fragmentos del total que parecen coincidir con sus puntos de vista divergentes, aun cuando desaprueban la Biblia como un todo de revelación especial de enseñanza divina autorizada. Para los evangélicos ortodoxos, si la información en forma de revelación que Dios les dio a los profetas y apóstoles elegidos debe ser considerada significativa y verdadera, debe ser dada no sólo en conceptos aislados que pueden tener significados diversos, sino en frases o proposiciones. Una proposición —es decir, un sujeto, predicado y verbo que los conecta (o "cópula")— constituye la unidad lógica mínima de comunicación inteligible. La fórmula de los profetas del Antiguo Testamento "Así ha dicho el Señor" presentaba en forma característica una verdad revelada en forma de proposición. Jesucristo empleó la formula distintiva "Pero yo os digo" para introducir frases lógicamente formadas que presentaba como la verdadera palabra o doctrina de Dios.

La Biblia es autoritativa porque está autorizada divinamente; en sus propios términos, "Toda la Escritura es inspirada por Dios" (2 Timoteo 3:16). De acuerdo a este pasaje, todo el Antiguo Testamento (o cualquier elemento de él) es inspirado divinamente. La extensión de la misma afirmación para el Nuevo Testamento no se declara expresamente, pero no es sólo dada a entender. El Nuevo Testamento contiene indicaciones de que su contenido debía ser visto, y en realidad lo era, como de igual autoridad que el Antiguo Testamento. Los escritos del apóstol Pablo son catalogados con "las demás Escrituras" (2 Pedro 3:15-16, NVI). Bajo el encabezamiento de "Escritura," 1 Timoteo 5:18 cita Lucas 10:7 junto a Deuteronomio 25:4 (compare 1 Corintios 9:9). El libro del Apocalipsis, además, reclama origen divino (1:1-3) y emplea el término "profecía" en el sentido del Antiguo Testamento (22:9-10, 18). Los apóstoles no distinguieron su enseñanza hablada y escrita, pero declararon expresamente que su proclamación inspirada era la Palabra de Dios (1 Corintios 4:1; 2 Corintios

5:20; 1 Tesalonicenses 2:13). (Vea el capítulo "La inspiración de la Biblia.")

EL ASUNTO DE LA INERRANCIA

La doctrina de la autoridad bíblica ha sido sometida a ataques sobre su confiabilidad histórica y científica, y por haberle seguido supuestamente las huellas a sus enseñanzas hasta llegar a fuentes humanas falibles. Además, la doctrina ha sido innecesariamente oscurecida algunas veces por apologistas extremadamente conservadores que han exagerado lo que presupone e implica la autoridad bíblica. Algunos eruditos conservadores han repudiado todo el criticismo histórico como enemigo de la autoridad bíblica y han distinguido a los "verdaderos" cristianos de los falsos sobre la base de su suscripción a la "inerrancia bíblica." Si uno acepta la inspiración divina "plenaria" de la Escritura —es decir, la superintendencia de Dios sobre el todo—, la doctrina de la autoridad bíblica sin duda implica "inerrancia" del contenido. Pero la fe cristiana no puede esperar avanzar sus afirmaciones por medio del repudiar al criticismo histórico. Si lo hiciera, implicaría que para apoyar su posición debe recurrir a ver la historia sin criticismo. Para el "criticismo alto," que muy a menudo se basó en presunciones arbitrarias que promueven conclusiones injustificables, el evangélico debe responder con un criticismo fidedigno que procede de suposiciones legítimas y provee veredictos defendibles.

El cristianismo evangélico debe defender la inerrancia de las Escrituras con un compromiso teológico sano, un compromiso que sea consecuente con lo que la Biblia dice sobre sí misma. Pero no es necesario que repudie la integridad cristiana de todos los que no comparten ese compromiso y que los considere apóstatas sin esperanza. J. Gresham Machen, brillante apologista evangélico de las décadas de 1920 y 1930, y defensor acérrimo de la inerrancia bíblica, escribió que la doctrina de inspiración plenaria "es negada, no sólo por los oponentes liberales del cristianismo, sino también por muchos hombres verdaderamente cristianos . . . muchos hombres de la iglesia moderna . . . que aceptan el mensaje central de la Biblia y sin embargo creen que el mensaje nos ha llegado simplemente por la autoridad de testigos confiables que realizaron su obra literaria sin ayuda, por la guía sobrenatural del Espíritu de Dios. Hay muchos que creen que la Biblia es correcta en su punto central, en su relato de la obra redentora de Cristo y, sin embargo, creen que contiene muchos errores. Esos hombres no son realmente liberales sino cristianos, porque han aceptado como verdadero el mensaje sobre el cual depende el cristianismo" (*Christianity and Liberalism* [*Cristianismo y Liberalismo*], 75).

Sin embargo, Machen mismo nunca vaciló en su convicción de que toda la Biblia se debe considerar "el centro de autoridad." Él estaba convencido de que la doctrina de la inerrancia evita la inestabilidad al exponer la doctrina y la moralidad autoritativa. Insistía que un punto de vista "intermedio" de la Biblia no es sostenible. "Los modernistas," quienes afirman honrar la autoridad de Jesucristo más que la autoridad de las Escrituras, contradicen las enseñanzas de Jesús, puesto que él tenía un concepto muy alto de las Escrituras. Es más, la explicación completa de la vida y obra de Jesús dependía de su crucifixión, resurrección y ministerio celestial, y provino de la inspiración del Espíritu Santo a los apóstoles. Es ilógico seleccionar de las enseñanzas de Jesús durante su ministerio terrenal sólo aquellos elementos que sirven a las suposiciones de uno mismo. El rechazo de la total confiabilidad de las Escrituras puede finalmente guiar a alguien a asignarle a Jesús una vida y propósito diferentes de la idea bíblica de que Jesús murió y resucitó corporalmente para ser la fuente de perdón divino para los pecadores.

La posición evangélica histórica se resume en las palabras de Frank E. Gaebelein, editor general de *The Expositors' Bible Commentary* [*Comentario Bíblico del Expositor*]. En el prefacio de este comentario, él habló de un "evangelismo erudito [que estaba] dedicado a la inspiración divina, completa confiabilidad y autoridad total de la Biblia." Las Escrituras son autoritativas y totalmente confiables porque son inspiradas divinamente. El teólogo luterano Francis Pieper relacionó directamente la autoridad de la Biblia a su inspiración: "La autoridad divina de las Escrituras descansa solamente en su naturaleza, en su *theopneusty*"—es decir, su carácter de ser "inspirada por Dios." J. I. Packer comentó que todo compromiso con la veracidad de la Biblia debe ser considerado al mismo tiempo como un compromiso con su autoridad: "Mantener la inerrancia e infalibilidad de la Biblia es simplemente confesar fe en (i) el origen divino de la Biblia, y (ii) la veracidad y confiabilidad de Dios. El valor de estos términos es que conservan los principios de autoridad bíblica; porque las declaraciones que no son absolutamente verdaderas y confiables no podrían ser absolutamente autoritativas." Packer reforzó el argumento demostrando que Cristo, los apóstoles y la iglesia primitiva, todos estuvieron de acuerdo que el Antiguo Testamento era absolutamente confiable y verdadero. Siendo el cumplimiento del Antiguo, el Nuevo Testamento no tenía menos autoridad. Cristo les impartió su misma autoridad a sus discípulos en sus enseñanzas, así que la iglesia primitiva las aceptó. Las Escrituras, como revelación de Dios, están más allá de las limitaciones de la afirmación humana. (Vea el capítulo "La inerrancia e infalibilidad de la Biblia.")

DESAFÍOS RECIENTES

En debates recientes, la autoridad de las Escrituras ha sido comprometida por algunos eruditos que, queriendo reconciliar diferencias, han estado dispuestos a aceptar la infiltración de enseñanzas que dependen de la cultura. Algunas de las enseñanzas del apóstol Pablo sobre las mujeres, o sus puntos de vista acerca de una reunión de Israel en Palestina, son descartados como reflexiones de la enseñanza rabínica de aquel tiempo y, por lo tanto, como evidencia de la limitada perspectiva cultural de Pablo. Obviamente, la enseñanza bíblica coincide con la tradición judía en algunos puntos. Pero cuando la tradición hebrea era elevada al estado de norma considerada superior o que modificaba y contradecía las Escrituras, Jesús siempre criticaba esa tradición. Que el apóstol Pablo en alguna instancia haya enseñado lo que también era enseñado por tradición histórica arraigada en el Antiguo Testamento no prueba nada; en otras ocasiones él era altamente crítico de las tradiciones rabínicas.

El punto de vista evangélico siempre ha sido que lo que enseñan los escritores bíblicos inspirados, lo enseñan no como derivado de la simple tradición sino como inspirado por Dios; en su proclamación tenían la mente del Espíritu para distinguir lo que era divinamente aprobado o desaprobado en la tradición corriente. Es una perspectiva más correcta, por lo tanto, hablar de elementos en los cuales la tradición judía reflejaba revelaciones proféticas y hablar de elementos en los cuales se apartaba de ella. Una vez que el principio de la "dependencia cultural" se introduce en el contenido de la enseñanza bíblica, es difícil establecer criterios objetivos para distinguir entre lo que es supuestamente autoritativo y no autoritativo en la doctrina apostólica. Entonces, el punto de vista de Pablo sobre la homosexualidad podría ser considerado como culturalmente prejuiciado, al igual que su punto de vista sobre la autoridad jerárquica, o también el asunto de la autoridad de las Escrituras.

En un desarrollo posterior, algunos eruditos recientes han buscado atribuirles a las Escrituras sólo una autoridad "funcional," como un estimulante de transformación de la vida interior, dejando de lado su autoridad conceptual-proposicional. Algunos teólogos neo-protestantes actuales —por ejemplo, Karl Barth, Rudolf Bultmann, Paul Tillich y Fritz Buri— identifican el supuesto aspecto autoritativo de las Escrituras en elementos radicalmente divergentes, y hasta contradictorios. Todos ellos se apartan del punto de vista evangélico histórico (sostenido, por ejemplo, por B. B. Warfield en *The Inspiration and Authority of the Bible [La Inspiración y la Autoridad de la Biblia]*, 1948), que la autoridad de las Escrituras se concentra en su exposición de verdades divinas reveladas, que constituyen la regla de fe y principios morales. El punto de vista "funcional" que refleja David H. Kelsey en *The Uses of Scripture in Recent Theology [Los Usos de la Escritura en la Teología Reciente]* (1975) rechaza la finalidad de cualquiera de los puntos de vista divergentes y los acepta igualmente (sin importar lo conflictivos o contradictorios que puedan ser). Las afirmaciones de la autoridad externa están subordinadas a una supuesta autoridad interna que altera dinámicamente la vida de la comunidad de fe. A pesar de profesar su no discriminación de puntos de vista divergentes, tal teoría debe, por supuesto, excluir explícitamente el énfasis tradicional evangélico sobre la verdad objetiva de la Biblia. Pero una vez que la validez de la enseñanza bíblica en su totalidad o en parte es dejada de lado, no queda ninguna razón persuasiva de por qué la vida de una persona debe ser transformada. La vida de alguien puede ser transformada en patrones alternativos y aun expresamente opuestos, o ajustada algunas veces de una forma y otras veces de otra, o transformada en correlación con ideas derivadas de fuentes no cristianas y anticristianas, como también lo puede ser en correlación con ideas derivadas de la Biblia.

El asunto de la autoridad bíblica difícilmente puede ser separado del interés en la validez racional y objetividad histórica de las Escrituras. Pero los evangélicos sostienen que la autoridad de la Biblia es una autoridad divina; y no todas las verdades o declaraciones históricamente correctas caen en esa categoría. La Escritura es autoritativa porque es la Palabra de Dios. Los profetas y apóstoles elegidos, algunos de ellos llamados por Dios a pesar de su propia indiferencia o aun hostilidad —por ejemplo, el profeta Jeremías y el apóstol Pablo—, testificaron que recibieron la verdad de Dios por inspiración divina. La religión judeo-cristiana se basa en la revelación histórica y en la redención; en lugar de indiferencia hacia los asuntos de la historia, la Biblia mantiene un punto de vista distintivo de historia linear ajeno al de las religiones y filosofías antiguas.

ALGUNAS DE LAS CONSECUENCIAS DEL RECHAZO

Las suposiciones básicas del secularismo moderno mitigan de antemano la fuerza personal de muchas afirmaciones históricas cristianas. Como resultado, los jóvenes son tentados, especialmente en una época moralmente permisiva, a rechazar como supersticiones las afirmaciones especiales de las Escrituras. A veces, aun los cristianos adultos muestran cierta clase de incomodidad en cuanto a la Biblia: tal vez se sometan a sus profundos juicios éticos, pero culturalmente están condicionados a enfrentar algunas de sus afirmaciones autoritativas con grandes reservas. Tal vez el lenguaje bíblico les suene extraño y la noción de escritos revelados sobrenaturalmente o inspirados les puede parecer un eco del pasado históricamente condicionado. Debido a que viven casi dos mil años después de la época de Jesús de Nazaret, algunos pensadores contemporáneos tienden a rechazar como previas a la crítica, que no se pueden criticar o arcaicas las confiadas afirmaciones de la autoridad de la Biblia que se encuentran en las confesiones históricas cristianas. A ellos tal vez les parezca contrario a la tendencia moderna, o aun repulsivo, reconocer a las Escrituras como la regla divina de fe y conducta. Ningún principio de las tradiciones religiosas heredadas sufre más agravio que el que afirma la autoridad total de la Biblia. ¿Es tan increíble que una obra literaria traducida al inglés usando alrededor de 770.000 palabras, impresa en unas 1.000 pequeñas páginas, y que se puede reducir fotográficamente a un pequeño negativo pueda ser aceptada por los cristianos como la Palabra de Dios?

Sin embargo, mirando la historia de la teología y la filosofía, queda claro que siempre fallan los esfuerzos por preservar la realidad del Dios Creador-Redentor vivo aparte de la autoridad de la palabra bíblica. Aun la teología neo-ortodoxa de "encuentro divino," que enfatiza como lo hizo la autorevelación distintiva y personal de Dios, muy pronto se volvió a alternativas existencialistas y finalmente a la especulación de la muerte de Dios. El Dios trino es sin duda la "premisa ontológica" sobre la cual se funda la fe cristiana histórica, pero el caso para el teísmo bíblico parece requerir su revelación definitiva en la inspirada Palabra de la Escritura.

La autoridad bíblica ha sido oscurecida innecesariamente colocando en la Biblia toda clase de autoridades secundarias y terciarias —libros apócrifos, tradición eclesiástica e interpretación cúltica. En siglos pasados, algunos eruditos mediadores revisaron a veces ciertas doctrinas bíblicas, y otros críticos más radicales rechazaron completamente los artículos de fe que chocaban con la tendencia de su época. En nuestro propio siglo, tales alteraciones acumulativas, aunadas al punto de vista naturalista de la realidad, han llegado a su punto culminante. El énfasis cristiano histórico sobre la autoridad bíblica ha sido totalmente repudiado en algunos lugares. Los regímenes declarados oficialmente ateos en países comunistas, por ejemplo, pueden usar todos los recursos políticos y académicos para menoscabar el punto de vista teísta. Aun después de firmar la Declaración de los Derechos Humanos de las Naciones Unidas, pueden reprimir el testimonio cristiano y el evangelismo, y castigar a los que no apoyan el absolutismo estatal sin críticas, y en el mejor de los casos, permiten una distribución muy restringida de la Biblia. En otras partes del mundo, los agravios a la autoridad bíblica de parte de eruditos críticos han precipitado dudas en muchas comunidades académicas influyentes.

EL PODER DE LA PALABRA DE DIOS

Sin embargo, la Biblia permanece como el libro que más se imprime, más se traduce y es leído con más frecuencia en el mundo. Sus palabras han sido guardadas en el corazón de multitudes como ningún otro libro. Todos los que han recibido sus dones de sabiduría y promesas de nueva vida y poder al principio eran hostiles a la naturaleza de su mensaje redentor, y muchos eran enemigos de sus enseñanzas y demandas espirituales. En todas las generaciones ha sido demostrado su poder de desafiar a gente de toda raza y nación. Los que aman este libro porque provee esperanza futura, trae significado y poder al presente y correlaciona un pasado pecaminoso con la gracia perdonadora de Dios no experimentarían tal recompensa interior si no hubieran conocido la verdad revelada autoritativa y divinamente. Para el cristiano evangélico, las Escrituras son la Palabra de Dios dada en la forma objetiva de verdades proposicionales por medio de los profetas y apóstoles divinamente inspirados, y el Espíritu Santo es el dador de fe a través de esa Palabra.

BIBLIOGRAFÍA

Bruce, F. F. *The New Testament Documents: Are They Reliable?* 1960. Publicado en español como *¿Son Fidedignos los Documentos del Nuevo Testamento?* en 1972.

Childs, Brevard. *Introduction to the Old Testament as Scripture [Introducción al Antiguo Testamento como Escritura]*, 1979.

Henry, Carl F. H. *God, Revelation, and Authority [Dios, Revelación y Autoridad]*, 1979.

Machen, J. Gresham. *Christianity and Liberalism [Cristianismo y Liberalismo]*, 1923.

Robinson, John A. T. *Redating the New Testament [Fechando de Nuevo el Nuevo Testamento]*, 1976.

Warfield, B. B. *The Inspiration and Authority of the Bible [La Inspiración y la Autoridad de la Biblia]*, 1948.

La inspiración de la Biblia
J. I. PACKER

LA PALABRA "INSPIRACIÓN" viene de la traducción del latín de *theopneustos* en 2 Timoteo 3:16, que la versión Reina-Valera expresa así: "Toda la Escritura es inspirada por Dios, y útil para enseñar, para redargüir, para corregir, para instruir en justicia." Algunas traducciones dicen "inspirada de Dios," lo cual no es mejor que lo que dice la versión Reina-Valera, porque *theopneustos* significa *es*-pirada más que *ins*-pirada por Dios —divinamente *ex*-halada, más que *in*-halada. Durante el siglo pasado, Ewald y Cremer argumentaron que el adjetivo llevaba un significado activo: "inspirando el Espíritu," y parece que Barth está de acuerdo. Él nota cómo su significado no es sólo "dado, lleno y gobernado por el Espíritu de Dios," sino también "brotando activamente y esparciéndose hacia afuera y haciendo conocer el Espíritu de Dios" (*Church Dogmatics [Dogmática de la Iglesia]*, 1.2); pero B. B. Warfield mostró decisivamente en 1900 que el sentido de la palabra sólo puede ser pasivo. El pensamiento no es de Dios como exhalando a Dios, sino de Dios como habiendo exhalado la Escritura. Las palabras de Pablo significan no que la Escritura es inspiradora (aunque lo es), sino que la Escritura es un producto divino, y debe ser enfocada y estimada como tal.

El "soplo" o "espíritu" de Dios en el Antiguo Testamento denota que el poder de Dios sale en forma activa, ya sea en la creación (Salmo 33:6; Job 33:4; compare Génesis 1:2; 2:7), preservación

(Job 34:14), revelación a y a través de los profetas (Isaías 48:16; 61:1; Miqueas 3:8; Joel 2:28 y siguientes), regeneración (Ezequiel 36:27), o juicio (Isaías 30:28, 33). El Nuevo Testamento revela su "aliento" divino (en el griego *pneuma*) como una Persona de Dios. El "aliento" de Dios (el Espíritu Santo) produjo la Escritura como un medio de proporcionar comprensión espiritual. Ya sea que adoptemos *pasa graphe* como "toda la Escritura" o "cada versículo," el significado de Pablo está claro más allá de toda duda. Él afirma que todo lo que viene en la categoría de Escritura, todo lo que tiene un lugar entre las "Sagradas Escrituras" (*hiera grammata*, 2 Timoteo 3:15), sólo por el hecho de que Dios lo ha exhalado, es útil para guiar tanto la fe como la vida.

Basándose en este texto paulino, la teología usa regularmente la palabra "inspiración" para expresar el pensamiento del origen y la calidad divinos de la Santa Biblia. En forma activa, el sustantivo denota la operación de exhalar de Dios que produjo la Escritura: pasivamente, la calidad de inspirada de las Escrituras que así se produjeron. La palabra se usa también en forma más general para referirse a la influencia divina que capacitó a los instrumentos humanos de la revelación —los profetas, salmistas, hombres sabios y apóstoles— para hablar, así como escribir, las palabras de Dios.

LA IDEA DE LA INSPIRACIÓN BÍBLICA

De acuerdo a 2 Timoteo 3:16, lo que es inspirado son precisamente los escritos bíblicos. La inspiración es una obra de Dios terminando, no en los hombres que iban a escribir las Escrituras (como si, habiéndoles dado una idea sobre lo que debían decir, Dios los dejara para que ellos mismos encontraran la forma de expresarla), sino en el producto escrito. Es la Escritura —*graphe*, el texto escrito— lo que es inspirado por Dios. La idea esencial aquí es que toda la Escritura tiene el mismo carácter que tenían los sermones de los profetas cuando los predicaban y cuando los escribían (compare 2 Pedro 1:19-21, sobre el origen divino de toda "profecía de la Escritura"). Esto quiere decir que la Escritura no es sólo la palabra de un hombre —el fruto del pensamiento humano, premeditación y arte— sino también e igualmente la palabra de Dios, hablada a través de los labios del hombre o escrita con la pluma de un hombre. En otras palabras, la Escritura tiene paternidad literaria doble, y el hombre es solamente el autor secundario; el autor principal, a través de cuya iniciativa, llamado y capacitación y bajo cuya supervisión cada escritor humano hizo su trabajo, es Dios el Espíritu Santo.

La revelación a los profetas era principalmente verbal; a menudo tenía un aspecto visionario, pero aun "la revelación en visiones es también revelación verbal" (L. Koehler, *Old Testament Theology* [*Teología del Antiguo Testamento*, E.T. 1957). Brunner ha observado que en "las palabras de Dios, las cuales los profetas proclamaron como haber recibido directamente de Dios, y haber sido comisionados a repetirlas, tal como las han recibido . . . tal vez podamos encontrar la analogía más cercana al significado de la teoría de la inspiración verbal" (*Revelation and Reason* [*Revelación y Razón*]). Por cierto que sí; encontramos no simplemente una analogía a ella, sino el paradigma de ella; y "teoría" es la palabra incorrecta, porque es simplemente la doctrina bíblica misma. La inspiración bíblica debería ser definida en los mismos términos teológicos que la inspiración profética: a saber, como todo el proceso (múltiple, sin duda, en sus formas psicológicas, como era la inspiración profética) por el cual Dios movió a esos hombres que había elegido y preparado (compare Jeremías 1:5; Gálatas 1:15) para escribir claramente lo que él quería escrito, para la comunicación del conocimiento salvador a su pueblo, y a través de ellos al mundo. Por lo tanto, la inspiración bíblica es verbal por su misma naturaleza, porque la Escritura inspirada de Dios consiste de las palabras dadas por Dios.

Así, la Escritura inspirada es revelación escrita, al igual que los sermones de los profetas eran revelación hablada. El registro bíblico de la autodeclaración de Dios en la historia redentora no es simplemente testimonio humano de revelación, sino que es revelación en sí mismo. La inspiración de la Escritura era una parte integral del proceso de revelación, porque en la Escritura, Dios le dio a la iglesia su obra salvadora en la historia, y su propia interpretación autoritativa del lugar de ella en su plan eterno. "Así ha dicho el Señor" podría ser colocado al principio de cada libro con la misma propiedad con la que es usado (359 veces, de acuerdo a Koehler) en las declaraciones proféticas individuales que contiene la Escritura. La inspiración, por lo tanto, garantiza la verdad de todo lo que afirma la Biblia, al igual que la inspiración de los profetas garantizaba la verdad de su representación de la mente de Dios. ("Verdad" aquí denota correspondencia entre las palabras del hombre y los pensamientos de Dios, ya sea en el campo de los hechos o del significado.) Como verdad de Dios, el Creador del hombre y Rey verdadero, la instrucción bíblica, como los oráculos de los profetas, tiene autoridad divina.

LA PRESENTACIÓN BÍBLICA

La idea de la Escritura canónica (por ejemplo, de un documento o cuerpo de documentos que contiene un registro autoritativo permanente de revelación divina) se remonta a cuando Moisés escribió la ley de Dios en el desierto (Éxodo 34:27 y siguientes; Deuteronomio 31:9 y siguientes, 24 y siguientes). La verdad de todas las declaraciones históricas o teológicas que hacen las Escrituras y su autoridad como palabra de Dios se asumen sin preguntas o discusión en los dos Testamentos. El canon aumentó, pero el concepto de inspiración, que presupone la idea de canonicidad, estaba totalmente desarrollado desde el principio y no ha sido cambiado a través de la Biblia. Al presente consta de dos convicciones:

1. *Las palabras de la Escritura son las propias palabras de Dios.* Los pasajes del Antiguo Testamento identifican la ley de Moisés y las palabras de los profetas, ambas habladas y escritas, con las propias palabras de Dios (compare 1 Reyes 22:8-16; Nehemías 8; Salmo 119; Jeremías 25:1-13; 36, etcétera). Los escritores del Nuevo Testamento veían al Antiguo Testamento en su totalidad como "la palabra de Dios" (Romanos 3:2), profética en carácter (Romanos 16:26; compare 1:2; 3:21), escrita por hombres a quienes el Espíritu Santo movió y enseñó (2 Pedro 1:20; compare 1 Pedro 1:10-12). Cristo y los apóstoles citaban textos del Antiguo Testamento, no sólo como lo decían hombres como Moisés, David o Isaías (vea Marcos 7:6, 10; 12:36; Romanos 10:5, 20; 11:9), sino también como lo que Dios dijo a través de esos hombres (vea Hechos 4:25; 28:25), o a veces simplemente como lo que "él" (Dios) dice (1 Corintios 6:16; Hebreos 8:5, 8), o lo que dice el Espíritu Santo (Hebreos 3:7; 10:15). Además, las declaraciones del Antiguo Testamento, no hechas por Dios en sus contextos, son citadas como declaraciones de Dios (Mateo 19:4 y siguientes; Hebreos 3:7; Hechos 13:34, citando Génesis 2:24; Salmo 95:7; Isaías 55:3 respectivamente). Pablo también se refiere a la promesa de Dios a Abraham, y a su amenaza al faraón, ambas dichas mucho antes de que se escribiera el registro bíblico, como palabras que la *Escritura* habló a esos hombres (Gálatas 3:8; Romanos 9:17), lo que muestra que Pablo igualaba completamente las declaraciones de la Escritura con las palabras pronunciadas por Dios.

2. *La parte del hombre en la producción de la Escritura fue simplemente transmitir lo que había recibido.* Psicológicamente, desde el punto de vista del formato, queda claro que los escritores humanos contribuyeron mucho a la composición de la Escritura —investigación histórica, meditación teológica, estilo lingüístico, etcétera.

En un sentido, cada libro de la Biblia es la creación literaria de su autor. Pero teológicamente, desde el punto de vista del contenido, la Biblia considera que los escritores humanos no contribuyeron nada y que la Escritura es totalmente la creación de Dios. Esta convicción está arraigada en el conocimiento de los fundadores de la religión bíblica, todos los cuales afirmaban expresar —y en el caso de los profetas y de los apóstoles, escribir— lo que eran, en el sentido más literal, las palabras de otro: Dios mismo. Los profetas (entre los cuales se debe contar a Moisés: Deuteronomio 18:15; 34:10) profesaban hablar las palabras del Señor, colocando ante Israel lo que el Señor les había mostrado (Jeremías 1:7; Ezequiel 2:7; Amós 3:7). Jesús de Nazaret indicó que hablaba las palabras que su Padre le daba (Juan 7:16; 12:49). Los apóstoles enseñaban y daban mandamientos en el nombre de Cristo (2 Tesalonicenses 3:6), reclamando así su autoridad y cumplimiento (1 Corintios 14:37), y afirmaban que tanto el contenido como sus palabras se los había enseñado el Espíritu Santo (1 Corintios 2:9-13; compare las promesas de Cristo, Juan 14:26; 15:26 y siguientes; 16:13 y siguientes). Estas son alegaciones a la inspiración. A la luz de estas afirmaciones, la evaluación de los escritos proféticos y apostólicos como la palabra de Dios en su totalidad —en el mismo sentido en que las dos tablas de la ley "escritas con el dedo de Dios" (Éxodo 31:18; compare 24:12; 32:16) eran totalmente la palabra de Dios— naturalmente llegaron a ser parte de la fe bíblica.

Cristo y los apóstoles dieron notable testimonio del hecho de la inspiración por su apelación a la autoridad del Antiguo Testamento. En efecto, aseveraron que las Escrituras judías eran la Biblia cristiana: una colección de obras literarias proféticas que daban testimonio de Cristo (Lucas 24:25, 44; Juan 5:39; 2 Corintios 3:14 y siguientes) y diseñadas por Dios para la instrucción de los creyentes en Cristo (Romanos 15:4; 1 Corintios 10:11; 2 Timoteo 3:14 y siguientes; compare la exposición del Salmo 95:7-11 en Hebreos 3-4, y en efecto todo el libro de Hebreos, en el cual se prueba cada punto principal citando textos del Antiguo Testamento). Cristo insistió que la Escritura que estaba en el Antiguo

Testamento "no puede ser quebrantada" (Juan 10:35). Él les dijo a los judíos que no había venido para abrogar la ley o a los profetas (Mateo 5:17); si pensaban que lo estaba haciendo, estaban equivocados. Él había venido para hacer lo contrario —para dar testimonio de la autoridad divina de ambos al cumplirlos. La ley existirá para siempre porque es la palabra de Dios (Mateo 5:18; Lucas 16:17); las profecías, particularmente las que se refieren a sí mismo, deben ser cumplidas por la misma razón (Mateo 26:54; Lucas 22:37; compare Marcos 8:31; Lucas 18:31). Para Cristo y sus apóstoles, la apelación a la Escritura siempre era decisiva (compare Mateo 4:4, 7, 10; Romanos 12:19; 1 Pedro 1:16).

La libertad con la que los escritores del Nuevo Testamento citaron al Antiguo Testamento (siguiendo a la Septuaginta, los tárgumes o una interpretación a propósito del hebreo, como mejor les parecía) ha sido usada para demostrar que no creían en la inspiración de las palabras originales. Pero el interés de ellos no estaba en las palabras como tales, sino en su significado; y un estudio reciente ha hecho parecer que esas citas son interpretativas y expositivas —una forma de citas muy bien conocida entre los judíos. Los escritores buscan indicar el verdadero significado (es decir, cristiano) y la aplicación de su texto por la forma en que lo citan. En la mayoría de los casos, este significado evidentemente ha sido alcanzado por una aplicación estricta de principios teológicos claros acerca de la relación de Cristo y la iglesia al Antiguo Testamento.

DECLARACIÓN TEOLÓGICA

Al formular la idea bíblica de la inspiración, es bueno destacar cuatro puntos negativos:

1. La idea no es de dictado mecánico, escritura automática, ni de cualquier proceso que involucrara la suspensión del uso de la mente del escritor. Tales conceptos de inspiración se encuentran en el Talmud, Filón y los Padres, pero no en la Biblia. La dirección

y el control divinos bajo los que los autores bíblicos escribieron no fue una fuerza física o psicológica, y no le restó, sino que por el contrario realzó, la libertad, espontaneidad y creatividad de sus escritos.

2. El hecho de que en la inspiración Dios no anuló la personalidad, el estilo, el enfoque y la tendencia cultural de sus escritores no quiere decir que el control de Dios de ellos era imperfecto, o que inevitablemente distorsionaron la verdad que se les había dado para transmitir en el proceso de escribirla. B. B. Warfield se burla gentilmente de la noción de que cuando Dios quiso que las cartas de Pablo se escribieran,

> Él tuvo la necesidad de bajar a la tierra y cuidadosamente escudriñar a los hombres que encontró allí, buscando ansiosamente a aquel que, en la forma más completa, cumpliera mejor su propósito; y luego violentamente forzar el material que Él quería expresar a través de ese hombre, contra su tendencia natural, y con tan poca pérdida por sus características recalcitrantes como fuera posible. Por supuesto que nada de eso sucedió. Si Dios quiso darle a su pueblo una serie de cartas como las de Pablo, Él preparó a un Pablo para que las escribiera, y el Pablo que escogió para la tarea fue un Pablo que escribiría esas cartas en forma espontánea. (*The Inspiration and Authority of the Bible*)

3. La inspiración no es una cualidad que se agrega a las corrupciones que se introducen en el curso de la transmisión del texto, sino que se aplica sólo al texto tal como los produjeron los escritores inspirados. El reconocimiento de la inspiración bíblica, por lo tanto, hace más urgente la tarea del criticismo meticuloso del texto, para eliminar tales corrupciones y confirmar lo que fue el texto original.

4. La calidad de la inspiración de los escritos bíblicos no debe ser igualada con la inspiración de gran literatura, ni aun cuando (como a menudo es cierto) los escritos bíblicos son en realidad gran literatura. La idea bíblica de la inspiración no se relaciona a la calidad literaria de lo que está escrito sino a su carácter de revelación divina por escrito.

BIBLIOGRAFÍA

Barth, Karl. *Church Dogmatics [Dogmática de la Iglesia]*, 1956.

Dodd, C. H. *According to the Scriptures [Según las Escrituras]*, 1952.

Ellis, Earl E. *Paul's Use of the Old Testament [Cómo Pablo Usó el Antiguo Testamento]*, 1957.

Koehler, L. *Old Testament Theology [Teología del Antiguo Testamento]*, 1957.

Stendahl, K. *The School of St. Matthew [La Escuela de San Mateo]*, 1954.

Tasker, R. V. G. *The Old Testament in the New Testament [El Antiguo Testamento en el Nuevo Testamento]*, 1954.

Warfield, B. B. *The Inspiration and Authority of the Bible [La Inspiración y la Autoridad de la Biblia]*, 1951.

La inerrancia e infalibilidad de la Biblia

HAROLD O. J. BROWN

"INERRANCIA" E "INFALIBILIDAD" son términos teológicos que muchos cristianos usan cuando definen la singularidad de la Biblia. Los cristianos creen que Dios ha comunicado las buenas nuevas de la salvación tanto "en persona," a través de Jesucristo, como "por escrito," a través de la Biblia. Por lo tanto, los cristianos siempre han considerado a la Biblia como un libro único y, por su naturaleza, diferente a otros libros.

TRASFONDO HISTÓRICO

El pueblo de Dios siempre ha tenido una relación intensa con la Escritura escrita: los judíos con el Antiguo Testamento, la iglesia cristiana con el Antiguo y el Nuevo Testamento. Tanto los cristianos como los judíos han sido llamados "la gente del Libro." Desde el comienzo de la iglesia, los cristianos han reconocido que las Escrituras (primero el Antiguo Testamento y luego también el Nuevo) han sido inspiradas por Dios. La palabra griega para "inspirado" significa literalmente que "Dios lo espiró": "Toda Escritura es inspirada por Dios" (2 Timoteo 3:16). Los conceptos de inerrancia e infalibilidad surgieron en las discusiones teológicas concernientes a la inspiración de la Escritura. Los teólogos se preguntaron cómo un libro que "Dios espiró" sería diferente de los demás libros.

Desde una época temprana se entendía que la inspiración de Dios se extendía no simplemente a los escritores de la Escritura o a los conceptos expresados en la Escritura, sino a todas las palabras escritas en las Escrituras. Ese concepto, conocido como la doctrina de inspiración "verbal" o "plenaria" (completa), fue manifestado por Ireneo, un obispo del siglo II de Lyon en Galia (Francia), en su obra *Tratado Contra las Herejías*. Agustín (del siglo IV), obispo de Hipona en el norte del África, expresó la misma convicción —a saber, que la inspiración significaba dictación por el Espíritu Santo. Para Ireneo y Agustín, la inspiración no era una toma de poder estática de la consciencia humana del escritor, sino más bien un alto grado de iluminación y conocimiento de la revelación de Dios. Clemente de Alejandría, su alumno Orígenes, y Jerónimo, el traductor de la Biblia al latín, todos hablaban de la inspiración como extendiéndose a cada palabra de la Escritura. Los primeros eruditos cristianos, quienes confiaban en Dios como el Dios de toda verdad y considerándolo incapaz de decepción o confusión, consideraban que su Escritura inspirada verbalmente era igualmente confiable.

EL SIGNIFICADO DE LOS TÉRMINOS

Puede decirse que la "infalibilidad" es la consecuencia subjetiva de la inspiración divina; es decir, define a la Escritura como veraz y digna de confianza para aquellos que se vuelven a ella en busca de la verdad de Dios. Como una fuente de verdad, la Biblia es "indefectible" (es decir, no puede abandonar o apartarse de la verdad). Como consecuencia, nunca le fallará o engañará a nadie que confíe en ella.

"Inerrancia" es un concepto estrechamente relacionado, pero un término posterior y menos aceptado en general. Implica que la Biblia no contiene errores de hechos (errores en el material) ni contradicciones internas (errores formales). El concepto de infalibilidad encara el conocimiento personal de Dios y la seguridad de la salvación. La inerrancia trata más específicamente de la transmisión exacta de los detalles de la revelación.

Aunque en muchos de los escritos teológicos los dos términos se usan en forma intercambiable, infalibilidad es un término más amplio. Los que creen en una Biblia inerrante también creen en una Biblia infalible. Lo contrario no es necesariamente cierto. Aunque mucho depende de cómo se define "error," algunos eruditos argumentan que la Biblia puede ser infalible (en lograr el propósito de Dios) sin tener que estar libre de error. Proponen una doctrina más "dinámica" de infalibilidad que continuaría operando aun si se descubrieran errores bíblicos.

Varios escritores evangélicos contemporáneos, tales como el difunto Francis A. Schaeffer y Juan D. Woodbridge, han objetado a cualquier doctrina de "infalibilidad dinámica" como no bíblica, dualista o aun desatinada. Sin embargo, muchos evangélicos respetables creen que uno puede considerar la Biblia como "la única regla perfecta de fe y práctica" sin requerir o insinuar inerrancia estricta.

Los evangélicos reconocen que la Biblia es humana como también divina. El erudito neo-ortodoxo Karl Barth (1886–1968) fue más allá, manteniendo que puesto que "errar es humano," un libro humano (aunque también divino) debe contener errores. Barth fue reacio en cuanto a atribuirle algún error específico a la Biblia, sin embargo argumentó que el error no se puede excluir en principio. La mayoría de los eruditos no evangélicos rechaza ambas, la infalibilidad y la inerrancia, y no ven ningún mérito en tratar de separarlas.

CONTROVERSIA RECIENTE

Una publicación de Harold Lindsell, *The Battle for the Bible [La Batalla por la Biblia]* (1976), enfocó la atención en el "asunto de la inerrancia." El autor destacó que varios líderes evangélicos prominentes, incluyendo algunos de sus antiguos colegas, habían comenzado a apartarse de un punto de vista ortodoxo de la Biblia. Muchos de los que comparten la preocupación de Lindsell lamentan cualquier división entre los evangélicos, pero ven la inerrancia como un asunto importante. Otros lamentan la atención que ha recibido la inerrancia y están preocupados por la inerrancia más como una amenaza a la unidad evangélica que como un asunto teológico importante.

Un grupo, representado por el Congreso Internacional sobre Inerrancia Bíblica (fundado en 1977), considera la doctrina de la inerrancia como una coyuntura crítica en la ortodoxia cristiana. Un segundo grupo parece reclamar que aunque la inerrancia sea verdad, no debería ser una "prueba de membresía." Un tercer grupo, representado por Jack Rogers de Fuller Theological Seminary, mientras que no niega explícitamente que la inerrancia sea verdad, alega que es una formulación histórica condicional tardía de la posición cristiana.

Rogers manifestó su posición en su propia colaboración a *Biblical Authority [Autoridad Bíblica]* (1977), un libro del cual fue editor. Rogers vio la doctrina de la inerrancia como derivada de raíces aristotélicas-tomistas. Él argumentó que la inerrancia chocaba con una posición más normativa basada en Platón y Agustín, y sostenida por Lutero y Calvino. Rogers señaló que la doctrina de la inerrancia no recibió formulación explícita hasta el siglo XVII.

De acuerdo a sus críticos, Rogers trató sin éxito de demostrar que puesto que Lutero y Calvino hablaron de los elementos humanos de la Escritura, también aceptaban el error humano en ella. Para tales críticos, un punto de vista más admisible es que Lutero y Calvino ni asumían ni admitían errores en la Escritura —es decir, que daban por sentada la inerrancia. Además, ellos no hicieron de la inerrancia una prueba de la ortodoxia, porque la pregunta todavía no había sido formulada en esos términos.

Los que afirman la infalibilidad o inerrancia ven su posición como una conclusión teológica de las doctrinas bíblicas de Dios y de la inspiración. Los que disputan este punto de vista, como Karl Barth, casi siempre concluyen que puesto que la Biblia es un libro humano, necesariamente debe contener error. En otras palabras, el asunto no es principalmente de interpretación bíblica sino de teología y epistemología (la rama de la filosofía que trata de la teoría del conocimiento). Por supuesto que los intentos para demostrar que la Biblia no tiene ningún error material o contradicción interna requieren interpretación bíblica.

Muchas declaraciones bíblicas se refieren a asuntos que no pueden ser probados ni desaprobados. Sin embargo, muchas supuestas contradicciones han sido resueltas, o reducidas considerablemente, por medio de una exégesis competente. Por ejemplo, esto se aplicaría a las aparentes discrepancias en las genealogías de Jesús (Mateo 1; Lucas 3), las varias narraciones de la conversión de Pablo (Hechos 9; 22; 26), y los supuestos errores en cuanto a hechos —tal como la referencia a la liebre como un animal que rumia (Levítico 11:6), y el sol que se detuvo en Gabaón (Josué 10:12-14). Aunque todavía quedan dificultades lógicas y científicas, es imposible decir si esas dificultades son, estrictamente hablando, errores o sólo contradicciones aparentes, faltas de un copiador o traductor, o un problema de la brecha cultural, retórica o histórica entre el escritor y el lector.

LA INERRANCIA Y LOS AUTÓGRAFOS

Hablando debidamente, la inerrancia se atribuye solamente a los escritos originales o "autógrafos" de la Escritura, los cuales ya no existen. Los eruditos bíblicos concuerdan por lo general que los manuscritos de la Biblia que existen contienen algunos errores cometidos por los que los copiaron, usualmente detectables al comparar manuscritos posteriores con los más antiguos que se tienen, y al aplicar el criticismo textual. Los críticos de la inerrancia y la infalibilidad argumentan que puesto que la doctrina se aplica sólo a los autógrafos, en realidad es irrelevante en la actualidad.

Desde un punto de vista negativo, si los manuscritos originales contenían errores, entonces por supuesto que las copias y las traducciones disponibles hoy también los contendrían. Desde un punto de vista positivo, los defensores de la inerrancia, como Francis Pieper, presidente de Concordia Theological Seminary (St. Louis) a comienzos del siglo XX, han hecho una deducción significativa del estado infalible e inerrante de los autógrafos. Han insistido en que para todos los propósitos prácticos (es decir, para asuntos de fe y vida), los textos actuales y las buenas traducciones también pueden considerarse inerrantes. Los que apoyan la inerrancia sostienen que la confianza de los creyentes cristianos en las traducciones modernas de la Biblia descansa firmemente en la creencia de la infalibilidad de los escritos originales.

Si algunos de los errores de los copistas han sido detectados en los manuscritos bíblicos existentes, también pueden existir otros más difíciles de detectar. Aquellos que afirman la inerrancia en los autógrafos deben compartir la preocupación de otros eruditos bíblicos que reconocen y bregan con problemas textuales en las copias existentes.

INSPIRACIÓN VERBAL E INERRANCIA

Jesús, al igual que los judíos en la época del Antiguo Testamento, creía que la veracidad de la Escritura extendía no sólo a sus enseñanzas más importantes, sino hasta los detalles más minúsculos: "Les aseguro que mientras existan el cielo y la tierra, ni una letra ni una tilde de la ley desaparecerán hasta que todo se haya cumplido" (Mateo 5:18, NVI). El apóstol Pablo reiteró esta postura (Hechos 24:14; 2 Timoteo 3:16). La autoridad de Jesús y de Pablo apoya creer en todo lo que afirma la Escritura. Se debería esperar que los que llaman a Jesús Señor y aceptan sus enseñanzas tengan una perspectiva alta sobre la Escritura, tal como la tuvo Jesús.

Los conceptos de inspiración verbal y de infalibilidad pueden ser investigados en forma regresiva hasta los padres de la iglesia primitiva. No son ideas nuevas. La inspiración verbal parece implicar inerrancia, puesto que de otra manera el Espíritu Santo sería el autor de error. La iglesia medieval, aunque le daba autoridad a la tradición a la par que a la Escritura, continuó reafirmando la inspiración verbal y la infalibilidad, y aun (en principio) la suficiencia de la Escritura.

Martín Lutero y otros reformadores protestantes no tuvieron la necesidad de exaltar la autoridad e infalibilidad de la Escritura, que la iglesia romana católica también aceptaba. Más bien, trataron de combatir la exaltación católica de la tradición a un estado igual o aun superior a la Escritura. Por lo tanto, la Reforma no produjo declaraciones explícitas afirmando la inerrancia o infalibilidad de la Escritura. Los sucesores de Martín Lutero y Juan Calvino, sin embargo, sí hicieron tales afirmaciones explícitas.

Después de la Reforma surgió el racionalismo. En el siglo XVIII, el racionalismo estaba caracterizado por una confianza optimista en el razonamiento humano crítico y un desdén por las influencias sobrenaturales en los asuntos humanos. El racionalismo formuló las primeras afirmaciones serias de que la Biblia era como cualquier otro libro humano y por lo tanto falible. Esa presunción llevó a repetidos malentendidos (y, a veces, a falsificaciones) de la naturaleza y el contenido de la Escritura.

Las dudas contemporáneas acerca de la inerrancia e infalibilidad de la Escritura, de parte de eruditos evangélicos, a menudo nacen de un deseo de reconocer o de llegar a cierta clase de arreglo con el método histórico de estudiar la Biblia. Sin embargo, muchos piensan que ese método comienza con la suposición de que la Biblia no puede ser lo que afirma ser. Entre las denominaciones principales de Estados Unidos, el Sínodo de la Iglesia Luterana de Missouri, guiado por su presidente, Jacob A. O. Preus, tomó una postura definida sobre la inerrancia bíblica. Identificó y repudió todo el método histórico crítico, con sus suposiciones, como la raíz de donde crecen todas las controversias contemporáneas sobre la inerrancia. Los luteranos del Sínodo de Missouri argumentaron que el rechazo del método no implica el rechazo de la investigación erudita; lo que rechazaron es toda "investigación" en la que las presunciones impiden aceptar la Biblia como cualquier otra cosa que no sea un libro humano. Los que apoyan la inerrancia sostienen que el caso contra ella parte del prejuicio contra lo sobrenatural, el cual, en principio, repudiará no simplemente la inerrancia sino cualquier superintendencia o inspiración divina.

Dos teólogos evangélicos ortodoxos argumentando a favor de la inerrancia, Benjamin B. Warfield y Clark Pinnock, usaron la misma expresión gráfica acerca de la inspiración, a saber, que una "avalancha de textos" de la Escritura la apoyan. Sin embargo, cuando se examina, su "avalancha" parece consistir principalmente de unas pocas piedras grandes (Mateo 5:18; Juan 10:35; 2 Timoteo 3:16; 2 Pedro 1:21). La Escritura parece presuponer su propia inerrancia sin declararla explícitamente. Para muchos cristianos, un argumento irresistible de la inerrancia se encuentra en el simple mandamiento de Jesús de que aprendamos de él (Mateo 11:29; compare con Juan 13:13), aunado al hecho de que Jesús aceptó las Escrituras del Antiguo Testamento como completamente confiables aun en sus detalles (Mateo 5:18; Juan 10:35).

POSICIONES CONFESIONALES

La mayoría de las confesiones de fe afirma la esencia de la inerrancia. Fue la posición oficial de la iglesia católica romana hasta que esa posición, bajo la influencia liberal protestante, se mitigó un poco en el Concilio Vaticano II (1962–1965). Entre las declaraciones de la Reforma, la Confesión Bélgica (1561), y la Confesión de Fe de Westminster, ambas afirmaron la perfección de la Escritura. Se encuentran posiciones similares en la Confesión de Augsburgo

(1530) del luteranismo, y en los Treinta y Nueve Artículos de la Iglesia de Inglaterra (1563). Confesiones más recientes, como la Confesión Bautista de New Hampshire de 1832, se refieren a la Biblia como conteniendo "verdades sin ninguna mezcla de error en su materia."

¿PROBLEMAS O ERRORES?

Todo lector alerta de la Escritura se dará cuenta de problemas en el texto, aunque muchas aparentes discrepancias o posibles errores desaparecen bajo un escrutinio hecho sin prejuicios. Sin embargo, aun después de un estudio cuidadoso, quedan algunos problemas. El debate sobre la inerrancia con frecuencia se reduce a elegir si se toleran problemas tales como las "preguntas no contestadas" o a se transfieren a la categoría de "errores demostrados." A menudo esa decisión refleja la actitud inicial de la persona hacia la Escritura y hacia los métodos críticos. Si la Escritura es aceptada como la Palabra de Dios inspirada, como "la norma que pone la norma," la persona dudará en cuanto a cargarla con error —porque para hacerlo debe tener alguna otra norma, tal vez más alta, para evaluar la Escritura. Históricamente, la duda acerca de la inerrancia seguía, más bien que producía, la convicción de que la Biblia es simplemente un libro humano falible. Entonces, la persona debería considerar la posibilidad de que el reconocimiento de error en la Escritura es la consecuencia lógica de una decisión anterior de juzgar a la Biblia, más que dejar que la Biblia sea la norma de todos los juicios.

Algunos han dicho que las variaciones en el orden cronológico constituyen error —por ejemplo, en la secuencia de las tentaciones de Jesús (compare Mateo 4:1-11 y Lucas 4:1-13). Pero aun tan temprano como en el siglo II, un escritor cristiano llamado Papías informó que los escritores de los Evangelios no tuvieron la intención de registrar los eventos de la vida de Jesús en el orden en que ocurrieron, implicando que sus contemporáneos no encontraron nada extraño o incorrecto en esa práctica.

Los números en la Escritura, los cuales presentan problemas frecuentes, a veces se pueden explicar sobre la base de prácticas tradicionales de dar valores aproximados o números redondos. Por ejemplo, el valor de la constante trigonométrica (π) calculada de la descripción de la fuente de Salomón (1 Reyes 7:23) es acertada, pero como diría un científico, a "una sola cifra significante." La duración de la cautivad de Israel en Egipto se predice como aproximadamente 400 años (Génesis 15:13), y registrada más precisamente como 430 años (Éxodo 12:40-41). Los así llamados errores científicos a menudo surgen de una comprensión impropia del significado real de oscuros textos hebreos o griegos. Todavía quedan algunas dificultades, sin embargo, muchas que parecían enormes hace 50 años, o aun 20 años, fueron resueltas cuando se obtuvo nueva información arqueológica, textual o científica. Ninguna teoría, ya sea en la teología o en la ciencia, está completamente libre de dificultades. J. C. Ryle, un obispo evangélico de Liverpool (Inglaterra), dijo: "Las dificultades que se le presentan a cualquier otra teoría de inspiración son diez veces más grandes que las que se le presentan a la nuestra."

POSICIONES EVANGÉLICAS DISCREPANTES

Entre los evangélicos, un grupo grande ha demostrado siempre poco interés en la doctrina de la inerrancia, y algunos de ellos inclusive la han rechazado. Por ejemplo, muchos cristianos británicos y alemanes mantienen un punto de vista uniforme y elevado de la confiabilidad de la Escritura sin adoptar la terminología de la inerrancia. Prefieren términos como "infalibilidad" o "confianza absoluta," etcétera. Algunos evangélicos europeos reconocen la presencia de errores menores en la Biblia; otros que no harían tal confesión todavía no quieren defender y apoyar la inerrancia.

En los Estados Unidos, la publicación del libro de Lindsell trajo la pregunta de la inerrancia a la atención del público evangélico. Muchos teólogos evangélicos, que preferirían dedicar sus energías a otros asuntos, se sintieron obligados a tomar una posición en cuanto a la inerrancia. Los líderes evangélicos "separatistas" algunas veces han expresado su sospecha de que otros evangélicos (tales como el teólogo canadiense Clark S. Pinnock) tomaron una posición "de mediador" en la inerrancia para obtener o mantener aceptación en los círculos teológicos liberales.

Para muchos cristianos de persuasión liberal, y generalmente para los inconversos, la discrepancia sobre inerrancia parece ser una pequeña objeción entre dos puntos de vista igualmente inaceptables de la Escritura. El concepto de un libro que tiene autoridad sobrenatural es extraño para el espíritu secular de la época. Aun Karl Barth, tal vez la mente teológica más notable del siglo XX, tuvo dificultades para lograr una audiencia para su punto de vista básicamente conservador (pero no "inerrantista") de la Escritura. Aquellos evangélicos que proponen un punto de vista "dinámico" de la autoridad bíblica probablemente están más cerca de la "neo-ortodoxia" de Barth que de la "ortodoxia de Princeton" de B. B. Warfield. Al igual que Barth, pueden encontrar difícil evitar que sus estudiantes y sucesores se muevan a un punto de vista más relativista y flexible de la Escritura.

CONCLUSIÓN

No puede haber duda de que a través de la historia, la iglesia de Jesucristo ha estado dedicada a un punto de vista sobre la inspiración que para la mayoría de los cristianos implica inerrancia, aun cuando el término mismo no se usaba. El debate reciente sobre la doctrina de la inerrancia enfoca la atención tanto en preguntas de detalles como en la pregunta fundamental de cuál es la fuente final de la autoridad cristiana. Los cristianos afirman que Jesucristo, y no la doctrina de la Escritura o la infalibilidad bíblica, es la realidad central de la fe cristiana.

Aunque la inerrancia, formulada para explicar la doctrina de la inspiración, ha sido descrita como una "doctrina tardía y derivada," muchos creyentes evangélicos la aceptan sobre la base del testimonio de la Biblia sobre sí misma. Otros cristianos, que se consideran a sí mismos evangélicos, no aceptan la doctrina de la inerrancia. En el siglo XIX, el obispo Pole hizo una advertencia en cuanto a contemporizar con la infalibilidad bíblica y la inerrancia: "Una vez que permitimos que el gusano carcoma la raíz, no debemos sorprendernos si las ramas, las hojas y el fruto se pudren poco a poco."

BIBLIOGRAFÍA

Cameron, Nigel M. de S. *Biblical Higher Criticism and the Defense of Infallibilism in Nineteenth Century Britain [El Criticismo Alto Bíblico y la Defensa de la Infabilidad en Inglaterra en el Siglo XIX]*, 1987.

Carson, D. A. y John D. Woodbridge, editores. *Scripture and Truth [La Escritura y la Verdad]*, 1986.

Conn, Harvie, editores. *Inerrancy and Hermeneutics: A Tradition, a Challenge, a Debate [La Inerrancia y la Hermenéutica: Una Tradición, un Desafío, un Debate]*, 1989.

Rogers, Jack y Donald McKim. *The Authority and Interpretation of the Bible: An Historical Approach [La Autoridad y la Interpretación de la Biblia: Un Enfoque Histórico]*, 1979.

Warfield, Benjamin B. *Limited Inspiration [Inspiración Limitada]*, sin fecha.

SECCIÓN DOS

El canon
de la Biblia

El canon del Antiguo Testamento

R. T. BECKWITH

EL TÉRMINO "CANON" viene del griego, en el que *kanon* significa una regla —una norma para medir. Con respecto a la Biblia, el término se refiere a los libros que cumplieron los requisitos y, por lo tanto, fueron dignos de inclusión. Desde el siglo IV, los cristianos han usado *kanon* para referirse a una lista autoritativa de libros que pertenecen al Antiguo Testamento o al Nuevo Testamento.

Desde hace mucho ha habido diferencias de opinión en cuanto a los libros que deberían ser incluidos en el Antiguo Testamento. En realidad, aun en épocas pre-cristianas, los samaritanos rechazaban todos los libros excepto el Pentateuco; mientras que, desde alrededor del siglo II a.C., obras seudónimas, generalmente de carácter apocalíptico, reclamaban para sí mismas el mismo estado de escritos inspirados y encontraron credibilidad en ciertos círculos. En la literatura rabínica se nos dice que en los primeros siglos de la era cristiana ciertos sabios disputaron, basados en evidencia interna, la canonicidad de cinco libros del Antiguo Testamento (Ezequiel, Proverbios, Cantar de los Cantares, Eclesiastés, Ester). En el período patrístico había incertidumbre entre los cristianos en cuanto a si los libros apócrifos de las Biblias griega y latina debían ser considerados inspirados o no. Las diferencias sobre el último punto llegaron a un momento decisivo en la Reforma,

EL ORIGEN DE LA BIBLIA

cuando la Iglesia de Roma insistió que los libros apócrifos eran parte del Antiguo Testamento, o que estaban en igual categoría que el resto, mientras que las iglesias protestantes negaban esto. Mientras que algunas iglesias protestantes consideraban los libros apócrifos como lectura edificante (por ejemplo, la Iglesia de Inglaterra continuó incluyéndolos en su leccionario "para ejemplo de vida y no para establecer ninguna doctrina"), todos estuvieron de acuerdo en que, hablando debidamente, el canon del Antiguo Testamento consiste de los libros de la Biblia hebrea —los libros que los judíos reconocen y que se aprueban en la enseñanza del Nuevo Testamento. La iglesia ortodoxa oriental estuvo dividida sobre este asunto por un tiempo, pero recientemente ha tendido a acercarse más y más al lado protestante.

Lo que califica a un libro para tener un lugar en el canon del Antiguo Testamento o del Nuevo Testamento no es sólo que sea antiguo, informativo y útil, y que el pueblo de Dios lo haya leído durante mucho tiempo, sino que el libro tenga la autoridad de Dios en lo que dice. Dios habló a través de su autor humano para enseñarle a su pueblo lo que debían creer, y cómo debían comportarse. No es sólo un registro de revelación, sino la forma escrita permanente de la revelación. Esto es lo que queremos decir cuando afirmamos que la Biblia es "inspirada," y este aspecto hace que los libros de la Biblia sean diferentes a todos los demás libros.

LA PRIMERA APARICIÓN DEL CANON

La doctrina de inspiración bíblica se encuentra totalmente desarrollada sólo en las páginas del Nuevo Testamento. Pero muy atrás en la historia de Israel ya encontramos ciertos escritos que son reconocidos como que tienen autoridad divina, y que le sirven como una regla de fe y práctica al pueblo de Dios. Esto se ve en la respuesta del pueblo cuando Moisés les lee el libro del pacto (Éxodo 24:7), o cuando se lee el Libro de la Ley que encuentra Jilquías, primero al rey y luego a la congregación (2 Reyes 22–23; 2 Crónicas 34), o cuando Esdras le lee el Libro de la Ley al pueblo (Nehemías 8:9, 14-17; 10:28-39; 13:1-3). Los escritos en cuestión son parte de todo el Pentateuco —en el primer caso, una parte bastante pequeña de Éxodo, probablemente los capítulos 20–23. El Pentateuco es tratado con la misma reverencia en Josué 1:7 y siguientes; 8:31; 23:6-8; 1 Reyes 2:3; 2 Reyes 14:6; 17:37; Oseas 8:12; Daniel 9:11, 13; Esdras 3:2, 4; 1 Crónicas 16:40; 2 Crónicas 17:9; 23:18; 30:5, 18; 31:3; 35:26.

El Pentateuco se presenta a sí mismo como básicamente la obra de Moisés, uno de los primeros y ciertamente el más grande de los profetas del Antiguo Testamento (Números 12:6-8; Deuteronomio 34:10-12). A menudo Dios habló a través de Moisés en forma oral, como lo hizo a través de los profetas posteriores, pero con frecuencia también se menciona la actividad de escritor de Moisés (Éxodo 17:14; 24:4, 7; 34:27; Números 33:2; Deuteronomio 28:58, 61; 29:20-27; 30:10; 31:9-13, 19, 22, 24-26). Había otros profetas en el tiempo de Moisés, y se esperaba que más siguieran (Éxodo 15:20; Números 12:6; Deuteronomio 18:15-22; 34:10), como lo hicieron (Jueces 4:4; 6:8), aunque el gran flujo de actividad profética comenzó con Samuel. La obra literaria de estos profetas comenzó, por lo que sabemos, con Samuel (1 Samuel 10:25; 1 Crónicas 29:29), y la clase de escritura en la cual se involucraron extensamente al principio era histórica, la cual más tarde llegó a ser la base para los libros de Crónicas (1 Crónicas 29:29; 2 Crónicas 9:29; 12:15; 13:22; 20:34; 26:22; 32:32; 33:18 y siguientes) y probablemente también de Samuel y Reyes, los cuales tienen mucho material en común con Crónicas. No sabemos si también Josué y Jueces fueron basados en historias proféticas de esta clase, pero es muy posible que haya sido así. Que en ocasiones los profetas escribieron oráculos queda claro de Isaías 30:8; Jeremías 25:13; 29:1; 30:2; 36:1-32; 51:60-64; Ezequiel 43:11; Habacuc 2:2; Daniel 7:1; 2 Crónicas 21:12.

La razón por la cual Moisés y los profetas escribieron el mensaje de Dios y no se contentaron con entregarlo en forma oral, fue que a veces lo enviaban a otro lugar (Jeremías 29:1; 36:1-8; 51:60 y siguientes; 2 Crónicas 21:12), pero también muy a menudo lo hicieron para preservarlo para memoria en el futuro (Éxodo 17:14), o como testigo (Deuteronomio 31:24-26), para que estuviera disponible para los tiempos venideros (Isaías 30:8). Los escritores del Antiguo Testamento conocían muy bien la poca confianza que se le puede tener a la tradición oral. Una lección objetiva aquí fue la pérdida del Libro de la Ley durante los reinados perversos de Manasés y Amón. Cuando Jilquías lo redescubrió, sus enseñanzas los sorprendieron grandemente, puesto que habían sido olvidadas (2 Reyes 22–23; 2 Crónicas 34). Por lo tanto, la forma permanente y duradera del mensaje de Dios no fue en su forma hablada sino en su forma escrita, y esto explica el surgimiento del canon del Antiguo Testamento.

No podemos estar seguros del tiempo que tomó para que el Pentateuco llegara a su forma final. Sin embargo vemos, en el caso del libro del pacto a que se hace referencia en Éxodo 24, que era posible que un documento corto como Éxodo 20–23 llegara a ser canónico antes de alcanzar el tamaño del libro del que ahora forma parte. El libro del Génesis también comprende documentos anteriores (Génesis 5:1), Números incluye un artículo de una antigua colección de poesías (Números 21:14 y siguientes) y el libro de Deuteronomio se consideraba canónico aun durante la vida de Moisés (Deuteronomio 31:24-26), porque este escrito fue colocado al lado del arca. Sin embargo, el final de Deuteronomio fue escrito después de la muerte de Moisés.

Mientras que hubo una sucesión de profetas, por supuesto que fue posible que los escritos sagrados anteriores fueran agregados o editados en la manera en que se indicó antes, sin cometer el sacrilegio acerca del cual se dan advertencias en Deuteronomio 4:2; 12:32; Proverbios 30:6. Lo mismo se aplica a otras partes del Antiguo Testamento. El libro de Josué incluye el pacto en su último capítulo, 24:1-25, originalmente escrito por el mismo Josué (24:26). Samuel incorpora el documento que dice cómo debía ser el reino (1 Samuel

8:11-18), originalmente escrito por Samuel (1 Samuel 10:25). Ambos documentos fueron canónicos desde el principio, el primero habiendo sido escrito en el mismo Libro de la Ley en el santuario de Siquem, y el último habiendo sido colocado delante del Señor en Mizpa. Hay señales del aumento de los libros de Salmos y Proverbios en el Salmo 72:20 y en Proverbios 25:1. Artículos de una antigua colección de poesías se incluyen en Josué (10:12 y siguientes), Samuel (2 Samuel 1:17-27) y Reyes (1 Reyes 8:53, LXX). El libro de Reyes nombra como sus fuentes el *Libro de los Hechos de Salomón,* el *Libro de las Crónicas de los Reyes de Israel* y el *Libro de las Crónicas de los Reyes de Judá* (1 Reyes 11:41; 14:29 y siguientes; 2 Reyes 1:18; 8:23). Las dos últimas obras, combinadas, son probablemente lo mismo que el *Libro de los Reyes de Israel y Judá,* nombrado a menudo como una fuente en los libros canónicos de Crónicas (2 Crónicas 16:11; 25:26; 27:7; 28:26; 35:27; 36:8 y, en forma abreviada, 1 Crónicas 9:1; 2 Crónicas 24:27). Este libro principal parece haber incorporado muchas de las historias proféticas que también se mencionan como recursos en Crónicas (2 Crónicas 20:34; 32:32).

No todos los escritores de los libros del Antiguo Testamento eran profetas, en el estricto sentido de la palabra; algunos de ellos eran reyes y sabios. Pero su experiencia de inspiración fue lo que llevó a que sus escritos también encontraran un lugar en el canon. Se habla de la inspiración de los salmistas en 2 Samuel 23:1-3; 1 Crónicas 25:1, y de los sabios en Eclesiastés 12:11 y siguientes. También note la revelación que hizo Dios en Job (38:1; 40:6) y sus inferencias en Proverbios 8:1–9:6 que el libro de Proverbios es la obra de la sabiduría divina.

EL CIERRE DE LA PRIMERA SECCIÓN DEL CANON —LA LEY

Las referencias al Pentateuco (en su totalidad o en parte) como canónico, las cuales vimos en los otros libros del Antiguo Testamento y que continúan en la literatura intertestamentaria, son notablemente numerosas. Esto se debe sin duda a su importancia fundamental. Las referencias a otros libros como inspirados o canónicos están, dentro del Antiguo Testamento, grandemente confinadas a sus autores: las excepciones principales son probablemente Isaías 34:16; Salmos 149:9; Daniel 9:2. Sin embargo, otra razón para esta referencia frecuente al Pentateuco puede ser que fue la primera sección del Antiguo Testamento que fue escrita y reconocida como canónica. La posibilidad de que esto fuera así surge del hecho de que fue la obra de un solo profeta de la época muy temprana, la cual fue editada después de su muerte, pero no fue abierta a adiciones continuas, mientras que las otras secciones del Antiguo Testamento fueron producidas por autores de un período posterior, cuyo número no estuvo completo hasta después del regreso del exilio babilónico. Nadie duda de que el Pentateuco estaba completo y era canónico para la época de Esdras y Nehemías, en el siglo V a.C., y es posible que lo haya sido bastante tiempo antes. En el siglo III a.C. fue traducido al griego, convirtiéndose así en la primera parte de la Septuaginta. A mitad del siglo II a.C. tenemos evidencia de que los cinco libros, incluyendo el Génesis, eran atribuidos a Moisés (vea Aristóbulo, según fue citado por Eusebio, *Preparation for the Gospel [Preparación para el Evangelio]* 13.12). Más tarde durante ese mismo siglo, la ruptura entre los judíos y los samaritanos parece haber sido total, y la preservación del Pentateuco hebreo de parte de ambos, los judíos y los samaritanos, prueba que ya era propiedad común. Todo esto es evidencia de que la primera sección del canon estaba ahora cerrada, consistiendo de los cinco libros familiares, ni más ni menos, persistiendo sólo variaciones textuales menores.

EL DESARROLLO DE LA SEGUNDA Y LA TERCERA SECCIÓN DEL CANON —LOS PROFETAS Y LOS HAGIÓGRAFOS

El resto de la Biblia hebrea tiene una estructura diferente a la de la Biblia española. Está dividida en dos secciones: los Profetas y los

Hagiógrafos (escritos sagrados). Los Profetas constan de ocho libros: los libros históricos de Josué, Jueces, Samuel y Reyes, y los libros de oráculos de Jeremías, Ezequiel, Isaías y los Doce (los Profetas Menores). Los libros hagiógrafos son once: los libros poéticos y los libros de sabiduría Salmos, Job, Proverbios, Eclesiastés, Cantar de los Cantares y Lamentaciones, y los libros históricos de Daniel (vea más adelante), Ester, Esdras-Nehemías y Crónicas. Este es el orden tradicional, de acuerdo al cual el restante libro hagiógrafo, Rut, es precursor de Salmos, porque termina con la genealogía del salmista David, aunque en la Edad Media fue movido a una posición posterior, junto a los otros cuatro libros de similar brevedad (Cantar de los Cantares, Eclesiastés, Lamentaciones y Ester). Es digno de notar que en la tradición judía Samuel, Reyes, los Profetas Menores, Esdras-Nehemías y Crónicas, cada uno es considerado un solo libro. Esto puede indicar la capacidad de un rollo regular de cuero en el período cuando los libros canónicos fueron primero anotados y contados.

Algunas veces han surgido dudas, por razones inadecuadas, sobre la antigüedad de esta manera de agrupar los libros del Antiguo Testamento. Más generalmente, pero aún sin razón legítima, se ha asumido que refleja el desarrollo gradual del canon del Antiguo Testamento, habiendo sido esta agrupación un accidente histórico y el canon de los Profetas habiendo sido cerrado alrededor del siglo III a.C., antes de que una historia como Crónicas y una profecía como Daniel (la cual se alega que naturalmente pertenece aquí) hubieran sido reconocidas como inspiradas o, tal vez, hasta escritas. El canon de los libros hagiógrafos, de acuerdo a esta hipótesis popular, no fue cerrado sino hasta el sínodo judío de Jamnia, o Jabneh, alrededor de 90 a.C., después que la iglesia cristiana tomara un canon abierto del Antiguo Testamento. Además, un canon más amplio, conteniendo muchos de los libros apócrifos, había sido aceptado por los judíos de habla griega de Alejandría, y formaba parte del cuerpo de la Septuaginta; y la Septuaginta era el Antiguo Testamento de la iglesia cristiana primitiva. Estos dos hechos, tal vez junto a la inclinación de los esenios por los apocalipsis seudónimos, son responsables por la fluidez del canon del Antiguo Testamento en el cristianismo patrístico. Esa es la teoría.

La realidad es bastante diferente. La agrupación de los libros no es arbitraria, sino de acuerdo a su carácter literario. La mitad de Daniel es narrativa y en los hagiógrafos (de acuerdo al orden tradicional), parece estar colocado con las historias. Hay historias en la Ley (abarcando el período desde la creación hasta Moisés) y en los Profetas (abarcando el período desde Josué hasta el final de la monarquía), así que ¿por qué no debería haber historias en los hagiógrafos también, referentes al tercer período, el del exilio babilónico y el regreso? Crónicas se ha colocado en el último lugar entre las historias, como un resumen de toda la narrativa bíblica, desde Adán hasta el regreso. Está claro que el canon de los profetas *no* fue completamente cerrado cuando Crónicas fue escrito, porque las fuentes que cita no son Samuel y Reyes, sino las historias proféticas más completas que parecen haber servido como fuentes también para Samuel y Reyes. Los elementos más tempranos en los Profetas, incorporados en libros tales como Josué y Samuel, son por cierto muy antiguos, pero también lo son los elementos más tempranos de los hagiógrafos, incorporados en libros tales como Salmos, Proverbios y Crónicas. Tal vez estos elementos hayan sido reconocidos como canónicos antes de la compilación final de aun la primera sección del canon. Los elementos posteriores en los hagiógrafos, tales como Daniel, Ester y Esdras-Nehemías, pertenecen al final de la historia del Antiguo Testamento. Pero lo mismo es cierto de los últimos elementos en los Profetas, tales como Ezequiel, Hageo, Zacarías y Malaquías. Aun cuando los libros de los hagiógrafos tienden a ser posteriores a los Profetas, es sólo una tendencia, y la coincidencia de material es considerable. En efecto, la sola coincidencia de que los libros hagiógrafos son una colección posterior debe haber llevado a que los libros individuales fueran fechados más tarde de lo que les hubiera correspondido de otra manera.

Puesto que los libros en ambas secciones son escritos por una variedad de autores, y por lo general dependen los unos de los otros, puede muy bien ser que fueran reconocidos como canónicos individualmente, en fechas diferentes, y que al principio formaran una sola colección miscelánea. Entonces, cuando los dones proféticos fueron quitados, y el número de estos libros parecía estar completo, fueron clasificados más cuidadosamente, y fueron divididos en dos secciones diferentes. "Los libros" de los que se habla en Daniel 9:2 tal vez hayan sido un cuerpo de literatura en crecimiento, organizado sin mucha exactitud, que contenía no sólo obras de profetas como Jeremías sino también obras de salmistas como David. La tradición en 2 Macabeos 2:13 acerca de la biblioteca de Nehemías refleja esa colección mixta: "Esto también se contaba en los documentos y memorias de Nehemías, y además se contaba cómo este reunió la colección de los libros que contenían las crónicas de los reyes, los escritos de los profetas, los salmos de David y las cartas de los reyes sobre las ofrendas." La antigüedad de esta tradición se muestra no sólo en la posibilidad de que una acción tal sería necesaria después de la calamidad del exilio, sino también por el hecho de que "las cartas de los reyes sobre las ofrendas" están siendo preservadas simplemente debido a su importancia y todavía no han pasado a formar parte del libro de Esdras (6:3-12; 7:12-26). Tenía que pasar un tiempo para que los libros como el de Esdras fueran terminados, para reconocer a los libros posteriores como canónicos, y para que se dieran cuenta de que el don profético había terminado; y sólo cuando esas cosas hubieran ocurrido se podría hacer la división firme entre los profetas y los hagiógrafos, y arreglarse cuidadosamente sus contenidos. La división ya se había hecho hacia el fin del siglo II a.C., cuando el prólogo a la traducción griega de Eclesiástico fue redactado, porque este prólogo se refiere repetidamente a las tres secciones del canon. Pero parece posible que no hacía mucho que se había hecho la división, porque todavía no se le había dado un nombre a la tercera sección del canon: el escritor llama a la primera sección "la Ley" y a la segunda sección (debido a su contenido) "los Profetas" o "las Profecías," pero a la tercera sección simplemente la describe. Es "los otros que han seguido en sus pasos," "los otros libros ancestrales," "el resto de los libros." Este lenguaje implica un grupo de libros fijo y completo, pero uno menos antiguo y bien establecido que los libros que contiene. Filón, en el siglo I d.C., se refiere a las tres secciones (*De Vita Contemplativa* 25), y también Cristo (Lucas 24:44), y ambos le dan a la tercera sección su nombre más temprano de "los salmos."

EL CIERRE DE LA SEGUNDA Y LA TERCERA SECCIÓN DEL CANON

La fecha cuando los Profetas y los Hagiógrafos fueron organizados en sus secciones separadas fue probablemente alrededor de 165 a.C. La tradición de 2 Macabeos que se acaba de citar habla de la segunda crisis en la historia del canon: "De igual manera, Judas [Macabeo] ha reunido todos los libros dispersos por causa de la guerra que nos han hecho, y ahora esos libros están en nuestras manos" (2 Macabeos 2:14). La "guerra" que se menciona aquí es la guerra macabea de liberación del perseguidor sirio Antíoco Epífanes. La hostilidad de Antíoco contra la Escritura está registrada (1 Macabeos 1:56 y siguientes), y en efecto, es probable que Judas hubiera tenido que recolectar copias de ellos cuando terminó la persecución. Judas sabía que el don profético había cesado mucho tiempo antes (1 Macabeos 9:27), así que parece posible que cuando hubo reunido las Escrituras esparcidas, arregló y anotó la colección completa en el orden tradicional. Puesto que los libros estaban todavía en rollos separados, los cuales debían ser "compilados," lo que él debe de haber producido no habrá sido un volumen sino una colección, y una lista de los libros de la colección, dividida en tres.

Al hacer esta lista, es probable que Judas estableciera no sólo la división firme en Profetas y Hagiógrafos sino también el orden y número tradicionales de los libros que la componían. Una lista de libros tiene que tener orden y número, y el orden tradicional tiene a Crónicas como el último de los Hagiógrafos. Esta posición para Crónicas puede ser trazada hasta el siglo I d.C., puesto que está reflejada en las palabras de Cristo en Mateo 23:35 y Lucas 11:51, donde la frase "desde la sangre de Abel hasta la sangre de Zacarías" probablemente se refiere a todos los profetas que fueron mártires desde el principio del canon hasta el fin, desde Génesis 4:3-15 a 2 Crónicas 24:19-22. El número tradicional de los libros canónicos es veinticuatro (los cinco libros de la Ley, junto con los ocho libros de los Profetas y los once libros de la hagiógrafa que se enumeraron antes), o veintidós (en este caso Rut aparece como un apéndice de Jueces, y Lamentaciones de Jeremías, para conformarse al número de letras del abecedario hebreo). El número veinticuatro se registra primero en Apocalipsis de Esdras 14:44-48, alrededor de 100 d.C. El número veintidós se registra primero en Josefo (*Contra Apion* 1.8), un poco antes de 100 d.C., pero también probablemente en los fragmentos de la traducción griega del libro de *Jubileo* (¿siglo I a.C.?). Si el número veintidós data del siglo I a.C., lo mismo sucede con el número veinticuatro, porque el primero es una adaptación del segundo al número de letras del abecedario. Y puesto que el número veinticuatro, que combina algunos de los libros más pequeños en unidades separadas pero no otros, parece haber sido influenciado en esto por el orden tradicional, entonces el orden también debe ser igual de antiguo. No hay duda en cuanto a la identidad de los veinticuatro o veintidós libros —son los libros de la Biblia hebrea. Josefo dice que todos han sido aceptados como canónicos desde tiempos inmemoriales. De los escritos del siglo I d.C. o antes, se puede proveer testimonio individual de la canonicidad de casi todos ellos. Esto es cierto aun de cuatro de los cinco que disputan ciertos rabinos;

solamente el Cantar de los Cantares, tal vez debido a su brevedad, permanece sin testimonio individual.

Tal evidencia implica que para el comienzo de la era cristiana, la identidad de todos los libros canónicos era bien conocida y generalmente aceptada. ¿Cómo, entonces, se ha llegado a pensar que la tercera sección del canon no fue cerrada hasta el sínodo de Jamnia, algunas décadas después del nacimiento de la iglesia cristiana? Las razones principales son que la literatura rabínica registra disputas acerca de los cinco libros, algunas de las cuales fueron resueltas en la discusión de Jamnia; que muchos de los manuscritos de la Septuaginta mezclan libros apócrifos entre los canónicos, impulsando de esta forma la teoría de un canon alejandrino más amplio; y que los descubrimientos del Qumrán muestran que los *pseudepigrapha* (libros apócrifos) apocalípticos fueron apreciados, y tal vez considerados canónicos, por los esenios. Pero la literatura rabínica registra objeciones académicas similares, aunque contestadas con más rapidez, a muchos otros libros canónicos, así que debe haber sido un asunto de quitar libros de la lista (si hubiera sido posible), no de agregarlos. Por otra parte, uno de los cinco libros disputados (Ezequiel) pertenece a la segunda sección del canon, la que se admite haber estado cerrada mucho antes de la era cristiana. En cuanto al canon alejandrino, los escritos de Filón de Alejandría muestran que era el mismo que el palestino. Él se refiere a las tres secciones familiares y le atribuye inspiración a muchos de los libros en las tres, pero nunca a ninguno de los apócrifos. En los manuscritos de la Septuaginta, algunos cristianos han vuelto a arreglar, de forma no judía, los libros de los Profetas y los Hagiógrafos, y la mezcla de libros apócrifos allí es un fenómeno cristiano y no uno judío. En el Qumrán los apocalipsis pseudónimos probablemente se veían más como un apéndice esenio al canon estándar judío que como una parte integral de él. Se hacen referencias a este apéndice en el registro de Filón de la Therapeutae (*De Vita Contemplativa* 25) y en Apocalipsis de

Esdras 14:44-48. Un hecho igualmente significativo descubierto en Qumrán es que los esenios, aunque eran rivales del judaísmo tradicional desde el siglo II a.C., reconocieron como canónicos algunos de los Hagiógrafos, y presumiblemente lo habían hecho desde antes de que comenzara la rivalidad.

DEL CANON JUDÍO AL CRISTIANO

Los manuscritos de la Septuaginta son paralelos con los escritos de los padres de la iglesia cristiana primitiva, quienes (por lo menos fuera de Palestina y Siria) normalmente usaban la Septuaginta o la antigua versión latina derivada. En sus escritos hay ambos, un canon amplio y otro reducido. El amplio comprende aquellos libros desde antes del tiempo de Cristo que generalmente eran leídos y estimados en la iglesia (incluyendo los apócrifos), pero el canon reducido está confinado a los libros de la Biblia hebrea, a los cuales los eruditos como Melitón, Orígenes, Epifanio y Jerónimo distinguen claramente del resto como los únicos inspirados. Los libros apócrifos fueron conocidos desde el principio en la iglesia, pero cuanto más atrás se va, tanto más raro es que sean tratados como inspirados. En el Nuevo Testamento mismo, encontramos a Cristo reconociendo las Escrituras judías por varios de sus títulos corrientes, y aceptando las tres secciones del canon judío y el orden tradicional de los libros; y encontramos que se refiere a la mayoría de los libros como que tiene autoridad divina —pero no así de ninguno de los apócrifos. Las únicas excepciones aparentes se encuentran en Judas: Judas 9 (citando la obra apócrifa *El Testamento de Moisés*) y Judas 14, citando *Enoc*. El hecho de que Judas cite estas obras no quiere decir que creyera que eran divinamente inspiradas, al igual que la cita de Pablo de varios poetas griegos (vea Hechos 17:28; 1 Corintios 15:33; Tito 1:12) no les atribuye inspiración divina a la poesía de ellos.

Lo que evidentemente sucedió en los primeros siglos del cristianismo es esto: Cristo les pasó a sus seguidores, como la Santa

Escritura, la Biblia que él había recibido, que contiene los mismos libros de la Biblia hebrea de hoy. Los primeros cristianos compartieron con sus contemporáneos judíos un conocimiento completo de la identidad de los libros canónicos. Sin embargo, la Biblia no se encontraba todavía entre dos tapas: era una lista memorizada de rollos. La brecha con la tradición oral judía (una brecha muy necesaria en algunos asuntos), la separación entre judíos y cristianos y la ignorancia general de las lenguas semíticas en la iglesia fuera de Palestina y Siria llevaron a dudas crecientes en cuanto al canon entre los cristianos, lo cual fue acentuado por la aparición de nuevas listas de los libros bíblicos, arreglados sobre otros principios, y la introducción de nuevos leccionarios. Tales dudas sobre el canon sólo podían ser resueltas, y sólo se pueden resolver hoy, de la forma en que fueron resueltas en la Reforma —regresando a las enseñanzas del Nuevo Testamento y al trasfondo judío sobre cuya base es que se debe entender.

BIBLIOGRAFÍA

Green, W. H. *General Introduction to the Old Testament: the Canon [Introducción General al Antiguo Testamento: El Canon]*, 1899.

Harris, R. L. *Inspiration and Canonicity of the Bible [La Inspiración y la Canonicidad de la Biblia]*, 1957.

Kline, M. G. *The Structure of Biblical Authority [La Estructura de Autoridad Bíblica]*, 1972.

Leiman, S. Z. *The Canonization of Hebrew Scripture [La Canonización del la Escritura Hebrea]*, 1976.

Lewis, J. P. *Journal of Bible and Religion [Periódico de la Biblia y Religión]* 32, 1964, pp. 125–132.

Margolis, M. L. *The Hebrew Scriptures in the Making [La Realización de las Escrituras Hebreas]*, 1922.

Purvis, J. D. *The Samaritan Pentateuch and the Origin of the Samaritan Sect [El Pentateuco Samaritano y el Origen de la Secta Samaritana]*, 1968.

Ryle, H. E. *The Canon of the Old Testament [El Canon del Antiguo Testamento]*, 1895.

Sundberg, A. C. *The Old Testament of the Early Church [El Antiguo Testamento de la Iglesia Primitiva]*, 1964.

Westcott, B. F. *The Bible in the Church [La Biblia en la Iglesia]*, 1864.

Zeitlin, S. *A Historical Study of the Canonization of the Hebrew Scriptures [Un Estudio Histórico de la Canonización de la Escrituras Hebreas]*, 1933.

El canon del Nuevo Testamento

MILTON FISHER

EL NUEVO TESTAMENTO fue escrito en un período de medio siglo, varios siglos después de que se completó el Antiguo Testamento. Algunos críticos modernos cuestionarían ambas mitades de esa afirmación y extenderían el tiempo en que se completaron ambos testamentos. Sin embargo, el escritor de este estudio tiene confianza en cuanto a la veracidad de los hechos históricos, y el enfoque tomado para la canonización de ambos, el Antiguo Testamento y el Nuevo Testamento, está basado sólidamente sobre esa premisa doble.

El Antiguo Testamento se encuentra tan lejos de nosotros en cuanto al tiempo que su formación como un cuerpo de Escritura puede ser considerada muy remota para poder certificar su contenido. Pero ese no es el caso. En un sentido, poseemos mucha más certificación del canon del Antiguo Testamento que del canon del Nuevo Testamento (vea el capítulo "El canon del Antiguo Testamento"). Nos referimos al hecho de la aprobación de nuestro Señor por la forma en que usó las Escrituras hebreas como la Palabra autoritativa de Dios.

Sin embargo, hay un sentido en el cual Jesucristo estableció también el contenido o canon del Nuevo Testamento, en la forma de anticipación. Fue él quien prometió: "el Consolador, el Espíritu

Santo, a quien el Padre enviará en mi nombre, les enseñará todas las cosas y les hará recordar todo lo que les he dicho" y "los guiará a toda la verdad" (Juan 14:26; 16:13, NVI).

De esto podemos derivar, a su vez, el principio básico de la canonicidad del Nuevo Testamento. Es idéntico al del Antiguo Testamento, puesto que se reduce a un asunto de inspiración divina. Ya sea que pensemos en los profetas de la época del Antiguo Testamento, o en los apóstoles y sus asociados, dados por Dios, del Nuevo Testamento, el reconocimiento de que eran portavoces auténticos de Dios en el mismo momento de sus escritos es lo que determina la canonicidad intrínseca de los mismos. Es verdaderamente la Palabra de Dios sólo si es inspirada por Dios. Podemos estar seguros de que la iglesia de la época apostólica recibió los libros que se cuestionan precisamente cuando un apóstol los había certificado como verdaderamente inspirados. La variación aparente, relativa a la zona geográfica, en el reconocimiento de algunas de las epístolas del Nuevo Testamento puede muy bien reflejar el simple hecho de que este testimonio, por su naturaleza, estaba localizado al primero. Por el contrario, el hecho que los veintisiete libros del Nuevo Testamento, que ahora se reconocen universalmente, fueran finalmente aceptados es evidencia de que su propio testimonio fue ciertamente confirmado después de una rigurosa investigación.

Tertuliano, un escritor cristiano notable de las primeras dos décadas del siglo III, fue uno de los primeros en llamar a las Escrituras cristianas el "Nuevo Testamento." Ese título había aparecido antes (circa 190) en una composición contra el montanismo, pero su autor es desconocido. Esto es muy importante. Su uso colocó a la Escritura llamada Nuevo Testamento en el mismo nivel de inspiración y autoridad que el Antiguo Testamento.

De la información que se encuentra disponible, el proceso gradual que llevó al reconocimiento público, completo y formal de un canon fijo de los veintisiete libros que componen el Nuevo Testamento nos lleva al siglo IV de nuestra era. Esto no quiere decir necesariamente que a estas Escrituras les faltara reconocimiento en su totalidad antes de ese tiempo, sino que la necesidad de definir oficialmente el canon no urgió hasta entonces. Semejante a esto sería la forma en que ciertas doctrinas teológicas han sido enunciadas en ciertos períodos de la historia de la iglesia, como, por ejemplo, las formulaciones cristológicas de los primeros siglos de la iglesia y la doctrina de la justificación por fe en el tiempo de la Reforma. El hecho de que algunos le acreditan a Tertuliano ser el primero en definir claramente la Trinidad no debe tomarse como que la doctrina del Dios trino comenzó a existir a esa altura en la historia, o que la Biblia no contenía esa verdad. De igual manera, el Nuevo Testamento fue realmente terminado con la escritura de su porción final (que no fue necesariamente el libro del Apocalipsis) y no se constituyó Escritura por las declaraciones hechas en este sentido por los hombres, ya sea que hablaran como individuos o como grupos.

Mientras que el Nuevo Testamento es totalmente el homólogo y el final de la revelación dada en el Antiguo Testamento, la estructura de su forma es algo diferente. El principio organizador del canon del Antiguo Testamento fue su naturaleza de ser un documento de pacto. El Pentateuco, en particular, comparte el patrón establecido por otros tratados y acuerdos escritos del antiguo Cercano Oriente. El principio de los escritos sagrados autoritativos, establecido en el Antiguo Testamento para el pueblo de Dios, obviamente se extendió al Nuevo Testamento.

Aunque escribir el Nuevo Testamento tomó un período mucho más corto, el alcance geográfico de su origen es mucho más amplio. Esta circunstancia por sí sola es suficiente para explicar la falta de reconocimiento espontáneo o simultáneo del alcance preciso del canon del Nuevo Testamento. Debido al aislamiento geográfico de los varios recipientes de porciones del Nuevo Testamento, era de esperarse que hubiera algún retraso e incertidumbre de una región a otra en cuanto al reconocimiento de algunos de los libros.

Para apreciar lo que sucedió en el proceso de la canonización de los libros del Nuevo Testamento, debemos revisar los hechos que tenemos disponibles. Esto nos permitirá analizar *cómo y por qué* nuestros primeros antepasados cristianos estuvieron de acuerdo con los veintisiete libros de nuestro Nuevo Testamento.

El proceso histórico fue gradual y continuo, pero nos ayudará a entenderlo si subdividimos los casi tres siglos y medio que llevó en períodos más cortos. Algunos hablan de tres etapas mayores hacia la canonización. Esto implica, sin justificación, que hay pasos que se pueden discernir claramente a lo largo del camino. Otros simplemente presentan una larga lista de nombres de personas y de documentos involucrados. Una lista así hace difícil sentir cualquier tipo de movimiento. Aquí se hará una división un poco arbitraria de cinco períodos, con el recordatorio de que la difusión del conocimiento de la literatura sagrada y el profundo consenso de su autenticidad como Escritura inspirada continuó en forma ininterrumpida. Los períodos son:

1. El siglo I
2. La primera mitad del siglo II
3. La segunda mitad del siglo II
4. El siglo III
5. El siglo IV

De nuevo, sin querer inferir que estas son etapas definidas, será útil notar las tendencias más importantes de cada uno de los períodos que acabamos de identificar. En el primer período, por supuesto, fue cuando se escribieron los diversos libros, pero también comenzaron a ser copiados y diseminados entre la iglesia. En el segundo, a medida que se hacían más conocidos y apreciados por su contenido, comenzaron a ser citados como autoritativos. Hacia el final del tercer período tenían un lugar reconocido al lado del Antiguo Testamento como "Escritura" y comenzaron a ser traducidos a idiomas regionales, tanto como a ser sujetos de comentarios. Durante el siglo III d.C., que es nuestro cuarto período, la colección de libros en un "Nuevo Testamento" estaba en camino, junto a un proceso de selección que los estaba separando de otra literatura cristiana. El período final, o quinto, presenta a los padres de la iglesia del siglo IV declarando que se ha llegado a conclusiones en cuanto al canon, lo que indica la aceptación de toda la iglesia. Así que, en el sentido más estricto y formal de la palabra, el canon se había hecho fijo. Nos falta examinar con más detalle las fuerzas y los individuos que produjeron las fuentes escritas que dan testimonio de este notable proceso, a través del cual, por la providencia de Dios, hemos heredado nuestro Nuevo Testamento.

PRIMER PERÍODO: EL SIGLO I

El principio determinante que reconoce la autoridad de los escritos canónicos del Nuevo Testamento fue establecido dentro del contenido de esos mismos escritos. Existen repetidas exhortaciones para que las comunicaciones apostólicas se lean públicamente. Al final de la primera carta a los Tesalonicenses, posiblemente el primer libro del Nuevo Testamento que se escribió, Pablo dice: "Les encargo delante del Señor que lean esta carta a todos los hermanos" (1 Tesalonicenses 5:27, NVI). Antes, en la misma carta, Pablo alaba la pronta aceptación de su palabra escrita como "la palabra de Dios" (2:13), y en 1 Corintios 14:37 (NVI) habla en forma similar de "esto que les escribo," insistiendo que su mensaje debe ser reconocido como un mandamiento del Señor mismo. (Vea también Colosenses 4:16; Apocalipsis 1:3.) En 2 Pedro 3:15-16 (NVI), las cartas de Pablo se incluyen con "las demás Escrituras." Puesto que la carta de Pedro es una carta general, aquí se infiere el conocimiento ampliamente difundido de las cartas de Pablo. También es altamente indicativo el uso que hace Pablo en 1 Timoteo 5:18 (NVI). Él sigue la fórmula "la Escritura dice" al combinar una cita acerca de no ponerle bozal a un buey

(Deuteronomio 25:4) y "el trabajador merece que se le pague su salario" (compare Lucas 10:7). Así que se infiere una equivalencia entre la Escritura del Antiguo Testamento y un Evangelio del Nuevo Testamento.

En 95 d.C., Clemente de Roma les escribió a los cristianos en Corinto usando una rendición libre del material de Mateo y Lucas. Él parece estar profundamente influenciado por el libro de Hebreos, y es obvio que tiene familiaridad con Romanos y Corintios. También hay referencias a 1 Timoteo, Tito, 1 Pedro y Efesios.

SEGUNDO PERÍODO: LA PRIMERA MITAD DEL SIGLO II

Uno de los primeros manuscritos del Nuevo Testamento que se descubrió en Egipto, un fragmento de Juan conocido como el papiro de John Rylands, demuestra la forma en que los escritos del apóstol Juan eran honrados y copiados alrededor de 125 d.C., en un período de treinta a treinta y cinco años después de su muerte. Hay evidencia que en los treinta años después de la muerte del apóstol, todos los Evangelios y las cartas paulinas eran conocidos y usados en todos esos centros desde donde nos ha llegado la evidencia. Es verdad que algunas de las cartas más breves fueron cuestionadas en algunos lugares en lo referente a su autoridad por tal vez otros cincuenta años, pero eso se debió solamente a la incertidumbre en esos lugares en cuanto a su paternidad literaria. Esto demuestra que la aceptación no estaba siendo impuesta por las acciones de los concilios, sino más bien que sucedía espontáneamente a través de la respuesta normal de parte de aquellos que conocían los hechos acerca de su paternidad literaria. En aquellos lugares en los cuales las iglesias estaban inseguras en cuanto a su paternidad literaria o a la aprobación apostólica de ciertos libros, la aceptación era más lenta.

Los primeros tres padres notables de la iglesia, Clemente, Policarpo e Ignacio, usaron la mayor parte del material del Nuevo Testamento de forma reveladoramente casual —las Escrituras autenticadas estaban siendo aceptadas como autoritativas sin ningún argumento. En los escritos de estos hombres sólo Marcos (cuyo material es muy paralelo al material de Mateo), 2 y 3 Juan, Judas y 2 Pedro no son atestiguados claramente.

Las *Epístolas de Ignacio* (circa 115 d.C.) tienen correspondencia en varios lugares de los Evangelios y parecen incorporar el lenguaje de varias de las cartas paulinas. La *Didache* (o *Enseñanza de los Doce*), tal vez aun antes, hace referencia a un Evangelio escrito. Lo más importante es el hecho de que Clemente, Bernabé e Ignacio hacen una clara distinción entre sus escritos y los escritos autoritativos e inspirados de los apóstoles.

Es en la *Epístola de Bernabé*, alrededor de 130 d.C., que encontramos primero la fórmula "está escrito" (4:14) usada en referencia a un libro del Nuevo Testamento (Mateo 22:14). Pero aun antes de esto, Policarpo, quien conocía personalmente a algunos testigos del ministerio de nuestro Señor, usó una cita combinada del Antiguo Testamento y del Nuevo Testamento. Al citar la amonestación de Pablo en Efesios 4:26, donde el apóstol cita el Salmo 4:4 y hace un agregado, Policarpo, en su *Epístola a los Filipenses*, introduce la referencia así: "según dicen *estas Escrituras*" (12:4). Luego Papías, obispo de Hierápolis (circa 130–140), en un trabajo que Eusebio preservó para nosotros, menciona por nombre los Evangelios de Mateo y Marcos, y su uso de ellos, como la base de la exposición, indica que eran aceptados como canónicos. También alrededor de 140 d.C., el recientemente descubierto *Evangelio de la Verdad* (una obra de orientación gnóstica cuyo autor fue probablemente Valentín) hace una contribución importante. Su uso de fuentes canónicas del Nuevo Testamento, las que trata como autoritativas, es lo suficientemente amplio como para garantizar la conclusión de que en Roma (en ese período) existía una compilación del Nuevo Testamento que correspondía muy de cerca a la nuestra. Se hacen citas de los Evangelios, Hechos, las cartas de Pablo, Hebreos y el libro del Apocalipsis.

El hereje Marción, al definir un canon limitado de su propia creación (circa 140), en efecto apresuró el día en que los creyentes ortodoxos necesitaron formular una declaración propia sobre este asunto. Rechazando todo el Antiguo Testamento, Marción se quedó con el Evangelio de Lucas (eliminando los capítulos 1 y 2 como demasiado judíos) y las cartas de Pablo (excepto por las pastorales). Es interesante notar, especialmente a la luz de Colosenses 4:16, que él sustituye el nombre "laodiceos" por efesios.

Cerca del final de este período Justino Mártir, al describir los servicios de adoración de la iglesia primitiva, pone a los escritos de los apóstoles a la par con los de los profetas del Antiguo Testamento. Él declara que la voz que habló a través de los apóstoles de Cristo en el Nuevo Testamento era la misma que habló a través de los profetas —la voz de Dios— y la misma voz que escuchó Abraham, a la cual respondió en fe y obediencia. Justino también usó libremente "está escrito" con citas de las Escrituras del Nuevo Testamento.

TERCER PERÍODO: LA SEGUNDA MITAD DEL SIGLO II

Ireneo había tenido el privilegio de comenzar su adiestramiento cristiano bajo Policarpo, un discípulo de los apóstoles. Luego, cuando fue presbítero en Lyon, tuvo una asociación con el obispo Potino, cuyo propio trasfondo también incluía contacto con la primera generación de cristianos. Ireneo cita de casi todo el Nuevo Testamento sobre la base de su autoridad y afirma que los apóstoles fueron investidos con poder de lo alto. Dice que estaban "totalmente informados en lo referente a todas las cosas y tenían conocimiento perfecto . . . teniendo todos en igual medida y cada uno en particular el evangelio de Dios" (*Contra las Herejías* 3.3). Ireneo da razones de por qué debe haber cuatro Evangelios. "La Palabra," dice él: ". . . nos dio el evangelio en forma de cuatro libros, pero unidos por un Espíritu." Además de los Evangelios, él también hace referencia a Hechos, 1 Pedro, 1 Juan, todas las cartas de Pablo excepto Filemón y el libro del Apocalipsis.

Taciano, alumno de Justino Mártir, hizo una armonía de los cuatro Evangelios llamada *Diatessaron,* afirmando que tenían el mismo estado en la iglesia ya en 170 d.C. Para entonces habían surgido otros "evangelios," pero él reconoció sólo a los cuatro. También alrededor del año 170 existía el *Canon Muratoriano.* El bibliotecario L. A. Muratori descubrió una copia del siglo VIII de este documento, la que publicó en 1740. El manuscrito está mutilado en ambos extremos, pero el texto que queda hace evidente que Mateo y Marcos estaban incluidos en la parte que falta ahora. El fragmento comienza con Lucas y Juan, cita Hechos, trece cartas paulinas, Judas, 1 y 2 Juan y el Apocalipsis. Le sigue una declaración: "Aceptamos sólo el Apocalipsis de Juan y Pedro, aunque algunos de nosotros no queremos [¿El Apocalipsis de Pedro es 2 Pedro?] que sea leído en la iglesia." La lista continúa rechazando por nombre a varios líderes herejes y a sus escritos.

Para esta época ya existían versiones traducidas. En la forma de traducciones siríacas y latinas antiguas podemos encontrar, ya en el año 170, el testimonio válido de las ramas orientales y occidentales de la iglesia, como también lo podríamos esperar de la otra evidencia a la mano. El canon del Nuevo Testamento se representa sin adiciones y la omisión de un solo libro, 2 Pedro.

CUARTO PERÍODO: EL SIGLO III

El nombre cristiano que sobresale en el siglo III es el de Orígenes (185-254 d.C.) Era un erudito y exégeta prodigioso, e hizo estudios críticos del texto del Nuevo Testamento (junto con su trabajo en *Exaplos*), y escribió comentarios y homilías sobre la mayor parte de los libros del Nuevo Testamento, enfatizando que fueron inspirados por Dios.

Dionisio de Alejandría, que era alumno de Orígenes, indica que mientras que la iglesia occidental aceptó el libro del Apocalipsis desde el principio, su posición en el este fue variable. En el caso de la carta a los Hebreos, la situación fue al revés. Probó ser más insegura en el oeste que en el este. Cuando se trata de otros libros en discusión (note, a propósito, que todos los que están en esa categoría tienen la posición postrera en nuestras Biblias presentes —de Hebreos a Apocalipsis), entre las así llamadas "epístolas católicas," Dionisio apoya a Santiago, y a 2 y 3 Juan, pero no a 2 Pedro o Judas. En otras palabras, aun a fines del siglo III existía la misma falta de finalidad acerca del canon que existió al comienzo del siglo.

QUINTO PERÍODO: EL SIGLO IV

El cuadro comienza a aclararse temprano en este período. Eusebio (270–340 d.C., obispo de Cesarea antes del año 315), el gran historiador de la iglesia, expone su estimado del canon en su *Historia Eclesiástica* (3, capítulos iii-xxv). En esta obra hace una declaración directa sobre el estado del canon en la primera parte del siglo IV. (1) Los cuatro Evangelios, Hechos, las cartas de Pablo (incluyendo Hebreos, con dudas en cuanto a quién fue su autor), 1 Pedro, 1 Juan y Apocalipsis fueron aceptados como canónicos universalmente. (2) Admitidos por la mayoría, incluyendo a Eusebio mismo, pero disputados por algunos, estaban Santiago, 2 Pedro (el más fuertemente debatido), 2 y 3 Juan y Judas. (3) Los *Hechos de Pablo,* la *Didache,* y *El Pastor de Hermas* fueron clasificados "espurios," e inclusive otros escritos estaban clasificados como "heréticos y absurdos."

Sin embargo, es en esta última mitad del siglo IV que el canon del Nuevo Testamento encuentra su declaración final. En su *Carta Festiva* para la Pascua del año 367, el obispo Atanasio de Alejandría incluyó información que tenía el propósito de eliminar, de una vez por todas, el uso de ciertos libros apócrifos. Esta carta, con su amonestación: "Que nadie le agregue a esto; que nada sea quitado," nos da el documento más antiguo que existe en el cual se especifican nuestros veintisiete libros sin calificarlos. Al final del siglo, el Concilio de Cartago (397 d.C.) decretó que "aparte de las Escrituras canónicas nada se debe leer en la iglesia bajo el Nombre de Escrituras Divinas." Esto también cataloga los veintisiete libros del Nuevo Testamento.

El repentino avance del cristianismo bajo el emperador Constantino (Edicto de Milán, 313) tuvo mucho que ver con la recepción de todos los libros del Nuevo Testamento en el Este. Cuando le asignó a Eusebio la tarea de preparar "cincuenta copias de las Escrituras Divinas," el historiador, totalmente consciente de cuáles eran los libros sagrados por los que muchos creyentes habían estado dispuestos a dar sus vidas, estableció en efecto la norma que dio reconocimiento a todos los libros que alguna vez habían ofrecido dudas. En el Oeste, por supuesto, Jerónimo y Agustín fueron los líderes que ejercieron una influencia determinante. La publicación de los veintisiete libros en la versión Vulgata virtualmente resolvió el asunto.

PRINCIPIOS Y FACTORES QUE DETERMINARON EL CANON

Por su propia naturaleza, la Santa Escritura, ya sea el Antiguo o el Nuevo Testamento, es un producto dado por Dios y no una obra de la creación humana. La clave de la canonicidad es la inspiración divina. Por lo tanto, el método de determinación no es uno que selecciona de una cantidad de posibles candidatos (*no hay* otros candidatos en realidad), sino uno de la recepción de los materiales auténticos y el consecuente reconocimiento por un círculo cada vez más grande a medida que se hacen conocidos los hechos de su origen.

En un sentido, el movimiento de Montano, que la iglesia de su época declaró herético (a mediados del siglo II), fue un impulso hacia el reconocimiento de un canon cerrado de la Palabra escrita de Dios. Él enseñó que el don profético había sido concedido a la iglesia en forma permanente y que él mismo era un profeta. Por lo tanto, la presión de enfrentar al montanismo intensificó la búsqueda de una autoridad básica, y la autoría o aprobación apostólica se reconoció como la única norma verdadera para identificar la revelación de Dios. Aun con el registro de la Escritura, los profetas del primer siglo estaban subordinados y sujetos a la autoridad apostólica. (Por ejemplo, vea 1 Corintios 14:29-30; Efesios 4:11.)

Cuando todas las cosas fueron examinadas durante la Reforma protestante, algunos de los reformadores buscaron medios para asegurarse a sí mismos, y a sus seguidores, en cuanto al canon de la Escritura. En algunos aspectos, esto fue un aspecto desafortunado del pensamiento reformador, porque una vez que Dios en su providencia había determinado para su pueblo el contenido fijo de la Escritura, eso se convirtió en un hecho histórico y no era un proceso repetible. No obstante, Lutero estableció una prueba teológica para los libros de la Biblia (y cuestionó algunos de ellos) —"¿Enseñan sobre Cristo?" Parecería que igualmente subjetiva fue la insistencia de Calvino de que el Espíritu de Dios da testimonio a cada cristiano individual, en cualquier época de la historia de la iglesia, en lo referente a lo que es la Palabra de Dios y lo que no es.

En realidad, aun para la aceptación inicial de la Palabra escrita, no es seguro ni correcto (hasta donde nos enseña la Escritura o la historia) decir que el reconocimiento y la recepción fueron un asunto intuitivo. Fue más bien un asunto de simple obediencia a los mandamientos conocidos de Cristo y de sus apóstoles. Como vimos al principio, nuestro Señor prometió (Juan 14:26; 16:13) comunicar todas las cosas necesarias a sus seguidores. Los apóstoles estaban conscientes de su responsabilidad y acciones cuando escribieron. La explicación de Pablo en 1 Corintios 2:13 (NVI) es oportuna: "Esto es precisamente de lo que hablamos, no con las palabras que enseña la sabiduría humana sino con las que enseña el Espíritu, de modo que expresamos verdades espirituales en términos espirituales."

Por lo tanto, la iglesia primitiva, con vinculaciones más estrechas y más información de la que tenemos nosotros hoy, examinó el testimonio de la antigüedad. Ellos pudieron discernir cuáles eran los libros auténticos y autoritativos por su origen apostólico. La asociación de Marcos con Pedro y la de Lucas con Pablo les dieron esta aprobación, y las epístolas como Hebreos y Judas también estaban ligadas al mensaje y ministerio apostólico. La coherencia incontrovertible de doctrina en todos los libros, incluyendo los ocasionalmente disputados, fue tal vez una prueba subordinada. Pero históricamente, el proceso fue de aceptación y aprobación de aquellos libros que los sabios líderes de la iglesia habían confirmado. La aceptación total de los que recibieron estos libros en un principio, seguida por un reconocimiento y uso continuos, es un factor esencial en el desarrollo del canon.

El concepto de la iglesia sobre el canon, derivado principalmente de la reverencia que le daban a las Escrituras del Antiguo Testamento, se apoyaba en la convicción de que los apóstoles habían sido autorizados en forma única para hablar en el nombre de aquel que posee toda autoridad —el Señor Jesucristo. El desarrollo desde allí es lógico y directo. Aquellos que escucharon a Jesús en persona quedaron sujetos inmediatamente a su autoridad. Él, personalmente, les autenticó sus palabras a los creyentes. Estos mismos creyentes sabían que Jesús autorizó a sus discípulos a hablar en su nombre, tanto durante y (más significativamente) después de su ministerio terrenal. La iglesia reconocía a los que hablaban en forma apostólica a favor de Cristo, ya fuera en palabras habladas o en forma escrita. Ambas, la palabra hablada de un apóstol y la carta de un apóstol, constituían la palabra de Cristo.

La generación que siguió a la de los apóstoles mismos recibió el testimonio de aquellos que sabían que los apóstoles tenían el derecho de hablar y escribir en el nombre de Cristo. Por lo tanto, la segunda y la tercera generación de cristianos consideraban las palabras apostólicas (los escritos) como las mismas palabras de Cristo. Esto es en realidad lo que se quiere decir por canonización

—el reconocimiento de la palabra divinamente autenticada. Por lo tanto, los creyentes (la iglesia) no establecieron el canon, sino que simplemente testificaron de su existencia reconociendo la autoridad de la palabra de Cristo.

CRÍTICA DEL CANON

Como una nota al pie de página del caso de la confiabilidad del canon de veintisiete libros del Nuevo Testamento con el cual estamos familiarizados, debe observarse que todavía hay algunos que sienten que este asunto no está arreglado, o que tal vez no se debería haber llegado a un acuerdo como se hizo. Se presentaron dos objeciones. Una de ellas tiene que ver con la insuficiencia de las soluciones que propusieron los reformadores a sus propias preguntas. Queremos sostener que las preguntas ya habían sido contestadas históricamente, y que las pruebas de canonicidad propuestas por Lutero y Calvino eran impropias. La otra objeción se basa en la suposición de que los padres de la iglesia operaban sobre información incorrecta. Varios de los libros del Nuevo Testamento, sugieren ellos, no fueron escritos hasta después de la época de los apóstoles, o por lo menos tienen una paternidad literaria cuestionable. Yo creo que estas sospechas se han tratado y desvanecido con la presentación anterior. Ningún cristiano, confiando en la obra providencial de su Dios e informado acerca de la verdadera naturaleza de la canonicidad de la Palabra de Dios, debería preocuparse por la autenticidad de la Biblia que poseemos ahora.

BIBLIOGRAFÍA

Bruce, F. F. *The Canon of Scripture [El Canon de la Escritura]*, 1988.
Gamble, Harry Y. "The Canon of the New Testament [El Canon del Nuevo Testamento]" en *The New Testament and Its Modern Interpreters [El Nuevo Testamento y Sus Intérpretes Modernos]*, editado por E. J. Epp y G. W. McRae, 1989.
Harrison, Everett. *Introduction to the New Testament [Introducción al Nuevo Testamento]*, 1971.
McRay, John R. "New Testament Canon [El Canon del Nuevo Testamento]" en la *Baker Encyclopedia of the Bible [Enciclopedia Baker de la Biblia]*, editado por Walter Elwell, 1988.

Los apócrifos del Antiguo y del Nuevo Testamento

R. K. HARRISON

LOS ESCRITOS del Antiguo y del Nuevo Testamento tienden a atraer ciertas composiciones adicionales en la forma de libros, partes de libros, cartas, "evangelios," apocalipsis, etcétera. La mayoría de los autores escribió en forma anónima, pero algunos presentaron sus escritos al público bajo el nombre de un personaje conocido del Antiguo Testamento o miembro de la iglesia cristiana. Tales composiciones formaron una parte pequeña, pero importante, de la gran colección de literatura judía que salió a la luz durante el período entre el Antiguo y el Nuevo Testamento. Mucho de esto fue el resultado de las agitaciones religiosas y políticas, porque los judíos sintieron que su fe y su existencia misma eran amenazadas, primero por las influencias paganas de la cultura helenística griega, y luego por la opresión de las fuerzas invasoras romanas.

TRASFONDO HISTÓRICO

Una breve reseña de la historia de ese período intertestamentario establecerá el trasfondo contra el cual se escribió la mayoría de los libros apócrifos del Antiguo Testamento. Cuando Alejandro Magno murió en 323 a.C., su imperio fue dividido entre sus cuatro generales. Judea fue incluida en el territorio gobernado por Seleuco I, pero en 320 a.C. Ptolomeo de Egipto la anexó a su propio territorio. Esa clase de actividad caracterizó mucho del período intertestamentario, colocando a la gente de Palestina bajo grandes presiones políticas y sociales. En general, sus conquistadores buscaron apaciguar a los judíos, y en el caso de los Ptolomeos hasta los alentaban a emigrar a Egipto. Sin embargo, la amenaza de opresión militar siempre estuvo cerca de Judea, y llegó a ser realidad una vez más en 205 a.C. cuando Ptolomeo V murió repentinamente y Antíoco III de Siria decidió anexar Judea. Un ejército egipcio se movilizó para controlar su avance, pero fue derrotado cerca de Sidón en 198 a.C., después de lo cual Judea llegó a ser parte del reino seléucido. Aunque Antíoco fue tolerante con los judíos, mantuvo un control político firme sobre el país, al igual que habían hecho los egipcios. Finalmente, la lucha civil que había estado estallando en varias partes del Cercano Oriente hacia finales del período griego atrajo la atención de los romanos, los cuales estaban surgiendo como poder militar y político. Las legiones romanas entraron al Asia Menor en 197 a.C. y fueron atacadas por los sirios. Después de una larga campaña, Escipión el Africano destrozó las fuerzas de Siria en Magnesia en 190 a.C., pavimentando así el camino para mayores incursiones romanas en Palestina.

Mientras tanto, los reyes seléucidos se aferraban precariamente a su poder y comenzaron a comportarse con creciente severidad con los judíos. Parte de la dificultad yacía en el hecho de que los seléucidos se habían vuelto propagadores de la cultura pagana griega y estaban inclinados a introducir tradiciones griegas en el judaísmo ortodoxo. La "helenización" ocurrió con particular severidad bajo Antíoco IV (175–164 a.C.), causando que la familia asmonea se levantara en una revuelta. La resistencia bajo Judas Macabeo tuvo tanto éxito que el regente sirio Lisias garantizó el retorno de las libertades judías, un contratiempo obvio para el partido helenizante de Judea. En 142 a.C., Judea se independizó de Siria, y bajo Juan Hircano (135–105 a.C.) logró algo de solidaridad política y territorial. Pero, en el mejor de los casos, la situación total era inestable, y se complicaba por los conflictos entre los que seguían las costumbres helénicas y los saduceos, fariseos y escribas, que eran más tradicionales. Mientras tanto, los grupos religiosos puristas, tales como los miembros de la comunidad del Mar Muerto, se separaron de los judíos ortodoxos y fundaron sus propias colonias en el inhóspito desierto de Judea.

En 64 a.C., Pompeyo atacó Siria y la hizo una provincia romana. Mientras que trataban de sofocar el malestar político en Judea, los romanos fueron atacados por judíos fanáticos, los que finalmente fueron masacrados en el monte del Templo. A partir de entonces los romanos mantuvieron una guarnición en Jerusalén e incorporaron a Judea a la recientemente formada provincia de Siria. La siguiente dinastía herodiana gobernó bajo la supervisión de Roma, la que mantuvo legiones en Judea hasta después de la segunda revuelta judía (132–135 d.C.).

El período que vio la escritura del material apócrifo fue, por lo tanto, uno de disturbios políticos, militares, sociales y religiosos sin precedentes. Se ha estimado que para cuando nació Cristo, una de cada dos personas del Imperio Romano era esclava. La resistencia judía a las influencias de la helenización produjo épocas de represión y persecución que hicieron que los judíos anhelaran liberación, y estimularon, por lo menos en algunos, el interés en la posibilidad de un mesías que viniera de Dios para remediar la situación. Los escritos apocalípticos trataron ampliamente el problema de la lucha entre el bien y el mal, con la expectativa de una nueva época en la cual Dios recompensaría con bendiciones espirituales a los fieles. Las figuras mesiánicas, que aparecían en los escritos apocalípticos y especialmente en los libros apócrifos del Nuevo Testamento, a menudo estaban balanceadas por un anticristo, ambos siendo servidos por muchos personajes angélicos. Era un mundo literario y espiritual de hechos parciales y de fantasía parcial, siendo la fantasía un ingrediente importante para mantener las expectativas de los menos estables emocionalmente.

Mientras que los manuscritos del Mar Muerto no pueden ser considerados como apócrifos, algunos pasajes son apocalípticos —por ejemplo, el Manual de Disciplina 3:13–4:26, el Rollo de la Guerra (1QM) 1:15-19 y la Nueva Jerusalén (5Q15). Algunos eruditos han interpretados partes del Rollo de Cobre (3Q15) apocalípticamente, pero la mayoría de los escritores simplemente considera el material como una lista de tesoros ocultos.

LOS ESCRITOS APÓCRIFOS Y CANÓNICOS

Aunque las obras apócrifas más tempranas del Antiguo Testamento tal vez fueron escritas tan temprano como hacia fines del siglo IV a.C., la mayoría apareció desde el siglo II a.C. hacia adelante. Algunas de ellas se parecían mucho a sus contrapartes de las Escrituras canónicas y no hay duda de que, en algunos círculos, su autoridad e inspiración eran consideradas como similares a las composiciones de las Escrituras que veneraban los judíos, y que más tarde veneraron los cristianos.

Otros escritos religiosos de esas épocas no afirmaron ser de las Escrituras. Tales composiciones preservaron las tradiciones familiares de tanto el judaísmo como el cristianismo primitivo, aunque en algunas ocasiones las enriquecieron o embellecieron por medio de leyendas o narrativas que no eran históricas. Debido a que en aquella época había muy pocos libros en circulación, los palestinos tendían a leer cualquier material literario que llegaba a sus manos. Aunque la Torá, o ley de Moisés, siempre había sido reconocida como la norma de ortodoxia teológica para los judíos, las narrativas de fortaleza durante las persecuciones o los relatos de la forma en que los enemigos del pueblo de Dios recibían su justa recompensa tenían mucha atracción para los que se encontraban bajo la presión de una sociedad pagana.

De igual manera, aunque los Evangelios y las Epístolas —junto con el Antiguo Testamento— formaban el canon básico de la lista aprobada de las Escrituras para los cristianos, muchas narrativas adicionales reclamaban la atención de los primeros seguidores de Cristo. Esas composiciones a menudo trataban de las supuestas actividades de Jesús y de sus seguidores, así como también de los martirios, revelaciones y enseñanzas espirituales. Algunas obras contenían material que no sólo no correspondía a la historia, sino que era totalmente extraño, pero otras reflejaban hasta cierto grado el espíritu de Cristo y las enseñanzas apostólicas. Para los primeros cristianos, como también para los judíos, el establecimiento del canon formal de las Escrituras debe haber sido impulsado en parte por la necesidad de separar el registro de la verdad revelada de las otras formas escritas de tradición religiosa así como de la verdadera herejía.

Algunos de los primeros eruditos cristianos describieron en sus escritos como "apócrifos" a los escritos que no fueron aceptados en el canon del Antiguo Testamento ni en el canon del Nuevo Testamento. La palabra griega significa "cosas ocultas," y cuando se aplicaba a los libros describía aquellas obras que las autoridades religiosas querían ocultar de los lectores en general. La razón era que se creía que tales libros contenían una tradición popular misteriosa o secreta, significativa sólo para los instruidos y por lo tanto inapropiada para el lector común. Pero la palabra "apócrifo" también se empleaba en un sentido menos halagador para las obras que merecían ser ocultadas. Tales obras contenían doctrinas malas o enseñanzas falsas que tenían el propósito de pervertir más que de edificar a quienes las leían. La supresión de los escritos indeseables era bastante fácil en un tiempo cuando sólo unos pocos libros estaban en circulación a la vez. Es más probable que las autoridades quemaran los escritos ofensivos en lugar de "ocultarlos" (compare Hechos 19:19).

Las enseñanzas ocultas o esotéricas no eran parte de la tradición hebrea, la cual basaba su espiritualidad en los primeros cinco libros del canon hebreo. En lo que respecta a las doctrinas misteriosas que llegaron a la vida de los hebreos, les llegaron de fuentes paganas y por lo general involucraban prácticas mágicas que se le habían prohibido a Israel. Sólo cuando el concepto de sabiduría surgió en escritos tales como Proverbios, Eclesiastés, Job y ciertos salmos fue que los maestros judíos, como Jesús ben Sirá, aconsejaron a sus oyentes que buscaran el "sentido oculto" de la sabiduría divina (Eclesiástico 14:20-21; 39:1-3, 7). Aun así, el énfasis estaba en conocer la mente y la voluntad revelada de Dios, y no en el estudio de tratados esotéricos que eran populares entre los autores y los lectores helenísticos.

Hacia fines del siglo I a.C. se estaba haciendo en los círculos judíos una clara distinción entre los escritos que eran apropiados para el uso del público en general y los escritos esotéricos que debían ser restringidos sólo para los que estaban bien informados y los instruidos. Es así que en Apocalipsis de Esdras 4:1-6, el escritor dice cómo se suponía que Esdras, bajo la instrucción de Dios, publicara abiertamente ciertos escritos (es decir, la Torá de Moisés), y que guardara secretos otros (es decir, las tradiciones apocalípticas que trataban de la llegada del fin de los tiempos). En Apocalipsis de Esdras 14:42-46 se hace referencia a setenta libros, evidentemente material no canónico, escritos después de los veinticuatro libros del canon hebreo.

El uso del término "apócrifo" con el significado de "no perteneciente al canon" data del siglo V d.C., cuando Jerónimo manifestó que los libros que se encontraban en la Septuaginta y en las Biblias latinas que no estaban en el canon de los escritos del Antiguo Testamento hebreo debían ser tratados como apócrifos. No debían ser descartados totalmente puesto que eran parte del gran flujo de literatura nacional judía contemporánea. Al mismo tiempo, no debían usarse como doctrina cristiana sino, en todo caso, como lectura suplementaria de naturaleza inspiradora o edificante.

Los teólogos protestantes, por lo general, han seguido la tradición que estableció Jerónimo, considerando a los libros apócrifos del Antiguo Testamento como el exceso del canon de la Septuaginta sobre las Escrituras hebreas. Cuando se comenzó a traducir la Biblia hebrea al griego en Egipto durante el reinado de Ptolomeo II (285-246 a.c.), los eruditos involucrados incluyeron una cantidad de libros que, mientras permanecían por lo general fuera de la lista aceptada de escritos canónicos hebreos, todavía tenían relación con la historia y sociedad judías. El procedimiento reflejaba actitudes contemporáneas en Palestina, donde, como muestran los Rollos del Mar Muerto, mucha gente hizo muy pocos intentos de separar los escritos canónicos de las otras formas de literatura religiosa. Es natural que la decisión que tomaron las autoridades judías en cuanto a cuáles libros considerar canónicos tuvo influencia en lo que constituiría los libros apócrifos del Antiguo Testamento.

La evidencia textual representada por ciertos manuscritos y fragmentos de las cuevas del Mar Muerto hace que sea razonablemente seguro aceptar que los últimos de los escritos canónicos hebreos hayan sido terminados varias décadas antes del tiempo en que Alejandro Magno (356-323 a.C.) comenzara sus conquistas en el Cercano Oriente. Sin embargo, el proceso por el cual esas composiciones llegaron a ser aceptadas como canónicas fue más dilatado. Sólo cuando habían circulado, habían sido leídos y habían sido apoyados favorablemente al compararlos con la espiritualidad de la Torá era que se les concedía la canonicidad general. De ahí que la distinción entre los escritos canónicos y los apócrifos llegó tanto a través del uso y del acuerdo general de parte del judaísmo ortodoxo como de otras formas. Los primeros eruditos sugieren que el así llamado "Concilio de Jamnia," celebrado en Palestina alrededor de 100 d.C., fue el responsable de componer una lista de los libros del Antiguo Testamento que fueran apropiados para que los usaran los fieles. Sin embargo, estudios posteriores han arrojado bastante duda sobre la historicidad de tal concilio, mostrando al mismo tiempo que las autoridades judías de aquel período consideraban que los escritos no canónicos eran más un obstáculo que una ayuda para la devoción.

LOS APÓCRIFOS DEL ANTIGUO TESTAMENTO

Los libros que los judíos consideraban específicamente "fuera del canon," y por lo tanto apócrifos, eran: 1 Esdras; 2 Esdras (Apocalipsis de Esdras); Tobías; Judit; los agregados a Ester; la Sabiduría de Salomón; Eclesiástico; Baruc; la Carta de Jeremías; los agregados al libro de Daniel (la Oración de Azarías y el Cantar de los Tres Jóvenes, Susana y Bel y el Dragón); la Oración de Manasés; 1 Macabeos; y 2 Macabeos. Varios manuscritos de la Septuaginta incluían algunos materiales seudohistóricos bajo los títulos de 3 Macabeos y 4 Macabeos; así que aun la Apócrifa variaba algo en cuanto a su contenido, lo que dependía de la tradición que se siguiera en lo referente a los manuscritos. Entre los primeros eruditos cristianos también había alguna diferencia de opinión en cuanto a los límites precisos de la Escritura hebrea canónica, y, en consecuencia, del material apócrifo. Una separación seria entre las tradiciones hebreas y las tradiciones rabínicas llegó con los escritos de Agustín, quien promulgó el punto de vista de que los libros de la apócrifa tenían la misma autoridad que otros escritos de las Escrituras canónicas hebreas y cristianas. Se levantaron algunas voces apoyando la posición de Jerónimo, pero el Concilio de Trento (1546) adoptó el punto de vista de Agustín, que llegó a ser enseñanza oficial de los católicos romanos.

El libro llamado 1 Esdras parece ser una compilación histórica de material sacado de varias partes del Antiguo Testamento, principalmente de Crónicas, Esdras y Nehemías. Incluye una interesante interpolación, el Debate de los Tres Soldados (1 Esdras 3:1–5:6), en el cual se demuestra la supremacía de la verdad por medio de algunos errores históricos desafortunados e inconsistencias que se encuentran en el libro, en marcado contraste frente a la exactitud de las fuentes canónicas en las que se apoyó el compilador de 1 Esdras. El libro llamado 2 Esdras (Apocalipsis de Esdras) consiste principalmente de un apocalipsis judío en el cual Esdras, en una serie de visiones, lamenta el predicamento del exiliado Israel y busca una figura mesiánica que restaure la nación a su gloria pasada.

El libro de Tobías es una mezcla de folclore y romance, escrito tal vez alrededor de 200 a.C. y aparentemente con la intención de instruir a los judíos acerca de las actitudes apropiadas de piedad en cuanto a Dios. Tobías mismo aparece como resuelto al sufrimiento, y como ejemplo a sus semejantes en asuntos de caridad, justicia, moralidad y obligaciones religiosas. Así como en 1 Esdras, el libro contiene errores históricos y también geográficos.

El libro de Judit narra la forma en la cual una emprendedora mujer judía mata a un líder enemigo para salvar a su pueblo. Sin embargo, la narrativa no parece tener base en hechos históricos y también está marcada por errores cronológicos y de otro tipo.

Los agregados al libro de Ester comprenden las siguientes secciones: el sueño de Mardoqueo; el edicto de Asuero; las oraciones de Mardoqueo y Ester; Ester ante el rey; el edicto que suplanta al primero; y un epílogo. Estas secciones tenían el propósito de ser intercaladas en el libro original canónico y es probable que originalmente fueran escritas en griego.

La Sabiduría de Salomón, compilado tal vez alrededor de 100 a.C., representa una elaboración de la enseñanza acerca de la sabiduría encontrada en Proverbios y Eclesiastés; pero en cuanto a sus doctrinas está considerablemente más cerca del pensamiento griego que del hebreo. Este libro era muy leído al principio de la era cristiana.

Tanto los judíos como los cristianos tenían en alta estima el libro de Eclesiástico, también llamado La Sabiduría de Jesús el hijo de Sirac (Jesús ben Sirá). Su autor fue un escriba que quiso darles a sus enseñanzas una forma más permanente, por lo que utilizó como modelo el libro canónico de Proverbios. Sus enseñanzas se adhieren estrechamente a la ortodoxia judía aunque el autor muestra tendencias saduceas. Es probable que este libro haya sido escrito alrededor de 180 a.C.

Baruc, para su contenido, se basa mucho en ciertos profetas y sabios del Antiguo Testamento y está escrito en forma de un discurso supuestamente enviado a los judíos exiliados en Babilonia. Sus temas principales son el pecado, el castigo y el perdón de Israel. La Carta de Jeremías, un documento que se supone que fue enviado a los habitantes de Judea que iban a ser llevados cautivos a Babilonia, es, en realidad, un tratado religioso que condena la idolatría.

Los agregados al libro de Daniel son tres secciones suplementarias ajenas a la obra canónica hebrea o aramea. La Oración de Azarías, que reconoce la justicia divina del exilio babilónico, es seguida por El Cantar de los Tres Jóvenes cuando fueron librados de la muerte en el horno de fuego. La Historia de Susana relata la forma en que Daniel salva de la muerte a una mujer inocente, y parece estar basada en un cuento popular babilónico. Bel y el Dragón contiene dos historias que ridiculizan la idolatría y muestran la ineficacia de los dioses de Babilonia.

La Oración de Manasés consiste de un corto salmo penitencial que representa la supuesta oración del rey pidiendo misericordia durante un período de encarcelamiento en Babilonia (compare 2 Crónicas 33:10-13).

Evidentemente, 1 Macabeos fue escrito, como lo fue mucho de Crónicas, para registrar una historia "espiritual" de la nación, excepto que trata exclusivamente del período de los macabeos. Se basó en algunas fuentes literarias genuinas, aunque se ha cuestionado la autenticidad de algunas partes de la obra. Mientras que 1 Macabeos trata de presentar un relato razonablemente objetivo de los asmoneos, 2 Macabeos comprende un sumario retórico de un trabajo considerablemente más largo sobre el tema de la era macabea. Tiene una orientación aún más teológica que 1 Macabeos y contiene varios errores cronológicos con otras contradicciones reales.

Los apócrifos del Antiguo Testamento pintan gráficamente las condiciones de la desesperación que prevalecía en los días antes del nacimiento de Cristo. Desafortunadamente, los conflictos militares, políticos e ideológicos serían parte de la vida judía hasta que la resistencia al dominio romano terminara en el siglo II d.C. Hubo tiempos, como en el período macabeo, cuando se obtuvo un breve respiro de las presiones militares y paganas, pero, mayormente, el judío ortodoxo era una persona atormentada en su propia tierra. Un pueblo endurecido por sucesivas atrocidades y la presencia continua de fuerzas militares, primero de Egipto, luego de Siria y finalmente de Roma, sólo podía buscar la verdadera libertad en las promesas mesiánicas de su literatura nacional. De cualquier manera, la liberación de la nación sólo podía llevarse a cabo en un futuro algo distante. Por el momento, los judíos, en sus luchas con influencias políticas y religiosas externas, tenían que contentarse con historias de heroísmo y altruismo en tiempo de guerra, valor en épocas de persecución, resolución en la derrota y la esperanza de una época dorada venidera como se describía en algunos de los escritos apocalípticos.

LOS APÓCRIFOS DEL NUEVO TESTAMENTO

Los cristianos de la época del Nuevo Testamento estaban familiarizados con las obras judías apócrifas, incluyendo las especulaciones apocalípticas que se encuentran en Apocalipsis de Esdras. Por lo tanto, no les sorprendería que una colección similar de literatura surgiera de sus propias Escrituras, cuando estas comenzaron a ser compuestas y a circular.

Sin embargo, el Nuevo Testamento apócrifo, al igual que su contraparte del Antiguo Testamento, sólo se podía considerar en relación a un canon establecido de obras de las Escrituras. Puesto que el catálogo más temprano de escritos del Nuevo Testamento, el Canon Muratoriano, no fue compilado sino hasta alrededor de 200 d.C., pasó un tiempo considerable antes que apareciera una declaración oficial de la iglesia sobre lo que debía ser considerado los apócrifos del Nuevo Testamento. Mientras tanto aparecieron una gran cantidad de materiales de naturaleza predominantemente religiosa, aparentando ser ortodoxos por su naturaleza y que trataban de varios aspectos del cristianismo histórico. Según resultaron los hechos, esta literatura apócrifa frustró los propósitos que tenía la intención de alcanzar. Debido a la escasez de información sobre asuntos tales como la infancia, la adolescencia y la juventud de Jesús, los evangelios de la "infancia" intentaron proveer al lector de lo que se esperaba que pasara como hecho histórico. Sin embargo, mucho del material estaba dentro de la esfera de la fantasía y ningún lector inteligente lo hubiera aceptado jamás como hecho. Por ejemplo, en el Evangelio de Tomás, a Jesús, que en ese momento tenía cinco años de edad, se le acusa de no guardar el día de reposo porque hizo gorriones de arcilla al lado de un arroyo. Cuando su padre José investiga la situación, Jesús palmea las manos y los gorriones de arcilla cobran vida y se van volando y gorjeando.

Los evangelios de la "pasión" fueron escritos para embellecer los relatos canónicos de la crucifixión y resurrección de Cristo. Como suplemento de la enseñanza cristiana, muchos de los escritos apócrifos parecían proclamar ideas que en realidad estaban fuera del alcance de la doctrina del Nuevo Testamento. Los intentos por llenar los "años ocultos" de la vida de Cristo no tuvieron fundamento alguno en las tradiciones de los Evangelios. Las obras que trataban con el estado final de los inconversos fueron adornadas de tal manera que fueron mucho más allá de lo que se afirma en el Nuevo Testamento. En algunas instancias notables, como en los escritos de las sectas gnósticas, los autores se propusieron deliberadamente propagar enseñanzas heréticas que ellos habían aceptado bajo la autoridad de alguna figura apostólica. El Evangelio de Tomás, recuperado alrededor de 1945 en Nag Hammadi (Chenoboskion), cerca del Río Nilo, es un ejemplo de un intento de perpetuar dichos y dogmas raros al atribuírselos a Jesús, para que recibieran amplia aprobación y aceptación.

Debido a que los escritos de los que estamos hablando tienen un cierto parecido a los tipos literarios y divisiones principales del Nuevo Testamento, los eruditos los han agrupado de manera similar para la conveniencia de los estudiantes. Los evangelios apócrifos principales son:

Evangelio árabe de la infancia
Evangelio armenio de la infancia
Libro de Bartolomé sobre la resurrección de Cristo
Evangelio de Bartolomé
Evangelio de Basílides
Evangelio de la natividad de María
Evangelio de los Ebionitas
Evangelio según los hebreos
Protoevangelio de Santiago
Historia de José el carpintero
Evangelio de Marción
Evangelio de Matías
Evangelio de los nazarenos
Evangelio de Pedro
Evangelio de Felipe
Evangelio de Pseudo Mateo
Evangelio de Tomás

Hay también algunos libros apócrifos de Hechos, los cuales se supone que son los relatos de logros apostólicos que supuestamente no han sido registrados en la Escritura. Tales "Hechos" son la fuente de mucha tradición, como por ejemplo que Pedro haya sido crucificado con la cabeza hacia abajo y la misión de Tomás a India. La fiabilidad de las tradiciones es cuestionable porque los escritos claramente contienen material no ortodoxo. Sin embargo, se pueden encontrar pequeños fragmentos de información correcta en este grupo de literatura ficticia.

Debido a que a menudo son libros de carácter herético, la

iglesia ha reaccionado firmemente contra tales libros, a veces aun demandando que sean quemados (por ejemplo, en el Concilio de Nicea del año 787). Los Hechos de Juan presentaban a Jesús hablando con Juan en el monte de los Olivos durante la crucifixión, explicándole que sólo era un espectáculo. En los Hechos de Tomás, Jesús apareció en la forma de Tomás, exhortando a una pareja de recién casados que se consagraran a la virginidad. La abstinencia sexual era un tema dominante, reflejando ideas platónicas, que menospreciaban el cuerpo físico.

Muchos eruditos fechan la obra más temprana, los Hechos de Juan, antes de 150 d.C. Los Hechos principales (de Juan, Pablo, Pedro, Andrés y Tomás) probablemente fueron escritos durante el segundo y tercer siglos. Estos impulsaron a los otros Hechos, que eran principalmente historias de milagros, escritas más para entretener que para enseñar. Las obras clasificadas de una u otra manera bajo el encabezamiento de Hechos incluyen:

Historia apostólica de Abdías
Hechos de Andrés
Historia de Andrés
Hechos de Andrés y Matías
Hechos de Andrés y Pablo
Hechos de Bernabé
Hechos de Bartolomé
Ascenso de Santiago
Hechos de Juan
Hechos de Juan, por Prócoro
Hechos de los mártires
Hechos y martirio de Mateo
La pasión de Pablo
Hechos de Pablo y Tecla
Hechos de Pedro
La pasión de Pedro
Predicación de Pedro
Hechos eslavos de Pedro
Hechos de Pedro y Andrés

Hechos de Pedro y Pablo
La pasión de Pedro y Pablo
Hechos de Pedro y los doce discípulos
Hechos de Felipe
Hechos de Pilato
Hechos de Simón y Judas
Hechos de Tadeo
Hechos de Tomás

Una gran cantidad de obras apócrifas son clasificadas como epístolas. Estas obras, que generalmente son seudónimas, se originaron en diferentes períodos. Por ejemplo, un grupo de epístolas es principalmente judío y se refiere al Antiguo Testamento, tal como la Carta de Jeremías (que se mencionó antes en este artículo). El grupo más grande se enfoca en personas y lugares mencionados en el Nuevo Testamento. Estos escritos epistolares incluyen:

Abgaro y las cartas de Cristo
Epístola de los apóstoles
Epístola de Bernabé
Tercera de Corintios
Epístola a los laodiceos
Epístola de Léntulo
Epístolas de Pablo y Séneca
Epístola de Tito

Muchos eruditos liberales también han considerado a 2 Pedro y a Judas como libros apócrifos.

Muchas otras obras apócrifas son de naturaleza apocalíptica. Estas obras están complementadas por material tal como las Constituciones Apostólicas y los Cánones. A estas se le agregan las composiciones gnósticas y el Nag Hammadi, que incluyen obras que afirman representar las enseñanzas de Cristo así como también instrucciones "secretas" compiladas por escritores gnósticos y unas pocas composiciones apócrifas.

Estudios comparativos han mostrado, sin duda alguna, que los escritos apócrifos del Nuevo Testamento presentan, en el mejor de los casos, una serie de tradiciones desvalorizadas acerca del Fundador y de las enseñanzas del cristianismo primitivo. En el peor de los casos, las narrativas están totalmente desprovistas de valor histórico, y en algunos aspectos son totalmente extrañas a la espiritualidad del Nuevo Testamento. Aun cuando parecen apoyar una tradición actual en alguna parte de la iglesia primitiva, la evidencia que presentan es inferior a la que a menudo se puede obtener de otras fuentes. Algunas veces las composiciones son tan triviales e inconsecuentes que es difícil justificar que hayan sobrevivido. De hecho, se han perdido ciertos escritos apócrifos y sólo son conocidos en forma de citas en otras obras más grandes.

Sin embargo, las composiciones apócrifas del Nuevo Testamento son importantes porque indican lo que les atraía a las personas comunes de aquellos días. Parece que ellos necesitaban un elemento romántico para complementar la verdad espiritual que recibían. Algunas de las historias que se relatan eran vívidas y llenas de fantasía, y otras, como los apocalipsis, proveían una forma de escape de las duras realidades temporales. Sin importar cuál fuera su naturaleza, los escritos apócrifos del Nuevo Testamento ejercieron una influencia fuera de proporción sobre su verdad fundamental.

BIBLIOGRAFÍA

Allegro, J. M. *The Treasure of the Copper Scroll [El Tesoro del Rollo de Cobre]*, 1960.

Charles, R. H. *The Apocrypha and Pseudepigrapha of the Old Testament [Los Apócrifos y Pseudoepígrafos del Antiguo Testamento]*, 1913.

Charlesworth, J. H. *The Old Testament Pseudepigrapha [Los Pseudoepígrafos del Antiguo Testamento]*, 2 volúmenes, 1983, 1985.

Santiago, M. R. *The Apocryphal New Testament [El Nuevo Testamento Apócrifo]*, 1924.

Kirkpatrick, P. G. *The Old Testament and Folklore Study [El Antiguo Testamento y los Estudios Folclóricos]*, 1988.

Robinson, J. M., editor, *The Nag Hammadi Library [La Biblioteca Nag Hammadi]*, 1988 (tercera edición revisada).

Schneemelcher, W., editor; R. M. Wilson, traductor, *New Testament Apocrypha [Los Apócrifos del Nuevo Testamento]*, 1963.

Sparks, H. F. D. *The Apocryphal Old Testament [El Antiguo Testamento Apócrifo]*, 1984.

SECCIÓN TRES

La Biblia como texto literario

La literatura en los tiempos bíblicos

MILTON FISHER

LA BIBLIA se puede entender mejor y apreciar más si la miramos en su ambiente histórico. Esto incluye el conocimiento de otros escritos que existieron tanto antes como durante el tiempo en que se escribieron las Santas Escrituras.

Algunos lectores de la Biblia asumen que este libro sin igual es tan diferente de otros escritos que no se debería intentar ninguna comparación. En el otro extremo, algunos colocan a la Biblia al mismo nivel de otros escritos de ese período —escritos que salieron a la luz principalmente en el siglo pasado. Es en parte una reacción a este error, aunada a un rechazo consciente de los libros apócrifos, lo que ha causado que muchos cristianos evangélicos hayan pasado por alto la enorme riqueza de obras literarias que tenemos de los tiempos bíblicos. La mejor manera de familiarizarnos con la relación de las Escrituras a la literatura del ambiente cultural que la rodeaba y a llegar a convencernos de la importancia de tal información es citar algunos ejemplos específicos. Esto también servirá para presentar la información de fondo necesaria para entender la naturaleza de la conexión entre la Biblia y esos escritos extrabíblicos. A partir de entonces podremos responder a preguntas acerca de los orígenes de los escritos de varias personas del mundo bíblico, y examinar los tipos de literatura que datan de siglos y aun milenios antes de Cristo.

LA LITERATURA EXTRABÍBLICA Y LOS PRIMEROS LIBROS DE LA BIBLIA

Aparte de un círculo interno de eruditos pioneros y de aquellos con razones profesionales o académicas para leer estas publicaciones, la literatura religiosa del Cercano Oriente no es ampliamente conocida. Mucho de lo que han descubierto los arqueólogos en sus excavaciones ha sido descifrado y publicado, pero pocos lo han leído extensamente. Sin motivación o guía para hacerlo, muy pocos estudiantes de la Biblia investigarían una colección de literatura muy significativa que se relaciona con la Biblia, especialmente con los primeros libros de ella.

Para comenzar, miremos primero el Pentateuco, los cinco libros de Moisés, y el libro del Génesis en particular. El lector del libro del Génesis debería sorprenderse inmediatamente con el contraste en ritmo y estilo entre los primeros once capítulos y los capítulos siguientes. Génesis 1–11 es formal, muy estructurado, altamente selectivo y se concentra en el contenido. Al contrario, comenzando con el capítulo 12 encontramos que las vidas de Abraham y los patriarcas de las tres generaciones sucesivas son tratadas con gran detalle.

Se podría argumentar que algunos hechos del período anterior simplemente se perdieron y, por lo tanto, no le fueron accesibles a Moisés en su época. Pero para los que reconocen la inspiración divina de las Santas Escrituras es más aceptable creer que el propósito de Dios fue colocar el énfasis en su plan redentor para su pueblo elegido y para todo el mundo, ya que el plan se iba a efectuar a través de la simiente de Abraham. Por lo tanto, la información se expande a medida que entramos en la historia de Abraham.

Sin embargo, con respecto a la literatura comparativa, hay otra cosa significativa acerca del contraste que se observa entre Génesis 1–11 y los capítulos 12–50. La primera sección tiene mucho del tono pesado y sombrío y la casi simétrica estructura de la cultura mesopotámica de la cual vino Abraham. La narrativa que sigue comparte el sabor más sensible, y a veces brillante, de la creatividad egipcia. Recuerde que Moisés, el autor humano, fue muy bien instruido en "toda la sabiduría de los egipcios, y era poderoso en palabra y en obra" (Hechos 7:22, NVI). De todos los hombres que conocemos de aquella época, Moisés fue el que estaba mejor capacitado para haber escrito los cinco primeros libros del canon de la Biblia.

Sin embargo, aún más básico y significativo es el asunto de la forma literaria del Pentateuco como una totalidad. En las últimas décadas se ha arrojado mucha luz sobre esto. El ambiente histórico de cuando se escribió el Pentateuco es el asombroso éxodo de los israelitas de Egipto y la formación de una nación bajo Dios en el Sinaí. Allí el Redentor hizo un pacto con su pueblo. Los primeros libros de las Escrituras hebreas son por naturaleza un *documento de pacto,* en los que se registra el origen, la intención y los requisitos de esta relación de pacto entre Israel y Dios, su Rey.

Estudios recientes sobre pactos antiguos del Cercano Oriente, especialmente de documentos de tratados del segundo milenio a.C., han revelado sorprendentes paralelos a la colección mosaica. En particular, los tratados de protectorado preparados por los reyes del imperio hitita tienen varias características que son notablemente similares al libro de Deuteronomio y también al Pentateuco como una unidad. Mientras que la experiencia de Israel y su relación especial con Dios su Señor son únicas, el formato con el cual el Señor confirmó esa relación concuerda plenamente con el patrón familiar de su sociedad contemporánea.

Es necesaria una palabra de explicación en cuanto a estos acuerdos de protectorado. A diferencia del gobierno absoluto de un soberano sobre su nación local o de un emperador sobre las divisiones de su imperio, el protectorado ejercía el control sobre una nación más pequeña o débil en asuntos internacionales, mientras que le permitía un grado mayor de independencia en el nivel doméstico. De hecho, el contrato o tratado que le ofrecía a su subyugado vecino, por lo general, era bastante ventajoso, tanto en lo económico como en lo relacionado a la seguridad militar. Al igual que en el pacto del Sinaí, que el Dios soberano le presentó a su pueblo elegido, era el *gran rey* mismo el que designaba los términos del pacto, sobre la base de lo-tomas-o-lo-dejas (esto último bajo la amenaza de ser abandonados o de algo peor). La oferta del Señor a Israel fue bajo los términos de "si obedecen . . . entonces yo los bendeciré."

Varios elementos específicos de estos tratados se reflejan claramente en la ley mosaica. Después de un corto preámbulo, un prólogo detalla la ocasión del pacto, a menudo alguna victoria militar en la región. Luego se estipulan las especificaciones —los términos básicos (como el decálogo bíblico), seguidas de las leyes subordinadas o estatutos. Hasta aquí, estos cuatro elementos se encuentran en ese orden en el libro de Deuteronomio, un documento de pacto renovado (para la segunda generación después de haber salido de Egipto), como también se encuentran una cláusula de documento y sanciones. Estos artículos posteriores incluyen la provisión para las ceremonias de aceptación e instrucciones para colocar una copia en el lugar sagrado (para Israel, el arca del pacto) y lecturas públicas de las leyes. El tratado de las maldiciones por romper los términos y las bendiciones por la fidelidad también se ve en el homólogo bíblico. Aplicado al Pentateuco en su totalidad, podemos comparar los primeros capítulos del Génesis al preámbulo, el resto del Génesis y parte del Éxodo al prólogo histórico, y de Éxodo 19 hasta Levítico a las estipulaciones del tratado.

Hemos tratado estas comparaciones extensamente porque sirven muy bien para ilustrar la relación general del contenido bíblico con los escritos extrabíblicos. Es decir, mientras que la Biblia es verdaderamente distinta de todos los escritos humanos en un sentido, fue diseñada providencialmente para ser entendida con facilidad y está adaptada a la manera de pensar de la gente que la recibía. Hoy podemos entender mejor lo que dice y cómo aplicar sus enseñanzas a nuestra propia época si aprendemos algo del contexto en el cual tuvo su origen.

El a menudo debatido "relato doble" de la creación, Génesis 1–2, tal vez se pueda explicar mejor por esta orientación de pacto del material. La primera señal de pacto que Dios designó para sus criaturas, para que expresaran reconocimiento de que él era su Creador, fue el día de reposo, al cual señalan los seis días de la creación en el primer capítulo. El capítulo 2, a su vez, lleva a la relación de pacto más importante en la tierra, el vínculo matrimonial.

Mucho antes de que los eruditos bíblicos se dieran cuenta de la comparación anterior de los tratados tipo protectorado, las mismas leyes mosaicas eran vistas a la luz de códigos legales aún más antiguos. Por ejemplo, el código de Hammurabi antecede a Moisés por dos siglos por lo menos, y los de Eshnunna (babilonio), Ur-Nammu y Lipit-Ishtar (ambos sumerios) son aún más antiguos. Diremos más a continuación acerca de este y de otro material mitológico según se relacionan a las narraciones de la creación y del diluvio en el Génesis.

La historia verdadera de la actividad literaria en los tiempos antiguos fue armada cuando se analizaron los fragmentos excavados de una amplia área; esta actividad fue realizada por muchos arqueólogos en varias expediciones. Las tablas de arcilla con escritura sumeria cuneiforme (escritura con una forma de cuña) datan de alrededor de 1750 a.C., y fueron recuperadas por la excavación realizada por la Universidad de Pennsylvania en Nippur (Iraq, la Mesopotamia antigua), hace unos setenta y cinco años. Entre ellos había un catálogo de literatura que data de por lo menos 2000 a.C., indicando que ya se había inventado la escritura y que se había producido literatura en el tercer milenio a.C. La mayoría de los eruditos opina que la escritura jeroglífica egipcia de escribir con dibujos fue un desarrollo independiente, tal vez bajo la influencia de la escritura sumeria más antigua. No mucho después del rey Menes, fundador de la primera dinastía egipcia alrededor de 3000 a.C., parece que se había desarrollado un sistema fonético de jeroglíficos. Los escribas babilonios y asirios tomaron ideogramas sumerios y los adaptaron a un silabario fonético para registrar su propio lenguaje semítico, conocido en forma colectiva como acadio. Para mediados del segundo milenio a.C., los cananeos de Ugarit habían simplificado la escritura cuneiforme a un verdadero abecedario de sólo treinta letras simples, mientras que al sur de ellos se produjo un abecedario linear. Los hebreos usaron el último, y más tarde los fenicios lo llevaron a Europa y a otros lugares.

Se encontraron miles de tablillas de arcilla, que datan del reinado del rey asirio Asurbanipal (circa 650 a.C.), en la biblioteca real de Nínive, durante un período de alrededor de veinticinco años de excavación en la segunda mitad del siglo XIX. Estas no eran sino copias de composiciones mucho más antiguas que venían de tiempos sumerios. Entre ellas se encontraban la creación épica titulada *Enuma Elish,* y la versión babilonio-asiria del gran diluvio, una parte de la Épica de Gilgamesh. Un número aún mayor de tablillas (más de 20.000) fue descubierto en la década de 1950 en Mari, en el Río Éufrates, al noroeste de Babilonia. La mayoría de estas era documentos seculares, registros políticos y de negocios y transferencias de dinero.

En la costa mediterránea de Siria aparecieron cartas y documentos religiosos, épicos y comerciales al mismo tiempo que en Ugarit. Por su contenido se les ha fechado como pertenecientes al período desde 1400 a 1200 a.C. En años recientes se ha hecho un descubrimiento igual de valioso de numerosas tablillas de la antigua Ebla, al noreste de Ugarit, cuyo contenido trata de un período unos cuatrocientos años antes de Abraham.

De esos hallazgos esporádicos, vistos en comparación con

el canon completo de las Escrituras hebreas, podemos obtener un cuadro sorprendentemente completo de los tipos de intereses literarios que existían entre los pueblos de la antigüedad. La tradición sumeria-acadia permanece como un bloque mayor comparada con las producciones más creativas y variadas de los egipcios. Los egipcios también tenían sus muy complejos mitos y un *Libro de los Muertos,* una guía para la vida después de la muerte. Entre esas dos culturas, e influenciados por ambas, se encontraban los cananeos, cuya literatura era muy semejante a la hebrea bíblica en lenguaje, y nos da algunos de los paralelos más cercanos a la misma Biblia, y aunque teológicamente le faltaba mucho, era similar en las expresiones poéticas y en la terminología religiosa. Lo poco que poseemos de los textos moabitas, arameos y fenicios también muestra lo cercanas que estaban sus formas literarias a las de los hebreos.

Durante mucho tiempo se ha enseñado que la cultura y la literatura griega y la romana (latina) deben ser vistas como mundos aparte de las de la vida oriental. Sin embargo, estudios hechos por el profesor Cyrus H. Gordon y otros han indicado mucho más contacto y cambio de ideas entre personas de la cuenca mediterránea de lo que han afirmado los eruditos tradicionales. Por cierto que las diferencias culturales eran más pronunciadas en los tiempos intertestamentarios y en los tiempos del Nuevo Testamento. Pero cuanto más atrás vamos en el tiempo —hasta llegar al período que Homero idealiza en su épica, y personificado en la historia israelita por las hazañas de los jueces y reyes hebreos de la monarquía unida— más entretejidas están las raíces culturales. Aun la *Eneida,* la épica latina de Virgilio, contiene elementos que reflejan los tiempos bíblicos.

Por supuesto que es en los escritos del Nuevo Testamento, que están dentro del contexto grecorromano, que la koiné griega prevaleció como la *lingua franca.* Algunas cartas en papiros, que se han preservado en las arenas secas de Egipto, son similares en estilo a las epístolas del Nuevo Testamento. Heródoto, un historiador del siglo V a.C., estableció una elevada norma de observación y narración, ayudando a preparar el camino para los relatos objetivos del ministerio de Cristo y de los apóstoles en los cuatro Evangelios y en Hechos.

ESTILOS Y GÉNEROS LITERARIOS ANTIGUOS

Antes de resumir la influencia real de estas literaturas religiosas y seculares en la producción de la Biblia, es necesario repasar los muchos géneros, o tipos, de material literario que se encuentran entre estas varias naciones, lenguajes y culturas. Los tipos literarios son entre ocho y quince, de acuerdo a si combinamos o hacemos una distinción entre ciertos subgéneros.

Acordemos que hay nueve tipos importantes de literatura, teniendo presente que tipos similares (depurados de aberraciones teológicas y de hechos) se muestran en mayor o menos grado en nuestra Biblia.

1. En su mayoría, los documentos que se encuentran en algunos lugares son documentos comerciales. Desde tiempos muy antiguos, las operaciones de negocios usaron la escritura en forma práctica para mantener sus registros y para la confirmación de sus acuerdos.

2. No muy lejos de este propósito se encontraría el uso epistolar, es decir, la comunicación personal entre oficiales o amigos.

3. Los códigos legales y los registros de las cortes también eran esenciales para manejar la vida comunal. Sólo tales documentos escritos podían asegurar la uniformidad de la práctica.

4. En la antigüedad, los documentos políticos, tales como los tratados que describimos antes, eran considerados sacrosantos e

inviolables. Se hacían copias para todas las partes involucradas, para el depósito sagrado y para el anuncio público. Todavía se están descubriendo pistas nuevas que indican la amplia y sorprendente capacidad de leer y escribir que existía en la antigüedad.

5. Los materiales historiográficos no están muy lejos de la categoría anterior, puesto que los registros de los sucesos del momento, tales como las crónicas de los reyes, a menudo eran de naturaleza política propagandista. Los escritos épicos eran una combinación de hechos y fábulas. Los textos proféticos de augurio pueden ser colocados bajo una de dos categorías que todavía no hemos nombrado, pero existe una buena razón para nombrarlos aquí. El sistema "científico" de predicción que pretenden sostener sería patentemente impracticable si los eventos que contienen esos textos no fueran históricamente exactos. Los textos de augurio a menudo prueban ser manifiestamente más confiables que las crónicas de los reyes.

6. Las composiciones poéticas ocurren en todas las culturas que ya hemos mencionado, a menudo con contenido religioso, a veces épico, ocasionalmente divertido; hasta se han encontrado en el prólogo y el epílogo del famoso código de ley Hammurabi.

7. La literatura religiosa de los pueblos vecinos es, con toda seguridad, lo que alguien que no es especialista pensaría en un principio cuando le pidieran que considerara materiales comparativos. La Biblia en sí misma es, sobre todo, un libro "religioso." Esperamos que lo que se ha dicho hasta ahora haya informado al lector lo suficiente como para hacerlo consciente de que en realidad muchas diferentes categorías de escritos humanos han influido en varias porciones y en varios aspectos de nuestras Escrituras. En realidad, los textos religiosos o las inscripciones fúnebres, votivas (referentes a los pactos), y de naturaleza ritualista, todos tienen

107

influencia en algunos detalles dentro de la Biblia. Pero la subcategoría a que generalmente nos referimos como mitológica siempre ha atraído el mayor interés y análisis, ya sea que este merezca ser el caso o no.

8 y 9. Unidas muy de cerca con la expresión religiosa en sí estarían la categoría (8) literatura de sabiduría y (9) los escritos proféticos. La primera se encuentra en una variedad de formas entre los babilonios (escritos cosmológicos que se enfocan en Istar [Astarté], la reina del cielo), los egipcios, los cananeos y los arameos. Se ha afirmado que cada uno de estos ha tenido una influencia directa en el pensamiento y la escritura hebrea, especialmente las fuentes egipcias y cananeas. Los adivinos, videntes y profetas extáticos abundaban durante el tiempo del mundo bíblico, y se ha escrito mucho para identificar a los profetas hebreos con ellos. Sin embargo, el hecho es que tanto el tipo de mensaje como los escritos de los profetas de Israel no tienen paralelo.

Los escritos apocalípticos ("descubierto, revelado") son un tipo especializado de material (seudo-) profético. Constituyen una clase única de escritos intertestamentarios judíos y de los cristianos primitivos, ambos imitando pasajes encontrados en Ezequiel, Daniel y el libro del Apocalipsis del Nuevo Testamento, y pretenden ser la obra literaria de algún santo del Antiguo Testamento. Esto se hizo para darles autoridad a los escritos en una época en que la palabra profética auténtica había cesado.

LA INFLUENCIA DE LA LITERATURA ANTIGUA EN LA BIBLIA

En cuanto a la influencia de la literatura antigua en la Biblia, ya se ha mostrado que mientras que la Biblia tiene elementos que son paralelos a todas esas categorías literarias, es en sí misma un producto diferente. Los efectos sobre ella de escritos extrabíblicos son indiscutiblemente limitados y controlados por virtud de su origen divino. Aunque la Biblia cita otra literatura unas pocas veces (por ejemplo, vea Números 21:14; Josué 10:13; 2 Samuel 1:18; 2 Reyes 1:18; 1 Crónicas 29:29; Hechos 17:28; 1 Corintios 15:33 (NVI); Tito 1:12; Judas 9, 14), la relación es que comparten el medio literario y el modo de expresión, más que la fuente o la determinación directa.

Como mencionamos antes, la mayoría de las personas pensaría que los escritos mitológicos antiguos, tanto los de tema cosmológico como los épicos, serían los más cercanos al contenido de la Biblia. Pero las presentaciones teológicas e históricas contrastan tanto que no vale la pena compararlas. Se podría hacer una comparación válida entre la estructura poética y el repertorio, como también entre la terminología ritualista (de culto) de Ugarit (cananea) y el Antiguo Testamento, pero aquí también las presunciones teológicas de ambos son polos opuestos.

Hemos indicado ya la marcada distinción entre el profetismo en Israel y el fenómeno similar aparente en las culturas que los rodeaban. La fuente o el factor causante hace una diferencia crucial también aquí. Tal vez el vínculo más cercano, o el estilo y contenido compartido, aparece en la literatura de sabiduría. Esto merece una explicación.

A través del Cercano Oriente antiguo se había desarrollado una clase de hombres sabios —escribas que tanto creaban como coleccionaban dichos sagaces. Por lo general, estas personas eran patrocinadas por los reyes (vea Proverbios 25:1) o por los sacerdotes. Los instructores de los jóvenes egipcios instaban a estos a que aspiraran a la profesión de escribas como la profesión más noble y de influencia. Los escribas eran entrenados usando literatura de sabiduría, y también escribían literatura de sabiduría. Esta forma particular de escritura ha compartido tanto en común en las varias culturas, que existe un debate que no se ha solucionado, por ejemplo, sobre quién tomó de quién en el caso del paralelo cercano entre Proverbios 22:17 hasta 23:14 y "La sabiduría de Amenemope" de Egipto. Además de la categoría apocalíptica antes mencionada, la literatura de sabiduría era popular con los escritores intertestamentarios en libros apócrifos tales como Eclesiástico (o Sirácida) y La Sabiduría de Salomón, junto con el tratado rabínico *Pirqe Aboth* (Dichos de los Padres).

Los críticos de la Biblia del siglo XIX propusieron que ambas, las narrativas antiguas y los complejos códigos legales del Pentateuco, fueron de múltiples escritores, y que habían sido compuestos y reescritos a través de varios siglos. La teoría de ellos fue una teoría de desarrollo o evolución. Para el siglo XX, los arqueólogos habían desenterrado y traducido mitos relacionados con la creación, el diluvio y con los códigos de la ley real fechados mucho antes de Moisés. Los críticos entonces modificaron sus teorías, insistiendo que los hebreos *tomaron* de las fuentes babilónicas. Descubrimientos posteriores y un análisis comparativo cuidadoso han apoyado la independencia de la Biblia en lo referente al origen de su contenido. Es en la esfera del lenguaje y del estilo, y varias formalidades, que la literatura extrabíblica nos ayuda a colocar a las Santas Escrituras en su contexto histórico y literario apropiado.

El mundo del Nuevo Testamento estaba grandemente influenciado por la cultura griega (el "helenismo") y la administración romana. La sociedad combinada grecorromana contribuyó a la *forma* de la Escritura del Nuevo Testamento, sin embargo no perdió en realidad sus raíces judaicas. Esto se ha demostrado por medio de estudios intensivos y comparación de los Evangelios, Hechos (en realidad Lucas-Hechos como una categoría de "historia general" de literatura helenística), y los varios tipos de cartas del Nuevo Testamento con documentos y fragmentos de documentos antiguos del mundo mediterráneo.

Es interesante observar la forma en que los eruditos, en el campo combinado de clásicos (estudios griegos y latinos) y del Nuevo Testamento, se esfuerzan y luchan —discrepando los unos de los otros— para señalar paralelos exactos entre los escritos bíblicos y los seculares. Los expertos literarios hablan de las características genéricas: "forma" (estilo lingüístico e idioma), "contenido" (materia), y "función" (el propósito del autor). No es sorprendente que en la primera categoría haya paralelos cercanos y útiles (que ayudan a la comprensión y aceptación). La tercera característica tiene influencia general pero no conexión precisa. Es cuando llegamos al "contenido" que la Biblia se separa de todos los demás libros, porque aquí tenemos la inspiración divina, dada por Dios en cuanto a su mensaje y a su origen.

Un aspecto de tal análisis debería servir para ilustrar la naturaleza similar, y sin embargo diferente, de la comparación bíblica-secular. Los Evangelios pueden parecer caer en el patrón de escritos biográficos grecorromanos, mientras se entienda la biografía como registrando "historia." Pero para los griegos, las biografías tendían a desplegar un idealismo no histórico, debido a la determinación del autor de presentar a los personajes como tipos o paradigmas que los lectores debían imitar antes que como individuos históricos verdaderos. El texto de la Biblia en verdad presenta hechos históricos. Pero en agudo contraste con las composiciones griegas, con la excepción del Dios-hombre Jesucristo, ninguno de los personajes en la narración es presentado como persona ideal.

Entonces, en su totalidad, las Sagradas Escrituras, ambos el Antiguo y el Nuevo Testamentos, no están completamente separadas de los tipos y expresiones normales de su época. Pero sin embargo, se destacan como excepcionales y verdaderamente incomparables en su autoridad y valor instructivo.

BIBLIOGRAFÍA

Aune, David E. *The New Testament in Its Literary Environment [El Nuevo Testamento en Su Ambiente Literario]*, 1989.

Deissmann, Adolf. *Light from the Ancient East [Luz del Oriente Antiguo]*, 1927.

Gordon, Cyrus H. *The Ancient Near East [El Cercano Oriente Antiguo]*, 1965.

——. *The Common Background of Greek and Hebrew Civilizations [El Trasfondo Común de la Civilización Griega y la Hebrea]*, 1965.

Livingston, G. Herbert. *The Pentateuch in Its Cultural Environment [El Pentateuco en Su Ambiente Cultural]*, 1974.

McNamara, Martin. *Palestinian Judaism and the New Testament [El Judaismo Palestino y el Nuevo Testamento]*, 1983.

Ramsay, William M. *The Bearing of Recent Discovery on the Trustworthiness of the New Testament [La Relevancia de los Descubrimientos Recientes para la Confiabilidad del Nuevo Testamento]*, 1915.

La Biblia como literatura
LELAND RYKEN

EL CRISTIANISMO es la religión más literaria del mundo. Esto no debería sorprendernos, porque el libro sagrado del cristianismo es verdaderamente una obra literaria.

Esta es una verdad que el mundo de la erudición bíblica ha redescubierto en la última cuarta parte del siglo XX, mientras que ocurría una revolución silenciosa en cuanto a los enfoques de la Biblia. Las preocupaciones convencionales en cuanto al trasfondo histórico, el contenido teológico y el proceso de composición, han dado lugar a un enfoque en el texto bíblico mismo, una preocupación con las formas y estilo de los escritos bíblicos y una preocupación por ver la unidad y la integridad de sus textos.

Un enfoque verdaderamente literario de la Biblia puede tomar dos direcciones. Una de ellas es relacionar a la Biblia con el entorno literario en el cual fue producida. Este es el campo de acción de los eruditos bíblicos y de los expertos en literatura comparativa del mundo antiguo, y es el tema de un ensayo que acompaña a este en el volumen presente. Los eruditos en este campo tienden a preocuparse por identificar las fuentes de lo que encontramos en la Biblia.

Lo que se conoce como el enfoque literario de la Biblia más comúnmente involucra colocar a la Biblia en el contexto literario familiar que las personas adoptan durante el curso de sus estudios literarios en la escuela secundaria y en la universidad. Esto quiere decir que se le aplican a la Biblia las herramientas familiares de análisis literario que usan los críticos literarios y los profesores de literatura, e involucra comparar la Biblia con textos literarios familiares desde Homero hasta los dramas modernos y las películas modernas.

Tal enfoque literario es el tema del presente ensayo. No está muy interesado en buscar fuentes de literatura bíblica. Su intención es simplemente mostrar lo que está en la Biblia, no especular cómo llegó allí. No es de sorprender que el criticismo literario de este tipo vea una gran cantidad de correspondencia entre la Biblia y otra literatura, por la simple razón de que la Biblia ha sido la influencia más grande en la literatura occidental.

UNA BREVE HISTORIA DE "LA BIBLIA COMO LITERATURA"

La corriente moderna del movimiento que ve a la Biblia como literatura puede transmitir el concepto errado de que los críticos literarios han descubierto algo nuevo. Pero una mirada a la historia del tema muestra que considerar a la Biblia como literatura es tan antiguo como la Biblia misma.

La conciencia literaria de los escritores bíblicos

La información bíblica consiste de ambas, la evidencia explícita y la implícita. Dentro del canon un escritor se expresa con claridad y declara su filosofía sobre escribir, y resulta que es un punto de vista totalmente literario de composición. El pasaje ocurre cerca del final del Antiguo Testamento en el libro de Eclesiastés:

> Y cuanto más sabio fue el Predicador, tanto más enseñó sabiduría al pueblo; e hizo escuchar, e hizo escudriñar, y compuso muchos proverbios. Procuró el Predicador hallar palabras agradables, y escribir rectamente palabras de verdad. (Eclesiastés 12:9-10)

Hay varias cosas importantes aquí. Una es el cuadro del escritor como un compositor consciente, eligiendo con cuidado de varias opciones disponibles, a medida que selecciona y arregla su material. Un segundo tema tiene que ver con la habilidad artística y la belleza de expresión, como se sugiere en la frase "palabras agradables" o "palabras de deleite." Un tercer aspecto literario de la teoría de este escritor sobre la forma de escribir es su conciencia de que está escribiendo en un género literario definido ("tipo" o "clase"), en este caso, usando proverbios.

Una segunda evidencia explícita de que los escritores de la Biblia eran artesanos literarios conscientes es la forma en que aplicaban las clasificaciones técnicas de género a obras de la Biblia. Hablaban de tales clasificaciones como crónicas, dichos o proverbios, cánticos, himnos, quejas, parábolas, evangelios, apocalipsis, epístolas y profecía. Lo que muestra esto es un conocimiento relativamente sofisticado de estilos literarios.

La evidencia implícita de conciencia literaria entre los escritores bíblicos es aún más irresistible. Por un lado, los escritos bíblicos muestran cualidades literarias. Los narradores bíblicos sabían que las historias están estructuradas sobre el principio de comienzo-medio-fin. Sus historias exhiben las mismas técnicas de ironía dramática, presagios y clímax que encontramos en todos lados en las historias del mundo.

Los poetas bíblicos sabían que los salmos de alabanza tienen tres partes principales (la introducción, el desarrollo y la resolución), y que los salmos de lamento tienen cinco ingredientes (invocación, quejas o definición de la crisis, plegaria, declaración de confianza en Dios y promesa de alabar a Dios). Eran expertos en descubrir metáforas y símiles, y en emplear herramientas figurativas tales como la prosopopeya, el apóstrofe y la hipérbole.

La sofisticación literaria de los escritores bíblicos es evidente simplemente en la excelencia con la que explotaron los recursos del arte literario, pero el caso se solidifica si colocamos sus escritos en el contexto de la antigüedad. Cuando lo hacemos, encontramos que los escritores bíblicos escribieron estando consciente de la literatura que estaba siendo producida en las naciones que los rodeaban. Los Diez Mandamientos y el libro de Deuteronomio, por ejemplo, llevan las marcas de los tratados de protectorado de los antiguos reyes hititas. El Salmo 29 es una parodia de poemas cananeos escritos acerca de las hazañas de Baal. El Cantar de los Cantares de Salomón contiene poemas que se parecen a la poesía egipcia sobre el amor. Y el libro de Hechos contiene elementos que son similares a las narraciones de viajes y a los juicios de defensa de la literatura griega.

El debate en la iglesia primitiva

El asunto de si la Biblia es una obra literaria llegó a ser un punto de debate entre los padres de la iglesia. Estos hombres, versados en retórica clásica así como en la Biblia, lucharon para saber cómo relacionar a la Biblia con las reglas y la práctica de los escritos clásicos. Su tendencia general fue la de contrastar la Biblia con la literatura clásica y celebrar la superioridad del cristianismo sobre el paganismo, argumentando que la simplicidad de la Biblia triunfaba sobre el aspecto florido del arte clásico.

Pero algunas personas se opusieron al asunto de negar la naturaleza literaria de la Biblia. Algunos de ellos, por ejemplo, afirmaron que ciertos pasajes poéticos del Antiguo Testamento fueron escritos usando métricas clásicas identificables. Jerónimo defendió su propio hábito de aludir a los autores clásicos observando que Pablo había hecho lo mismo en el Nuevo Testamento.

Pero la figura medieval más importante es Agustín (vea especialmente *On Christian Doctrine [Acerca de la Doctrina Cristiana]*, IV, 6-7). El enfoque de Agustín es por cierto limitado (un análisis de retórica o estilo), pero él estableció cuatro principios decisivos que todavía son válidos en los enfoques literarios de la Biblia. En primer lugar, afirmó que los escritores de la Biblia siguieron las reglas comunes de la retórica clásica. Explicó pasajes de Amós y de las Epístolas para probar que la Biblia puede ser comparada con la literatura familiar. En segundo lugar, Agustín admiró la elocuencia y la belleza de la Biblia por tener valor inherente. En tercer lugar, presagió una piedra angular de la teoría literaria moderna cuando afirmó que el estilo de la Biblia es inseparable del mensaje que expresa. Finalmente, aun con todo su entusiasmo sobre la elocuencia literaria de la Biblia, Agustín mostró cierta inquietud acerca de ver a la Biblia como totalmente similar a otra literatura, afirmando, por ejemplo, que la elocuencia de la Biblia no había sido "redactada por el arte y cuidado del hombre" sino en cambio que fluía "de la mente divina."

Síntesis del Renacimiento y la Reforma

Los siglos XVI y XVII representaron un gran florecimiento sobre la comprensión literaria de la Biblia. Mientras que Agustín había expresado una opinión minoritaria, considerar la Biblia como una obra literaria llegó a ser la opinión de la mayoría durante el Renacimiento. Puesto que el enfoque de Agustín fue un enfoque retórico limitado, el Renacimiento y la Reforma apoyaron una encuesta literaria de muchas facetas sobre el contenido y el estilo de la Biblia. Una nueva síntesis emerge cuando observamos que el intento de ver a la Biblia como literatura fue realizado tanto por los exégetas (Lutero, Calvino y los puritanos) como por los escritores de literatura imaginativa.

Entre las figuras literarias, mucho del impulso de ver a la Biblia como una obra literaria vino del intento de proveer una defensa cristiana de la literatura imaginativa. El libro de Sir Philip Sidney titulado *Apology for Poetry [Apología por la Poesía]* es un ejemplo típico. Para defender la literatura, Sidney apeló a lo concreto o al "dilucidar" de la experiencia humana en la Biblia, tanto como al enfatizar la importancia de los estilos literarios y el lenguaje figurativo de la Biblia.

El libro de Barbara Lewalski titulado *Protestant Poetics and the*

Seventeenth Century Religious Lyric [Los Poetas Protestantes y el Lírico Religioso del Siglo XVII] documenta el alcance hasta el que los exégetas de la Reforma y los poetas del Renacimiento estuvieron de acuerdo en un conjunto de postulados acerca de la naturaleza literaria de la Biblia. Los principios más importantes eran que la Biblia consta de estilos literarios, que la composición de la Biblia es con frecuencia figurativa y poética y que la Biblia se apoya mucho en un sistema de simbolismos. El punto que vale la pena destacar es que la interpretación literaria de la Biblia fue mano a mano con la creencia religiosa de que la Biblia es un libro sagrado.

La secularización romántica de la Biblia

Tal síntesis se perdió durante la siguiente gran época de interés literario en la Biblia —el movimiento romántico de la primera parte del siglo XIX. Yo he llamado "secular" al enfoque romántico de la Biblia porque representa un interés literario desprovisto de la fe religiosa que, por siglos, los cristianos le habían atribuido a la Biblia. De muchas formas, la veneración romántica de la Biblia como literatura fue un movimiento de poetas.

Los románticos valoraban dos aspectos literarios de la Biblia. Les encantaba la simplicidad primitiva del mundo bíblico y la apasionada sublimidad de mucha de su poesía. C. S. Lewis habla del gusto de esa era "por lo primitivo y lo apasionado," agregando lo siguiente:

> La simplicidad primitiva de un mundo en el cual los reyes podían ser pastores, la manera abrupta y misteriosa de los profetas, las violentas pasiones de los guerreros de la época del bronce, el trasfondo de las tiendas de campaña y de los rebaños y de los desiertos y montañas, el carácter acogedor y simple de las parábolas y metáforas de nuestro Señor, ahora primero . . . llegaron a ser un valor literario positivo. (*The Literary Impact of the Authorized Version [El Impacto Literario de la Versión Autorizada]*, 27)

A medida que la sociedad occidental llegó a ser cada vez más secular, los poetas lucharon para poner de nuevo la realidad espiritual en la vida. Con hambre por la mitología, llegaron a considerar que la Biblia contenía (en las propias palabras del poeta inglés William Blake) "el gran código del arte." Los poetas románticos estaban interesados en la Biblia como una fuente y un modelo literarios, pero no como una fuente de creencias religiosas. La verdad que los partidarios del romanticismo vieron en la Biblia era la verdad que encontraron en otras obras de literatura imaginativa —veracidad en cuanto a la experiencia humana, especialmente los sentimientos humanos. La valoración secular de la Biblia como literatura ha persistido hasta el siglo XX, un fenómeno que ha producido su propia reacción en los círculos cristianos que valoran la Biblia principalmente por su contenido religioso.

El triunfo del criticismo literario de la Biblia

El interés actual en los enfoques literarios de la Biblia es principalmente el resultado de los esfuerzos de los críticos literarios. Durante la primera mitad del siglo XX el movimiento tuvo poco reconocimiento. Algunos profesores de literatura enseñaron en las universidades cursos exitosos sobre la Biblia inglesa, y ocasionalmente publicaron libros sobre la apreciación literaria de la Biblia y antologías que tenían el propósito de ser usadas en los cursos de literatura.

Para 1960, el movimiento había adquirido cierta fama. Northrop Frye, el crítico más influyente de ese siglo, afirmó que "la Biblia ocupa el estrato más bajo en la enseñanza de literatura. Debería ser enseñada muy temprano y a mucha profundidad para que se vaya al fondo de la mente, donde todo lo que viene después se pueda apoyar" (*The Educated Imagination* [*La Imaginación Culta*], 110). Para 1990, la Biblia había llegado a ser el último grito de la moda en los círculos literarios seculares.

La erudición bíblica comparte el interés actual en los enfoques literarios. Ha ocurrido un cambio de paradigma en el que las preocupaciones teológicas e históricas de los eruditos bíblicos tradicionales han dado lugar a métodos literarios de análisis. Los intentos de encontrar las raíces de este cambio típico en las instituciones más antiguas de erudición bíblica son engañosos. El interés literario actual en la Biblia entre los eruditos bíblicos se hizo posible solamente cuando los eruditos repudiaron los métodos y las preocupaciones que habían dominado su campo de estudio por más de un siglo, y lo hicieron en deferencia a los métodos de los críticos literarios en las humanidades.

Resumen

La disposición de enfocar la Biblia con expectativas literarias y analizarla con las herramientas del criticismo literario es más que la última moda. Está arraigada a la naturaleza de la Biblia misma. Más allá de eso, a través de los siglos, la mejor interpretación de la Biblia ha aceptado la premisa de que la Biblia, en formas significativas, es una obra de literatura cuyo significado y disfrute dependen parcialmente de la habilidad de enfocarla con métodos literarios.

PREMISAS DE UN ENFOQUE LITERARIO A LA BIBLIA

Toda exploración de lo que significa enfocar la Biblia como literatura se basa en presunciones. El no reconocer esas presunciones a menudo ha complicado las cosas.

Obstáculos para aceptar un enfoque literario

Un enfoque literario de la Biblia siempre ha enfrentado un desafío de parte de gente que tiene escrúpulos religiosos acerca de ver la Biblia como literatura. Cuando se analizan, estos escrúpulos no tienen fundamento.

Una objeción se centra en que se iguala a la literatura con

la ficción. Aunque los críticos literarios con inclinaciones seculares o liberales dejan claro que consideran mucho de la Biblia como ficción, estas afirmaciones no son necesariamente parte de un enfoque literario. No deberíamos pasar por alto que los historiadores y los eruditos bíblicos con tendencias seculares y liberales han estado haciendo esta afirmación por décadas. El asunto de si la Biblia está históricamente basada en los hechos y es exacta pertenece no al criticismo literario (el cual no tiene nada nuevo que agregar a la discusión), sino al debate sobre la historicidad que por mucho tiempo ha existido entre los eruditos bíblicos.

El temor de que un enfoque literario a la Biblia requiera que se acepte que la narrativa bíblica es ficción se basa en un concepto erróneo sobre la literatura. El carácter ficticio, aunque es común en la literatura, no es un aspecto esencial de ella. Las propiedades que hacen que un texto sea literario no son afectadas por la historicidad o el carácter ficticio del material. Un enfoque literario depende del material que selecciona un escritor y de cómo lo moldea, sin tener en cuenta si los detalles sucedieron en realidad o son inventados.

Tampoco la presencia de artificios y costumbres en un texto bíblico implica que es ficción. Para hacer una analogía, el estilo de la televisión en vivo de los deportes está lleno de costumbres y artificios que no le restan méritos a su realidad. El reportero está siendo filmado con un campo de deportes en el trasfondo. Durante el curso del reportaje, el reportero entrevista a un atleta o es momentáneamente reemplazado por un film corto que muestra acciones de dicho deporte. El artificio de tales usos es obvio. Y sin embargo, no socava el hecho de que el reportaje es real.

Además, otro obstáculo a un enfoque literario de la Biblia es el temor de que tal enfoque signifique solamente un enfoque literario, sin la creencia religiosa especial y la autoridad que los cristianos asocian con la Biblia. Debido a que la Biblia es un libro especial, algunas personas han argumentado que no puede ser como la literatura común. Si se aplica esa lógica, no se puede estudiar la Biblia con herramientas comunes de lingüística, gramática o historia, una posición que nadie argumentaría.

El hecho de que en algunas formas la Biblia es diferente a otros libros no quiere decir que es diferente a ellos en todo. Aun una mirada superficial a la Biblia muestra que usa lenguaje y gramática comunes, y que contiene historia. Es igual de evidente que la Biblia emplea técnicas literarias que encontramos en la literatura en general.

El enfoque de la Biblia como literatura no quiere decir que leamos la Biblia sólo como literatura. Se puede confiar en un enfoque literario sólo para que muestre los puntos en los cuales la Biblia es semejante y diferente a la literatura familiar que encontramos en la antología de la literatura del mundo occidental.

La singularidad de la Biblia

Por definición, un enfoque literal de la Biblia enfatiza la forma en que la Biblia se parece a otras obras de literatura. Puesto que este va a ser el foco de mi propia presentación, será bueno notar, en primer lugar, las formas más obvias en las cuales la Biblia es diferente a tal literatura.

Las cualidades de ser centrada en Dios y su orientación sobrenatural la hacen destacar. Dios es el personaje o actor principal en la Biblia de una manera que no tiene paralelo con otra literatura. Además, aunque la literatura antigua presupone la existencia de un mundo sobrenatural con escenas y personajes de otro mundo, la Biblia es más consecuente al presentar la intersección de un mundo divino con la esfera común de la vida terrenal.

En segundo lugar, la Biblia hace afirmaciones más fuertes a la inspiración y la autoridad de lo que hace la literatura común.

Erich Auerbach, en su ensayo clásico titulado "Odysseus' Scar [La Cicatriz de Odiseo]," al comparar la técnica de relatar historias entre *La Odisea* de Homero y el Génesis, enfatiza esa diferencia. Escribió que "la intención religiosa" de las historias en la Biblia "involucra una afirmación absoluta de verdad histórica.... La afirmación de la Biblia de que es verdad no sólo es mucho más decisiva que la de Homero, sino que es tiránica —excluye todas las demás" (14). Otro erudito literario, C. S. Lewis, hizo una observación similar:

> En la mayor parte de la Biblia, todo es implícito o explícito y se introduce con las palabras: "Así dice el Señor." No es ... simplemente un libro sagrado sino un libro tan despiadada y continuamente sagrado que no invita, sino que excluye o repele el enfoque simplemente estético. (*The Literary Impact of the Authorized Version*, 32–33.)

En tercer lugar, la Biblia es una mezcla única de tres tipos de escritura. Estos tipos son el histórico, el teológico y el literario. Por lo general, uno de ellos domina un pasaje, aunque no se pueden excluir los otros. Cuanto más literariamente se trata un evento, tanto más se prestará para un enfoque literario. Pero aun en estos casos, los pasajes bíblicos se prestan para enfoques históricos y teológicos así como a un enfoque literario de una forma que por lo general no lo hace la literatura. Entonces es obvio que el alegato a favor del criticismo literario de la Biblia no implica que dicho enfoque sea suficiente por sí mismo.

La unidad literaria de los dos testamentos

La tendencia de los eruditos literarios y bíblicos ha sido hacer una marcada separación entre la literatura del Antiguo y del Nuevo Testamento. La moda ha sido tratar la forma literaria de los dos como distinta la una de la otra, y el resultado aplastante ha sido valorar la literatura del Antiguo Testamento para detracción del Nuevo Testamento.

La distinción rigurosa entre las formas literarias de los dos Testamentos es una falacia. En parte, son las clasificaciones genéricas las que nos desorientan. Debido a que el Antiguo Testamento incluye tales categorías como crónicas, salmos y profetas, es fácil asumir que las clasificaciones de evangelios, hechos, epístolas y apocalipsis del Nuevo Testamento pertenecen a un mundo diferente.

Pero dentro de los libros del Antiguo y del Nuevo Testamento se encuentran formas literarias que sobrepasan las categorías externas. Esas formas literarias son la profunda estructura de la literatura bíblica, y son lo que hace que la Biblia sea literaria por su naturaleza. También proveen una unidad literaria a la Biblia, unidad que las clasificaciones convencionales hacen difícil ver. Estas formas literarias fundamentales son la historia o la narrativa, la poesía, los proverbios, la sátira, el discurso y la escritura visionaria. Por supuesto que la narrativa y la poesía tienen muchas subcategorías. El concepto más básico es que la literatura en sí misma tiene características identificables.

En la discusión que sigue, he usado la estructura profunda como el marco para organizarme. Ya sea que encontremos una historia o una poesía en el Antiguo Testamento o en el Nuevo, no hace mucha diferencia respecto a su forma literaria o significado. Una historia es una historia y una poesía es una poesía. Lo que cambia del Antiguo Testamento al Nuevo no son las formas literarias (excepto por el agregado de la epístola) sino el contenido teológico que llevan esas formas.

Resumen

Un enfoque literario de la Biblia es compatible con virtualmente cualquier postura teológica o religiosa. No requiere que se acepten premisas que son contrarias a la forma en que los evangélicos entienden la Biblia. Aunque, por definición, un enfoque literario involucra ver la Biblia como similar a la literatura en general, tal comparación mostrará formas en las cuales la Biblia también es única.

Hay dos actividades que se requieren para enfocar la Biblia como literatura. Una es saber lo que significa enfocar la Biblia como literatura. La otra es definir el "canon" de literatura bíblica —saber donde aparece la literatura en la Biblia. Estos dos temas —los métodos de análisis literario y los lugares en la Biblia en que se requieren esos métodos— proveerán el enfoque para la discusión que sigue.

LA LITERATURA COMO GÉNERO

Antes de considerar los géneros específicos de la literatura bíblica, es necesario definir lo que es "literatura." Cuando lo hacemos, encontramos que la literatura como un todo es un género, una manera de escribir que tiene sus propios rasgos que la identifican. Antes que un escrito sea una historia o una poesía o cualquier otro género específico, pertenece a la categoría mayor de "literatura."

La experiencia humana como el sujeto

El más simple de todos los criterios de prueba para la literatura es que el sujeto de la literatura es la experiencia humana, en contraste con hechos abstractos de información. La literatura tiene como meta que el lector comparta una experiencia, no que principalmente capte ideas.

La literatura es "encarnacional"; incluye sus ideas o significados en forma concreta. Actúa más bien que declara. Por ejemplo, en lugar de expresar proposiciones abstractas acerca de las virtudes y los vicios, la literatura presenta historias de personajes buenos y malos en acción. El mandamiento "no matarás" nos da un precepto; la literatura encarna la misma verdad en la historia de Caín y Abel. En lugar de definir la palabra "prójimo," Jesús contó una historia acerca del comportamiento hacia el prójimo (la parábola del buen samaritano). La veracidad de la literatura no es sólo un simple asunto de ideas veraces, sino que también toma la forma de veracidad de la experiencia humana —de la forma en que las cosas son en el mundo.

Por lo tanto, la literatura apela a la imaginación —nuestra capacidad de hacer imágenes y de percibir imágenes. En términos hechos populares por investigaciones recientes del cerebro, es la conversación del "lado derecho del cerebro." La habilidad correspondiente que requiere de un lector o intérprete de la Biblia es que pueda imaginar escenas, personajes y eventos. La literatura apela a nuestra inteligencia a través de la imaginación.

Debido a que la literatura es "encarnacional," lo primero que requiere de un lector es la disposición de revivir el texto tan vívida y concretamente como le sea posible —compartiendo escenas y eventos con el personaje de una historia, o las imágenes de la meditación de un poeta. Además, un fragmento de literatura no puede ser reducido a una idea o proposición. La historia completa o la poesía completa es el significado porque es una experiencia, no un concepto abstracto.

Debido a que la veracidad de la literatura es parcialmente la veracidad de la experiencia humana, la literatura es universal. Mientras que la historia nos dice lo que ha sucedido, la literatura nos dice lo que sucede —lo que es verdad para toda la gente en todo momento. Por supuesto que en la Biblia esos dos impulsos típicamente están combinados. Sin embargo, el grado hasta el que podemos ver la experiencia humana en un texto es un criterio de prueba útil para indicar si es de naturaleza literaria.

Géneros literarios

La manera más común por la cual la literatura ha sido definida a través de los siglos es por sus géneros (tipos literarios). Por lo general, la raza humana ha estado de acuerdo en que algunos estilos (tales como la historia, la poesía y el drama) son literarios por su naturaleza. Otros géneros, tales como las crónicas históricas, los tratados de teología y las genealogías, son escritos expositorios ("proveen información"). Aun otros caen en una u otra categoría, dependiendo de la forma en que los maneja un escritor. Las cartas, los sermones y los discursos, por ejemplo, pueden moverse en la dirección de la literatura si despliegan los elementos comunes de la literatura.

Cada estilo literario tiene sus características y usos distintivos. Estos son una serie de expectativas que deberían gobernar nuestro encuentro con un texto, capacitándonos para formular las preguntas correctas sobre un pasaje. El estar conscientes del estilo puede programar nuestra lectura de un pasaje dándole una forma familiar y permitiendo que los detalles caigan dentro de un patrón identificable. El saber cómo opera un estilo específico también puede prevenir que se interprete mal un texto.

Aun si no tuviéramos otra evidencia, deberíamos saber que la Biblia es literaria simplemente por la abundancia de estilos literarios que contiene. La lista de estilos es lo que aproximadamente encontramos en una antología de literatura mundana: épica, historia de los orígenes, historia de un héroe, tragedia, drama, sátira, poesía lírica, epitalamio (poesía de boda), elegía (poesía funeral), encomio (un poema o ensayo en alabanza de una cualidad o tipo de carácter), proverbio, parábola, escrito visionario, epístola y oratoria.

Recursos especiales del idioma

Sin tener en cuenta el estilo específico en que se escribe un texto literario, la literatura usa una porción mayor de ciertos recursos del idioma de los que usa la conversación común. El más obvio de estos recursos es el lenguaje figurado, incluyendo la metáfora, el símil, el simbolismo, el lenguaje connotativo, la alusión, los juegos de palabras, la paradoja, la ironía y las palabras que tienen más de un significado. Tal lenguaje es, por supuesto, la misma esencia de la poesía, pero aparece a través de la Biblia, aun en partes que pueden ser consideradas predominantemente expositivas más que literarias, tales como las epístolas del Nuevo Testamento.

Además de poseer tales rasgos de vocabulario, un texto puede llegar a ser literario por su arreglo de frases o patrón retórico. Un ejemplo es el de las cláusulas paralelas que componen el verso de la poesía bíblica pero que también son evidentes en mucha prosa bíblica. Cualquier arreglo de frases que nos llame la atención como un patrón inusual puede calificar como ejemplo de literatura retórica —series de preguntas o declaraciones que siguen un patrón común, preguntas retóricas, construcciones de preguntas y respuestas, diálogos imaginarios, y (muy importante en la Biblia) la concisión de un proverbio.

Todo esto es una forma de decir que el estilo es una de las cosas que hacen que la Biblia sea literaria. Cada vez que los escritores hacen cosas con el idioma para llamar la atención a la expresión misma y para sacarle más provecho al idioma de lo que hace la conversación común, el estilo resultante le da una cualidad literaria a un pasaje. Los escritores bíblicos, en forma consistente, manipulaban los recursos del idioma, de la sintaxis y de la retórica.

Arte

La literatura es una forma de arte, caracterizada por la belleza, la destreza y la técnica. El "cómo" de la literatura es tan importante como el "qué."

Los elementos de la forma artística que comparten todos los tipos de literatura incluyen el patrón o diseño, el tema o foco central, la unidad orgánica (también llamada unidad en la variedad, o tema y variación), la coherencia, el equilibrio, el contraste, la simetría, la repetición, la variación y la progresión unificada. Estos elementos de arte toman una forma en la narrativa, otra en la poesía, otra en los proverbios y así sucesivamente. Pero cualquiera que sea el estilo, la abundancia de técnicas literarias y de arte que encontramos en muchas partes de la Biblia la hace una obra maestra de la literatura.

La forma artística sirve el propósito de intensificar lo que se dijo, pero también provee placer, deleite y gusto. Una de las cosas que ofrece un enfoque literario a la Biblia, comparado con enfoques convencionales, es que abre el camino para que los lectores disfruten la belleza estética de la Biblia. El análisis literario demuestra que la Biblia es un libro interesante y no un libro aburrido. La excelencia artística de la Biblia no es de carácter extraño a su efecto total; es una de las glorias de la Biblia.

El significado a través de la forma

Un enfoque literario se preocupa por la forma literaria. En cualquier discurso, el significado se comunica a través de la forma. El concepto de forma debería ser analizado ampliamente en este contexto. Incluye todo lo que se refiere a sobre *cómo* un artista expresa el contenido de una declaración.

Mientras que el principio del significado a través de la forma se aplica a todas las formas de escritura, es especialmente cierto para la literatura. La literatura tiene sus propias formas y técnicas, y estas tienden a ser más complejas, sutiles e indirectas que las de una declaración o conversación común. Por ejemplo, las historias comunican su significado por medio de los personajes, el escenario y la acción. Para entender una historia, primero debemos tener interacción con la forma, es decir, los personajes, el lugar y los eventos. La poesía comunica sus significados a través del lenguaje figurado y de imágenes concretas. Por lo tanto, es imposible determinar lo que dice una poesía sin primero considerar la forma, es decir, el lenguaje poético.

La preocupación de los críticos literarios por el *cómo* de los escritos bíblicos no es frívola. Es evidencia de un deleite artístico con la belleza verbal y el arte, pero también es parte de un intento para entender *qué* dice la Biblia. En un texto literario es imposible separar lo que se dice (el contenido) de la manera en que se dice (el formato).

Resumen

Un enfoque literario de la Biblia comienza con un conocimiento de las cosas que componen un texto literario. Los rasgos que definen la literatura incluyen la presentación completa de la experiencia humana, la presencia de estilos literarios como la forma que contiene el significado, el uso de recursos del lenguaje y el predominio de lo artístico.

De lo que he dicho, es obvio que un enfoque literario desafía muchas de las tendencias de la erudición bíblica tradicional. El énfasis en la unidad de un texto resiste el análisis atomístico que se encuentra en los comentarios bíblicos y que resulta cuando los eruditos hacen indagaciones sobre los estados de la composición que yace detrás de un texto terminado. La premisa del criticismo literario de que la literatura es una incorporación concreta de la experiencia humana discrepa con reducir la Biblia a un bosquejo teológico con textos de prueba adjuntos.

El foco de la técnica literaria presupone una composición consciente de parte de los escritores humanos, en contraste con las teorías de dictado divino o de la evolución impersonal de textos a través de varios estados de transmisión. Y el énfasis en la variedad de estilos literarios en la Biblia desafía una premisa operante común que dice que la Biblia consiste toda de un solo tipo de material.

Basándonos en el criterio que he bosquejado, ¿cuánto de la Biblia es literario? Ochenta por ciento no es una exageración, y aun en las partes de la Biblia que son predominantemente expositivas la técnica literaria aparece casi en cada página.

LA NARRATIVA BÍBLICA

La narrativa es una forma dominante de la Biblia. Por sobre todas las cosas, la Biblia es una serie de eventos, con muchos pasajes intercalados que interpretan el significado de los eventos. Además, el personaje central de la historia de la Biblia es Dios, y la historia misma es lo que los eruditos bíblicos llaman "la historia de la salvación" —la historia de los hechos de la creación, la providencia, el juicio y la redención de Dios.

La forma en que operan las historias

Las historias constan de tres elementos básicos: el escenario, los personajes y la trama. Estos elementos juntos conducen a temas —percepciones de la vida que pueden ser descritas como proposiciones.

Los escenarios son físicos, temporales y culturales, y tienen dos funciones principales en las historias. Siempre son parte de la acción, proveyendo un sitio apropiado para las acciones de los personajes y permitiendo que la historia cobre vida en la imaginación del lector. A menudo un escenario también tiene importancia simbólica, llegando a ser parte del significado de una historia. Por ejemplo, en la historia de Lot, Sodoma es una monstruosidad moral al mismo tiempo que un lugar, y que Dios haya convertido a la ciudad en un páramo es en sí mismo el significado de la historia (el juicio de Dios contra el pecado).

Los personajes de las historias se nos presentan de maneras variadas: por lo que el narrador nos dice acerca de ellos, por las respuestas de otros personajes a ellos, por sus palabras y pensamientos, por lo que ellos dicen sobre sí mismos y sobre todo por sus acciones. Cualquiera que sea la forma en que se presentan, la meta del lector debería ser conocer a los personajes de una historia bíblica tan profundamente como le sea posible.

Es una premisa entendida de las narraciones que los personajes de una historia, en cierto sentido, son universales. Son representantes de la humanidad en general, y portan una carga de significado más grande que ellos mismos. Sobre las bases de lo que les ocurre a ellos, los lectores de la Biblia pueden sacar conclusiones acerca de la gente en general.

La trama, o acción, es la columna vertebral de la historia. Las historias se forman alrededor de una o más tramas de conflictos que pueden ser conflictos físicos, conflictos entre personas o conflictos de carácter moral/espiritual. La trama de un conflicto tiene un comienzo, un desarrollo discernible y una resolución final. Esta es la forma esencial e inevitable en la cual se estructuran las historias y de acuerdo a la cual deben ser analizadas.

En la progresión continua del conflicto o conflictos de la trama, el lector participa a través de la acción con un personaje central que se conoce con el nombre de protagonista. Colocados contra él o ella están los antagonistas. Las estrategias comunes de la narrativa son mostrar al protagonista en situaciones de prueba y situaciones que requieren una elección. Se conoce como ironía a la discrepancia entre lo que los lectores saben que es verdad y la ignorancia de parte de los personajes de una historia.

A medida que nos movemos de la historia al significado, la regla más simple de interpretación es que cada historia es, en algún sentido, una historia-ejemplo. Por lo tanto, necesitamos determinar *qué* es un ejemplo. También es una regla convencional de la literatura narrativa, que se da por sentada, que el mundo que crea un narrador al seleccionar detalles es un cuadro del mundo según lo entiende el escritor, y de lo que es bueno o malo en ese mundo. A la vez es importante estar consciente de que la narración es efectivamente un arte: comunica mucho de su significado al lograr que un lector se sienta en forma positiva o negativa en cuanto a los personajes y los eventos.

Los rasgos generales de las historias que he destacado son los términos mínimos para analizar las historias de la Biblia. Pero la Biblia también contiene una gran cantidad de subtipos específicos de narrativa, cada uno con su propio juego de reglas convencionales.

La historia de los orígenes

La primera historia de la Biblia, Génesis 1–3, pertenece a un importante estilo de literatura antigua conocido como la historia de los orígenes. Es una historia en tres partes.

Génesis 1 es la historia de la creación bíblica. Tiene un solo personaje principal, Dios. La historia en sí misma es un catálogo de los hechos poderosos de Dios en la creación, y está repleta de elementos de repetición, equilibrio y progresión.

Génesis 2 estrecha el foco del universo a la vida humana en el huerto del Edén. El motivo que da unión es la provisión de Dios para la vida humana. Es una imagen de la intención de Dios de cómo se debería vivir la vida humana, en todos los tiempos y en todo lugar.

Génesis 3 relata el origen del mal en la experiencia humana y en el mundo. La historia combina varios tipos de narración comunes: la tentación, la caída de la inocencia, el crimen y su castigo y la iniciación (al mal y a sus consecuencias). También es prominente la psicología de la culpa.

Historias de héroes

La narrativa bíblica es casi sinónima con el género de "historias de héroes." Estas historias se construyen alrededor de la vida y las hazañas de un protagonista, o un héroe. Surgen de uno de los impulsos literarios más básicos —el deseo de personificar los valores y las luchas típicas de una sociedad en la vida de una figura ejemplar representativa. Los intereses principales en las historias de héroes son las cualidades del héroe y su destino.

Las historias de los héroes de la Biblia comienzan en el Génesis ("el libro de los comienzos"). Noé es un héroe de justicia en una época de maldad. Es el agente de Dios para el rescate y el padre de un mundo nuevo (Génesis 6–9). Una de las historias más largas de héroes en la Biblia es la historia del patriarca Abraham (Génesis 12–25). Abraham es ambos, un héroe nacional y un héroe espiritual de fe en Dios. Su heroísmo nacional se ve en su búsqueda de un hijo y en sus papeles típicos (esposo, tío, padre, jefe de hogar y dueño de posesiones). Su heroísmo espiritual es evidente en su obediencia al llamado de Dios de dejar su tierra para convertirse en un peregrino, en su fe en la promesa de Dios de que le daría un hijo y en su disposición para sacrificar a su hijo Isaac.

Los otros héroes completan las imágenes de heroísmo en el libro del Génesis. Jacob no está muy idealizado en la historia dedicada a él (Génesis 25-35), pero su vida es heroica porque muestra cómo Dios puede trabajar con material que no promete mucho, transformando finalmente a una personalidad muy imperfecta. La historia de José (Génesis 37-50) es el primer ejemplo de un arquetipo bíblico significante conocido como el siervo sufriente. Los héroes que pertenecen a esta categoría experimentan sufrimientos inmerecidos, cuyo resultado obra para el bien de otras personas.

Historias posteriores del Antiguo Testamento continúan el patrón de vida o los hechos de un héroe. La historia de David es una de las más complejas de toda la literatura, tanto en sus papeles como en sus cualidades personales. Su historia como guerrero exitoso y rey es el paralelo más cercano de la Biblia a las historias antiguas de héroes fuera de la Biblia. Otra historia de heroísmo militar es la historia de Gedeón (Jueces 6-8). La historia de Daniel presenta a un héroe nacionalista, un héroe de integridad y habilidad política y un héroe religioso de fe inflexible en Dios. Las historias de Elías (1 Reyes 16-21; 2 Reyes 1-2) y Eliseo (2 Reyes 2-9) capturan otro tipo de personaje prominente en el Antiguo Testamento, el profeta de Dios.

Las historias que se desarrollan alrededor de las heroínas son pocas pero notables. El libro de Rut es una historia de amor que celebra el heroísmo doméstico y religioso de Rut. Otra obra maestra de la narrativa bíblica es la historia de Ester, que representa el valor de una heroína nacional y religiosa. La historia cuando los israelitas conquistaron el ejército de Sísara (Jueces 4-5) cuenta las hazañas heroicas de dos mujeres, Débora y Jael.

La incidencia de las historias de héroes continúa sin disminución en el Nuevo Testamento. Los Evangelios son historias, en gran escala, de héroes. Son un ejemplo claro de narrativa que se construye alrededor de la vida de un protagonista ejemplar cuyos hechos y palabras son atesorados y celebrados. Lo mismo puede decirse del libro del Apocalipsis, el que manifiesta desde el principio que será una revelación de Jesucristo en su conquista. Y el libro de Hechos es una pequeña antología de historias de héroes, principalmente acerca de Pedro y Pablo.

Este breve estudio de las historias de los héroes en la Biblia muestra cuán amplio es el alcance del impulso heroico en la Biblia y lo variado que es su ideal heroico.

La épica

La épica es una clasificación dentro de la clase de la narrativa heroica. Es una larga narrativa de destino nacional. La épica común incluye la lucha, la conquista, el dominio y el reino. Los escenarios sobrenaturales, los personajes y los eventos siempre han sido un distintivo de la épica. Los escritos épicos siempre se desarrollan alrededor de una proeza que lleva a cabo un héroe épico, la cual, por lo general, involucra una conquista militar.

La obra épica más obvia en la Biblia es la épica del Éxodo, que abarca las porciones narrativas de Éxodo, Números y Deuteronomio. Se construye alrededor de la proeza del Éxodo que va desde la esclavitud hasta la Tierra Prometida. Al igual que otras épicas, narra un momento decisivo en la historia nacional y es depósito claro de los ideales religiosos, morales y políticos de la sociedad que la produjo.

Las crónicas históricas del Antiguo Testamento son de estilo épico. Tienen una esfera de acción nacional y siguen los motivos épicos ya conocidos de la batalla, la conquista y el dominio. Sus héroes son figuras públicas, y la continua presencia de la idea del pacto les presta a estas historias la cualidad épica de destino nacional y racial que hace que sean más que simples historias de héroes.

El impulso épico también está presente en el Nuevo Testamento. Los Evangelios son tan amplios y trascendentales que tienen la atmósfera épica que cambia al mundo. El libro de Hechos, con su enfoque en los viajes y aventuras de Pablo, relata eventos notables e históricos de la expansión, sobre territorios geográficos amplios, de la iglesia primitiva. Y el libro del Apocalipsis es una versión espiritualizada de prácticamente cada tema épico y rasgo estilístico que pudiéramos nombrar.

La tragedia

La tragedia literaria es la exposición de calamidades excepcionales. Pinta un movimiento desde la prosperidad hacia la catástrofe. El foco de la tragedia se encuentra en un héroe trágico —una persona excelente de una posición alta en la sociedad, quien en un momento trágico en que debe hacer una elección despliega un defecto grande de carácter. (Aristóteles lo llama *hamartia,* la palabra que en el Nuevo Testamento se traduce "pecado.") La trama de la tragedia destaca el elemento de la elección humana. Esto significa que el héroe siempre es responsable de la caída, y en la tragedia bíblica, el héroe trágico también merece la catástrofe. El patrón trágico consiste de seis elementos que son notablemente constantes: el dilema, la elección, la catástrofe, el sufrimiento, la comprensión y la muerte.

La tragedia bíblica prototipo es la historia de la caída en Génesis 3. Adán y Eva enfrentan el dilema de obedecer o desobedecer lo que Dios les había prohibido. Cometen un error trágico, que lleva a las escenas de sufrimiento y comprensión.

La obra maestra de tragedia bíblica es la historia del rey Saúl (1 Samuel 8–31). La tragedia de Saúl es una tragedia de liderazgo débil. Su dilema consistía en su lealtad doble —obedecer a Dios o tomar el camino de la conveniencia momentánea para agradar al pueblo. La narrativa y el centro psicológico de la tragedia es la desobediencia de Saúl al mandamiento de Dios de destruir a los amalecitas (1 Samuel 15). A esto sigue la catástrofe, el sufrimiento, la comprensión y la muerte.

También hay otras tragedias bíblicas. La historia de Sansón (Jueces 13–16) encaja exactamente en el patrón trágico. La historia de David según se relata en 1 y 2 Samuel sigue el patrón trágico de prosperidad inicial seguida de catástrofe y sufrimiento. Además, siguiendo el modelo típico de la tragedia, la caída del héroe se localiza en un evento específico (el desastre de Betsabé-Urías). Otras narrativas breves en los libros históricos de la Biblia tienen un bosquejo trágico, y en algunas de las parábolas de Jesús también se describen elecciones incorrectas.

Aunque el espíritu de la tragedia satura la Biblia (no debe sorprender en un libro dedicado a pintar el mal y sus consecuencias), hay menos tragedias, que se puedan clasificar como tales, en la Biblia de lo que podríamos esperar. La Biblia es una antología de tragedias evitadas que se evitaron a través de la intervención del arrepentimiento humano y el perdón divino.

Los Evangelios

Los Evangelios del Nuevo Testamento son singulares, pero esta singularidad tiene más que ver con su contenido y la naturaleza de su protagonista que con sus formas literarias. En el nivel de forma narrativa, los Evangelios son una historia de héroe ampliada. En forma constante mantienen el enfoque en Jesús, y el propósito narrativo obvio es contar la historia de las enseñanzas y hechos de Jesús. El principio organizacional es vagamente (pero no estrictamente) cronológico, con prácticamente todo el espacio dedicado a los tres años del ministerio público de Jesús. Más de un cuarto de su contenido está dedicado al juicio, crucifixión y resurrección de Jesús. La trama de la historia no es de una sola acción, sino episódica.

El héroe mismo es responsable de parte de la singularidad de estas historias. Él hace afirmaciones acerca de sí mismo que no hacen los héroes convencionales —que tiene poder para perdonar pecados, que va a dar su vida para la salvación de sus seguidores, que resucitará de entre los muertos, que es la luz del mundo. De igual manera, sus poderosos hechos trascienden cualquier cosa que encontramos en otros lugares de la literatura.

Mientras que las formas literarias en los Evangelios no son únicas, la combinación de formas que concurren allí no tiene paralelo. Se le da igual espacio a lo que dijo el héroe que a lo que hizo. Dentro del marco general de la narrativa, encontramos ejemplos continuos de estilos tan comunes como la parábola, el drama o el diálogo, los sermones o los discursos, y los dichos o los proverbios. También abundan subtipos de narrativa: las historias de anunciación y nacimiento, historias de llamamientos o vocaciones, historias de reconocimiento, historias de testigos, historias de encuentros, historias de conflictos o controversias, historias de pronunciamiento (en las cuales un dicho de Jesús está ligado a un evento que concuerda con él), historias de milagros e historias de la pasión.

Las parábolas

Cuando la gente piensa en las narrativas bíblicas, las parábolas ocupan un lugar muy importante en sus mentes. Esas parábolas son breves historias imaginarias que presentan ideas fáciles de captar y, por lo general, tratan de algún aspecto del reino de Dios. Aunque a menudo una parábola presenta un solo tema principal, no es inusual que ideas adicionales sean parte del significado total.

Las parábolas son historias tradicionales que obedecen las antiguas reglas de contar historias populares. Los ingredientes de la narrativa incluyen el realismo sencillo, la simplicidad de la acción, el suspenso, los contrapuntos (destacados contrastes), la repetición (incluyendo la repetición triple), el estrés al final, los personajes universales y arquetipos. Muchas de las parábolas incluyen un elemento de irrealidad o exageración —una "grieta" en el realismo dominante que nos incita a explorar más allá de la simple superficie lo que comunican las historias.

Las parábolas son demasiado simples para tener significado sólo a nivel superficial. Su verdadero significado surge cuando las consideramos como alegorías —historias con un significado doble. Contrario a la enseñanza común de los eruditos, hay seis razones impecables para creer que las parábolas tenían la intención de ser alegorías o historias simbólicas. Una es la etimología de la palabra "parábola," que significa "arrojar al lado," con la inferencia de un significado doble. La misma simplicidad de la historia nos impulsa a ver un nivel de significado espiritual además de la superficie real. Muchos de los detalles en las parábolas tenían significados simbólicos tradicionales (Dios como el padre o el dueño de la viña, la semilla como la palabra de Dios, etcétera). Los elementos irreales en la parábola también señalan un significado más profundo. Además, el propósito religioso de las parábolas surge sólo cuando comenzamos a adjudicarle el segundo significado a los detalles —por ejemplo, cuando entendemos que la semilla que se siembra es el evangelio, y todos los tipos de suelo son las varias respuestas humanas. Finalmente, cuando Jesús interpretó dos de sus parábolas (Mateo 13:18-23, 36-43), le adjudicó un significado alegórico correspondiente a prácticamente cada detalle de las historias.

Un tratamiento completo de una parábola incluye, naturalmente, cuatro etapas de análisis. El proceso comienza al interactuar con las historias como historias literales, explorando los ingredientes de la narrativa, a saber, el escenario, el personaje y la trama. El segundo paso es identificar los significados alegóricos o simbólicos de los detalles que representan otra cosa. Basado en este análisis, es posible plantear los temas o las ideas implícitas en la parábola. El paso final es la aplicación —a la audiencia original y al lector moderno.

POESÍA BÍBLICA

El segundo género literario más prominente en la Biblia es la poesía. Se identifica a la poesía por medio de dos rasgos principales: se escribe en forma de verso y tiene un idioma o estilo poético.

El paralelismo

La forma en verso de la poesía bíblica se conoce con el nombre de paralelismo. Evita la rima y, en cambio, consiste de pensamientos dobles o triples. El paralelismo se puede definir como dos o más líneas que expresan algo con palabras diferentes pero en forma gramaticalmente similar.

La poesía bíblica consta de cuatro tipos principales de paralelismo. El paralelismo sinónimo expresa un pensamiento, más de una vez, con una estructura de la frase o forma gramatical similares:

> Los cielos cuentan la gloria de Dios,
> el firmamento proclama la obra de sus manos.[1]

En el paralelismo antitético, la segunda línea declara la veracidad de la primera en forma negativa o contrastante:

> Porque el SEÑOR cuida el camino de los justos,
> mas la senda de los malos lleva a la perdición.[2]

En el paralelismo culminante, la segunda línea completa a la primera al repetir parte de ella y luego agregándole algo:

> Tributen al SEÑOR, seres celestiales,
> tributen al SEÑOR la gloria y el poder.[3]

El paralelismo sintético ("que crece") consiste de un par de líneas que juntas forman una unidad completa en la cual la segunda línea completa o expande el pensamiento de la primera (pero sin repetir nada de la primera línea):

> Dispones ante mí un banquete
> en presencia de mis enemigos.[4]

El paralelismo sirve varios propósitos. Es parte del arte de la poesía bíblica, comunicando la impresión de un lenguaje usado con maestría. También es una herramienta mnemónica que ayuda a aprender de memoria, recitar o aun a la improvisación oral de la composición. El paralelismo produce un efecto meditativo, porque posee un elemento dilatorio por medio del cual hacemos girar en la luz al prisma del pensamiento o del sentimiento.

El lenguaje peculiar de la poesía

Los poetas hablan un lenguaje propio. Este lenguaje peculiar poético es el corazón de la poesía; es mucho más importante que la forma de verso en la que está incluido.

Por sobre todo, los poetas piensan en imágenes —palabras que nombran algo relacionado con los sentidos o con una acción. La poesía evita la abstracción lo más posible, aunque en la poesía bíblica la forma en verso de paralelismo, a menudo, lleva a un poeta a combinar lo concreto con una declaración abstracta. La poesía requiere que el lector experimente una serie de experiencias de los sentidos. Cuando hemos experimentado la imagen, debemos interpretarla; es decir, interpretar sus connotaciones, su relevancia al tema del poema, sus significados emocionales y si es positiva o negativa en el contexto de un pasaje determinado.

El siguiente elemento importante de la poesía es la comparación. Por lo general toma la forma de metáfora (una comparación implícita) o símil (una comparación explícita que usa la fórmula "como" o "al igual que"). Tanto la metáfora como el símil están basados en el principio de la correspondencia. La palabra "metáfora" implica eso, porque se basa en la palabra griega que quiere decir "transportar."

La metáfora y el símil colocan una obligación doble al lector. Una es experimentar el nivel literal de la imagen. Si el poeta nos dice que "el SEÑOR es sol y escudo" (Salmo 84:11, NVI), primero debemos experimentar el fenómeno físico del sol y del escudo. Luego debemos proceder a la tarea interpretativa de determinar *cómo* Dios es como el sol y el escudo. La metáfora y el símil se basan en el principio de transferir el significado. Aseguran un efecto en un nivel, y luego se nos pide que transfiramos esos significados (que generalmente son múltiples) a otro nivel —el nivel del tema real del poema.

Otras varias figuras del lenguaje componen el repertorio del poeta. La prosopopeya consiste en tratar algo que no es humano (y frecuentemente inanimado) como si fuera un ser humano capaz de responder. La hipérbole (exageración consciente para lograr un efecto) no expresa una verdad literal sino una verdad emocional. Otra forma normal de expresar un sentimiento fuerte es con el apóstrofe —dirigirse a alguien ausente como si estuviera presente y pudiera escuchar. Una alusión es una referencia a literatura o historia pasadas.

La lírica como forma poética básica

Debido a que la Biblia está llena de tipos específicos de poesías, es importante notar que el concepto de "poesía" es virtualmente sinónimo de "lírica." Prácticamente todas las poesías de la Biblia deberían ser vistas como ejemplo del género "lírico" antes de ser consideradas como ejemplos de una clase particular.

Una poesía lírica es una poesía breve (a menudo fue diseñada para ser cantada), que expresa los pensamientos y, especialmente, los sentimientos de un orador. En otras palabras, las características que identifican la lírica son tres: es breve, personal o subjetiva (el orador habla con su propia voz), y reflexiva o emocional.

El impacto unificado es importante en la lírica, y la mejor manera de observar su presencia es emplear el sistema de tema y variación, analizando la forma en que una unidad específica contribuye al tema que controla dicha lírica. La gran mayoría de las líricas está construida basándose en el principio de la estructura tripartita: una declaración de apertura que enuncia el tema (el estímulo que mueve a cantar al poeta), el desarrollo del tema y la resolución que concluye. Los poetas líricos han desarrollado sus temas eligiendo entre cuatro posibilidades: la repetición, el catálogo o lista, la asociación (partiendo de una idea inicial a una relacionada) y el contraste.

El libro de Salmos

El libro de poesía más conocido de la Biblia es el libro de Salmos. Es una antología de poemas compilados para usar en la adoración en el templo de Jerusalén. Todos los salmos son poemas líricos, pero una cantidad de subtipos hace que la consideración de género sea especialmente importante como factor en el enfoque literario del libro de Salmos.

La categoría más grande de salmos son los de lamento o queja. Es una forma fija que incluye cinco elementos que pueden aparecer en cualquier orden y que pueden ocurrir más de una vez en un salmo específico. Los ingredientes son una invocación o clamor a Dios, el lamento o queja (una definición de la crisis), la petición o súplica, una declaración de confianza en Dios y un voto de alabar a Dios.

La segunda categoría de acuerdo al tamaño son los salmos de alabanza, los cuales siguen un formato que consta de tres partes. Comienzan con un llamado a la adoración, que puede consistir de tres ingredientes: una exhortación a alabar a Dios, el nombramiento de la persona o el grupo al cual se dirige el mandamiento y la identificación del modo de alabanza (voz, arpa, etcétera). Por lo general, el desarrollo de la alabanza está construido sobre el principio de un catálogo de los hechos o atributos de Dios dignos de alabanza, aunque ocasionalmente aparecen técnicas de pintar retratos. Los salmos de alabanza concluyen con una nota de finalidad, que a menudo se presenta en la forma de una corta oración o deseo.

El contenido, más que el formato, debe ser la base para identificar subtipos adicionales dentro del libro de Salmos. Las categorías predominantes son los poemas sobre la naturaleza; los salmos de adoración (también llamados cánticos de Sión); los salmos penitenciales; los salmos históricos; los salmos reales; los salmos meditativos; los salmos que alaban un tipo de personalidad o una cualidad abstracta, que son conocidos con el nombre de "encomio"; los salmos imprecatorios; y aun un epitalamio (un poema de boda, el Salmo 45).

El Cantar de los Cantares de Salomón

El Cantar de los Cantares de Salomón es una colección de poemas de amor que juntos hacen un exaltado epitalamio (un poema de bodas) construido alrededor de un solo noviazgo y boda. Los poemas pastorales son poemas de amor en los cuales el escenario es rústico y los amantes se pintan (de manera por lo menos parcialmente ficticia) como un pastor y una pastora. Una colección de poemas líricos no es la forma en que se cuenta una historia. En cambio, el Cantar de los Cantares de Salomón pinta una serie de sentimientos y estados de ánimo bajo el principio de monólogo interior.

Ambos, el estilo y los géneros específicos del Cantar de los Cantares, les son familiares tanto a la poesía de amor antigua como a la moderna. El estilo es conscientemente artificial y altamente sensual ("sensorial"), metafórico, hiperbólico y apasionado. Dentro del marco general pastoral, los géneros específicos incluyen la invitación a amar, la alabanza al amado, blasones emblemáticos (listas de rasgos del amado, con cada rasgo comparado a un objeto de la naturaleza), el cortejo y los poemas de boda y los cantos de separación, anhelo y reunión.

Los himnos del Nuevo Testamento

Los poemas líricos también son comunes en el Nuevo Testamento. La historia de la natividad (Lucas 1–2) está salpicada de himnos de natividad. También podemos encontrar fragmentos de himnos en las epístolas (por ejemplo, Efesios 5:14; 2 Timoteo 2:11-13; Hebreos 1:3). Los himnos de adoración recalcan las visiones del Apocalipsis (por ejemplo 4:8, 11; 5:9-10). Tres himnos famosos acerca de Cristo son especialmente dignos de notar: Juan 1:1-18; Filipenses 2:5-11 y Colosenses 1:15-20.

El encomio

El encomio se encuentra a través de ambos, el Antiguo y el Nuevo Testamento. Mientras que algunos encomios bíblicos están escritos en prosa más que en poesía, en efecto son líricos, y por lo general tienen un estilo tal que pueden ser impresos fácilmente en la forma de paralelismo hebreo.

El encomio es un poema o ensayo escrito para la alabanza de una cualidad abstracta o de un tipo de personaje generalizado. Los temas comunes son una introducción al sujeto de la alabanza, el distinguido abolengo de ese sujeto, una lista o descripción de hechos y cualidades encomiables, la naturaleza superior o indispensable del sujeto, las recompensas que acompañan a lo que se alaba y una conclusión instando al lector a que imite al sujeto del encomio.

Los encomios bíblicos que alaban una cualidad abstracta incluyen poemas de alabanza a la sabiduría en el libro de Proverbios (3:13-20; 8), a la ley de Dios (Salmo 119), al amor (1 Corintios 13) y la fe (Hebreos 11). Los encomios que alaban tipos de personaje incluyen los Salmos 1, 15, 112 y 128 (la persona piadosa) y Proverbios 31:10-31 (la esposa virtuosa). El canto del siervo sufriente en Isaías 53 es una parodia del estilo, alabando al siervo que sufre por razones poco convencionales.

Partes poéticas adicionales de la Biblia

Además de los lugares que he mencionado en los que hay poesía, es importante notar que la poesía también se encuentra en otros libros de la Biblia que, por lo general, asignamos a otro género como la forma primaria. El libro de Job, un drama, contiene poesía, excepto por su marco de prosa narrativa. La mayoría de los libros proféticos del Antiguo Testamento está escrita en una forma predominantemente poética. Lo mismo ocurre con la literatura de sabiduría del Antiguo Testamento —los libros de Proverbios y Eclesiastés (donde aun los pasajes de prosa son, en efecto, poéticos). Dentro de las historias del Antiguo Testamento encontramos dicha variedad de formas líricas como los cánticos de liberación (el cántico de Moisés en Éxodo 15 y el cántico de Débora en Jueces 5) y una elegía (la elegía de David por Jonatán en 2 Samuel 1).

Encontramos poesía a través de todo el Nuevo Testamento. Jesús es uno de los poetas más famosos del mundo. En sus discursos, que son apasionados y están llenos de paradojas, hace uso de la imaginación, las metáforas y la hipérbole. El movimiento de sus frases está lleno de paralelismo. Las epístolas del Nuevo Testamento son apenas un poco menos poéticas. Y el libro del Apocalipsis usa los recursos de la poesía —la imagen, el símbolo y la alusión.

OTRAS FORMAS LITERARIAS EN LA BIBLIA
El drama bíblico

Aunque ningún libro de la Biblia fue escrito para el teatro, y aunque solamente uno es dramático en su formato, el impulso dramático se encuentra en toda la Biblia. La incidencia de discursos directamente citados en la Biblia no tiene paralelo en la literatura antigua, y no tiene precedente hasta que llegamos a la novela moderna. La forma más común de narrativa bíblica es, sin ninguna duda, la escena dramatizada que se construye del diálogo entre personajes en un escenario definido. De manera similar, los libros proféticos son dramas cósmicos que tienen lugar en un escenario mundial, y el libro del Apocalipsis está tan lleno de escenas y de diálogos descritos esmeradamente que es muy probable que haya sido influenciado por las costumbres del drama griego.

El libro de Job es el único libro de la Biblia que está estructurado como un drama. El libro presenta un problema —¿por qué sufren los justos?— y luego presenta los discursos de los personajes mientras debaten las posibles soluciones a dicho problema. Por supuesto que los discursos son más largos y oratorios de lo que esperaríamos en el drama moderno. Pero como en todos los dramas, el enfoque de nuestra atención está en las discordias entre los personajes, mientras Job argumenta con sus visitantes y con Dios. Si leemos el libro dramático de Job buscando principalmente acción, nos vamos a sentir frustrados. El ritmo es lento, mientras el orador repite unas pocas ideas comunes. El estilo poético nos invita a deleitarnos por la forma en que se expresa una idea, mientras escuchamos todo por lo menos dos veces.

La superestructura de este drama es por lo menos tripartita. Un principio de organización es la búsqueda del héroe del entendimiento y de la unión con Dios. Un segundo punto de unidad es la actitud obtusa de sus tercos amigos, cuyos discursos repetitivos sirven de trasfondo estático contra el que podemos medir el progreso intelectual y espiritual de Job. Un tercer elemento que unifica en el drama es la ironía. En el caso de los amigos, vemos la ironía de la ortodoxia —de creer en principios que generalmente son verdad, pero que no concuerdan con la situación de Job. Equilibrando esto se encuentra la ironía de la rebelión contra Dios, mientras observamos a Job haciendo acusaciones contra Dios que sabemos del prólogo que no son ciertas.

Proverbios bíblicos

La Biblia es uno de los libros más aforísticos, o proverbiales, del mundo. Está llena de dichos concisos y memorables desde el principio hasta el fin.

Los rasgos literarios de los proverbios explican su poder. Los proverbios son concisos y memorables. Su meta es hacer que un dicho de sabiduría sea permanente. Son a la vez simples (breves y de fácil comprensión) y profundos (tratan de los asuntos importantes de la vida y son inagotables en su aplicación). A menudo los proverbios son tanto específicos como universales: abarcan una gran cantidad de experiencias similares, y con frecuencia usan una situación particular para que represente un principio de la vida más amplio (la declaración de que "donde cae [el árbol] allí se queda" [Eclesiastés 11:3, NVI], en realidad está hablando del principio de la finalidad que caracteriza a muchos eventos en la vida).

Los proverbios también a menudo son poéticos en su forma, y usan los recursos de la imaginación, la metáfora y el símil. Algunos proverbios bíblicos son descriptivos de lo que es, mientras que otros son descriptivos de lo que debería ser. La veracidad de los proverbios es veracidad en cuanto a la experiencia humana. Los proverbios están siendo continuamente confirmados en nuestra experiencia y observaciones de la vida. Nunca pasan de moda.

Como los hemos definido, los proverbios son una forma literaria que se encuentra en toda la Biblia. Los libros de Proverbios y Eclesiastés consisten completamente de una colección de proverbios, a veces arreglados en grupos de proverbios con un tema común. Pero el paralelismo de la poesía bíblica casi inevitablemente tiende hacia un efecto aforístico. Los discursos de Jesús se basan mucho en los proverbios o dichos como un elemento básico. Las epístolas del Nuevo Testamento contienen muchos aforismos, y a través de todo el libro de Santiago se emplean las técnicas de la literatura de sabiduría. Aun las historias de la Biblia han provisto sus propios dichos proverbiales al caudal común de proverbios.

La sátira

La sátira es la exposición, por medio del ridículo o la represión, del vicio o del desatino humano. Consiste de tres elementos esenciales: un objeto al que se ataca, un medio satírico, y un criterio normal satírico (el criterio declarado o insinuado por el cual se critica al objeto del ataque). El medio satírico es, a menudo, una historia, pero puede ser algo tan específico como una metáfora (como cuando Jesús llama a los fariseos sepulcros blanqueados). A menudo, pero no siempre, la sátira va acompañada de un tono cómico o sarcástico.

La Biblia es un libro mucho más satírico de lo que se reconoce por lo general. El impulso satírico no está reservado para los libros que son principalmente satíricos. Por ejemplo, está presente en la narrativa bíblica, donde los personajes que se idealizan completamente son casi desconocidos y donde las fallas de carácter de la mayoría de los personajes se exponen satíricamente. La sátira se presenta igualmente en la literatura de sabiduría, en la que muchos de los proverbios atacan los defectos humanos como la codicia, la pereza, el desenfreno y el desatino.

La mayor cantidad de sátira se encuentra en los escritos proféticos. Los dos tipos más importantes de oráculos son el oráculo de salvación y el de juicio. El mejor enfoque al oráculo de juicio es la sátira. Estos pasajes siempre tienen un objeto de ataque visible y un criterio por medio del cual se presenta el juicio. Además, el ataque se presenta en una amplia gama de formas literarias, desde la simple predicción de la calamidad a las amplias exposiciones del mal y del juicio. Un libro como Amós es una obra satírica desde el principio hasta el fin: ataca la maldad pública sobre las bases de normas espirituales y morales claramente expuestas usando una gran variedad de técnicas literarias.

La sátira también es frecuente en los Evangelios. En la historia misma, los opositores de Jesús, especialmente los fariseos, se presentan con desdén satírico. Los discursos de Jesús con frecuencia son satíricos (Mateo 23, por ejemplo, es un discurso satírico que ataca a los fariseos con un aluvión de recursos satíricos). Y muchas de las parábolas que dijo Jesús son típicamente satíricas porque usan la forma narrativa para incorporar un ataque a una actitud o a un comportamiento específico.

La gran obra maestra de sátira bíblica en el Antiguo Testamento es el libro de Jonás. El objeto del ataque es la clase de fervor nacionalista que hizo que Dios fuera la propiedad exclusiva de Israel y que rehusó aceptar la universalidad de la gracia de Dios. El protagonista de la historia personifica las actitudes que el escritor usa para el ataque satírico. El otro protagonista principal de la historia es Dios, cuyo amor universal y misericordia son la norma por la cual las actitudes de Jonás se exponen como malas. La ironía del ignominioso comportamiento del caprichoso profeta produce el humor latente en la historia.

La epístola

Las Epístolas del Nuevo Testamento son modificaciones de cartas convencionales del mundo clásico. Al igual que las cartas griegas y romanas, las Epístolas contienen una apertura (el que la envía, el que la recibe, un saludo), un cuerpo y un cierre (saludos y deseos finales). Pero dos agregados importantes aparecen en las Epístolas del Nuevo Testamento —el agradecimiento (una oración pidiendo el bien espiritual, y un recuerdo o elogio de las riquezas espirituales de la persona a quien se envía) y la *paraenesis* (una lista de exhortaciones, virtudes, vicios, mandamientos o proverbios). Mientras que el contenido de las cartas comunes en el mundo antiguo podía ser sobre cualquier tema, las Epístolas del Nuevo Testamento mantienen el foco en los asuntos teológicos y morales.

En cuanto al estilo, las Epístolas son totalmente literarias. Es común el uso del lenguaje figurado como las imágenes, las metáforas y la paradoja. A menudo, las frases y las cláusulas se arreglan artísticamente y la influencia del paralelismo es tan prominente que muchos pasajes se podrían arreglar como poemas. Los apóstrofes dramáticos, las preguntas retóricas, las prosopopeyas, las construcciones de preguntas y respuestas y la antítesis, aunque menos frecuente, no obstante son comunes. La pura exuberancia de estas cartas produce su propio notable estilo y, en efecto, a menudo es lírico. Y, por supuesto, hay una presencia continua de proverbios y aforismos —declaraciones notables que se quedan en la memoria.

Las Epístolas son escritos ocasionales, escritas en respuesta a ocasiones específicas en la vida de las iglesias primitivas. De una forma que nos recuerda a las historias, proveen una imagen de muchas facetas de la vida diaria. Debido a que los autores están respondiendo a situaciones y preguntas específicas que se han presentado, las Epístolas no son (excepto por los libros de Romanos, Efesios y Hebreos) tratados de teología sistemática. Los puntos que tratan no son necesariamente los más importantes; simplemente son los que se han presentado.

La oratoria

La oratoria bíblica consiste de discursos formales y estilizados dirigidos a una audiencia específica, normalmente por motivo de una ocasión importante. Por lo general, la dignidad de la ocasión produce un estilo elevado. Un libro completo —el libro de Deuteronomio— es una oratoria que contiene el discurso de despedida de Moisés dirigido a la nación de Israel.

El patrón acostumbrado es que la oratoria esté contenida dentro de otro material. Por ejemplo, las historias del Antiguo Testamento contienen oratorias dichas dentro de su contenido narrativo —pasajes como cuando Jacob bendice a sus hijos (Génesis 49), cuando Samuel instala a Saúl como rey (1 Samuel 12), el discurso de Salomón y la oración de dedicación del templo (1 Reyes 8), el discurso de Esdras cuando se reinstituyó la ley (Nehemías 9). El libro de Job es una pequeña colección de oratorias. Con frecuencia, los libros proféticos tienen protagonistas que usan la oratoria, ya sea que el que habla es un profeta o Dios. Y la parte en la cual Dios le da la ley a Moisés (Éxodo—Números) tiene naturaleza oratoria.

Un patrón similar aparece en el Nuevo Testamento. Los discursos de Jesús son un ejemplo principal, con el Sermón del monte (Mateo 5-7) siendo el ejemplo por excelencia. El libro de Hechos contiene varias oratorias de defensa (las cuales, de paso, siguen la forma de las oratorias forenses clásicas); sermones; y el famoso discurso de Pablo en el Areópago de Atenas (Hechos 17), el cual sigue todas las reglas retóricas de la oratoria clásica. Finalmente, la naturaleza oral de las Epístolas a menudo hace que produzcan un efecto oratorio.

Escritos visionarios

Los escritos visionarios forman una categoría grande en la Biblia. Tienen dos subcategorías: los escritos proféticos y los escritos apocalípticos (con el libro del Apocalipsis como su ejemplo principal). Los principios literarios fundamentales son los mismos en ambas categorías.

Los escritos visionarios presentan escenarios, personajes y eventos que difieren de la realidad corriente. Esto no quiere decir que los eventos de la literatura visionaria no ocurrieron en la historia pasada o no ocurrirán en la historia futura. Pero los eventos presentados por el autor todavía no habían sucedido o no existían en el mundo de esa época. Son imaginados.

El elemento de "ser algo distinto" llena los escritos visionarios. La literatura visionaria transforma el mundo conocido o el estado presente de las cosas en una situación que en el tiempo en que se escribió aún sólo era imaginada. La forma más simple de tal transformación es un cuadro futurista del cambio de la suerte de una persona o nación. De una forma más radical, la literatura visionaria nos lleva no sólo a un tiempo diferente, sino también a un modo de existencia diferente. Nos transporta a esferas que trascienden la realidad terrenal, por lo general a las esferas sobrenaturales del cielo o del infierno.

La peculiaridad de la literatura visionaria se extiende tanto a las escenas como a los actores. Típicamente, la escena es cósmica en lugar de ser localizada. En este escenario cósmico hay actores con los cuales no nos encontramos directamente en la vida diaria —Dios, los santos en el cielo, ángeles, dragones, monstruos, un guerrero montando en un caballo rojo (Apocalipsis 6:4, NVI), mujeres que vuelan y tienen alas como las de una cigüeña (Zacarías 5:9). La mezcla de lo familiar con lo que no es familiar, un sello de la literatura visionaria, toma una forma aún más extraña cuando objetos inanimados y fuerzas de la naturaleza de pronto se convierten en actores —como cuando las estrellas rehúsan mostrar su luz, o cuando cae en la tierra granizo mezclado con sangre.

Todo este espectáculo imaginario produce una estructura distintiva. La literatura visionaria está estructurada como un caleidoscopio de elementos que cambian —escenas visuales, discursos, diálogos, breves trozos de narrativa, oraciones, himnos y mucho más. El sueño, o la visión, provee la organización. Los sueños, después de todo, consisten de figuras momentáneas, impresiones fugaces, personajes y escenas que actúan su breve parte y luego se pierden de vista y saltos abruptos de una acción a otra.

Si la fantasía es un elemento de la escritura visionaria, también lo es el simbolismo. Los extraños acontecimientos que se ofrecen son imágenes de otra cosa. De acuerdo a esto, la pregunta correcta que debemos formularnos es la siguiente: Dado el contexto específico de un pasaje visionario, ¿a qué evento histórico o a qué hecho teológico representa esta imagen?

La mejor ayuda para la interpretación es un ojo agudo para lo obvio. Cuando Isaías vio un río que inundaría toda la tierra de Judá (8:5-8), el contexto a su alrededor deja claro que es una figura simbólica de la inminente invasión de los ejércitos de Asiria. Cuando el libro del Apocalipsis pinta los intentos infructuosos de un dragón de destruir a un niño que gobernará a todas las naciones y quien milagrosamente se escapa del dragón ascendiendo al cielo (12:1-5), lo reconocemos como un relato simbólico de la incapacidad de Satanás de frustrar la obra de Jesús durante su vida encarnada en la tierra.

LA UNIDAD LITERARIA DE LA BIBLIA

La Biblia es una antología de tantos géneros y técnicas literarias que el efecto, al final, puede amenazar confundirnos. Pero la unidad literaria va a surgir si recordamos los principios fundamentales.

La estructura general de la Biblia es la estructura de una historia. Comienza con la creación del mundo, y termina con la consumación de la historia y la re-creación del mundo. El conflicto de la trama es una prolongada batalla espiritual entre el bien y el mal. El personaje central es Dios, y todas las criaturas y las naciones interactúan con ese poderoso protagonista. Toda historia, poesía o proverbio de la Biblia concuerda con esta historia que la envuelve por completo.

Aún más, todas las partes literarias de la Biblia comparten los rasgos que definen a la literatura misma. En concreto, esas historias presentan la experiencia humana para que nosotros podamos compartir una experiencia con el autor y con los personajes de una historia o poesía. Todas las partes literarias de la Biblia despliegan habilidad técnica y belleza. También emplean recursos especiales del lenguaje para que estemos conscientes de que los escritores están usando el lenguaje de una forma que va más allá del uso común.

Finalmente, a pesar de la diversidad de géneros literarios que encontramos en la Biblia, el principio del género en sí mismo ayuda a organizar el todo. Cualquiera que sea el pasaje al que vayamos en la Biblia, siempre nos damos cuenta de que dicho pasaje o libro pertenece a un género literario específico, un género que sigue sus propias reglas convencionales y que requiere un conjunto de expectativas definidas de parte del lector.

La Biblia es un libro para toda la gente y para todos los temperamentos, desde la persona prosaica y práctica hasta aquella a la que le gusta volar con la fantasía y las visiones. Uno de los personajes del novelista ruso Fyodor Dostoyevsky exclamó: "Vaya libro que es la Biblia, qué milagro, qué fortaleza se le da al hombre con ella. Es como un molde tomado del mundo y del hombre y de la naturaleza humana, todo está allí, y una ley para cada cosa para todas las edades. Y qué misterios se resuelven y son revelados" (*Los Hermanos Karamazov*).

NOTAS

1. Salmo 19:1, NVI
2. Salmo 1:6, NVI
3. Salmo 29:1, NVI
4. Salmo 23:5, NVI

BIBLIOGRAFÍA

Alter, Robert. *The Art of Biblical Narrative [El Arte del Narrativo Bíblico]*, 1981.
Auerbach, Erich; traductor, Willard Trask. "Odysseus' Scar [La Cicatriz de Odiseo]," capítulo 1 de *Mimesis: The Representation of Reality in Western Literature [Mimesis: La Representación de la Realidad en la Literatura Occidental]*, 1953.
Frye, Northrop. *The Great Code: The Bible and Literature [El Gran Código: La Biblia y Literatura]*, 1982.
Gros Louis, Kenneth, editor. *Literary Interpretations of Biblical Narratives [Interpretaciones Literarios de Narrativos Bíblicos]*, 1974.
Lewis, C. S. *The Literary Impact of the Authorized Version [El Impacto Literario de la Version Autorizada]*, 1963.
Longman III, Tremper. *Literary Approaches to Biblical Interpretation [Enfoques Literarios a la Interpretación Bíblica]*, 1987.

Ryken, Leland. *How to Read the Bible as Literature* [*Cómo Leer la Biblia como Literatura*], 1984.

——, *The New Testament in Literary Criticism* [*El Nuevo Testamento en el Criticismo Literario*], 1984.

——. *Words of Delight: A Literary Introduction to the Bible* [*Palabras de Deleite: Una Introducción Literaria a la Biblia*], 1987.

——. *Words of Life: A Literary Introduction to the New Testament* [*Palabras de Vida: Una Introducción Literaria al Nuevo Testamento*], 1987.

SECCIÓN CUATRO

Los textos y manuscritos bíblicos

Los textos y manuscritos del Antiguo Testamento

MARK R. NORTON

LOS ANTIGUOS MANUSCRITOS del Antiguo Testamento son el material básico de trabajo que se usa para buscar, con tanta exactitud como sea posible, el texto original de la Biblia. A este proceso se le llama criticismo textual, algunas veces designado como "criticismo bajo" para distinguirlo del "criticismo alto," que es el análisis de la fecha, la unidad y la paternidad literaria de los escritos bíblicos.

La tarea del criticismo textual puede dividirse en varias etapas generales: (1) la recolección y compilación de manuscritos existentes, traducciones y citas; (2) el desarrollo de la teoría y la metodología que permitirán que el crítico use la información que se ha obtenido para reconstruir el texto más exacto de los materiales bíblicos; (3) la reconstrucción de la historia de la transmisión del texto para identificar las diversas influencias que afectan a dicho texto; (4) la evaluación de variados materiales de lectura específicos a la luz de la evidencia textual, la teología y la historia.

Los críticos textuales del Antiguo y del Nuevo Testamento emprenden una tarea similar y enfrentan obstáculos similares. Ambos buscan descubrir un texto "original" hipotético con recursos limitados que están en diversas etapas de deterioro. Pero el crítico textual del Antiguo Testamento enfrenta una historia textual

159

más compleja que su homólogo del Nuevo Testamento. El Nuevo Testamento se escribió principalmente en el siglo I a.C., y existen manuscritos completos del Nuevo Testamento que fueron escritos sólo unos pocos siglos más tarde. En cambio, el Antiguo Testamento está formado por literatura escrita en un período de más de mil años, y sus partes más antiguas datan del siglo XII a.C. y posiblemente aún antes. Para dificultar más las cosas, hasta hace poco los primeros manuscritos hebreos conocidos del Antiguo Testamento eran de la época medieval. Esto dejó a los eruditos con muy poco testimonio del desarrollo textual del Antiguo Testamento desde la antigüedad hasta la Edad Media, un período de más de dos mil años.

Hasta el descubrimiento de los Rollos del Mar Muerto en las décadas de 1940 y 1950, las traducciones secundarias del arameo, griego y latín sirvieron como los testimonios más antiguos e importantes a las Escrituras hebreas. Puesto que esas son traducciones, y están sujetas a alteraciones sectarias y de contexto, su valor para el crítico textual, aunque significante, es limitado. Sin embargo, los descubrimientos de los Rollos del Mar Muerto y de otros manuscritos antiguos han proporcionado testimonios clave al Antiguo Testamento hebreo de los tiempos tempranos. La evaluación erudita de esos descubrimientos está lejos de estar completa en la actualidad y la ciencia del criticismo textual del Antiguo Testamento espera con ansiedad una evaluación más completa de su significado. Sin embargo, en un sentido general, los Rollos del Mar Muerto han afirmado la exactitud del Texto Masorético que usamos actualmente.

MANUSCRITOS IMPORTANTES DEL ANTIGUO TESTAMENTO

La mayor parte de los manuscritos medievales del Antiguo Testamento tienen una forma bastante estandarizada del texto hebreo. Esta estandarización refleja la obra de los escribas medievales conocidos como masoretas (500-900 d.C.), y el texto que resultó de su trabajo se conoce con el nombre de Texto Masorético. La mayoría de los manuscritos importantes data del siglo XI d.C. o más tarde, y todos reflejan esta misma tradición textual básica. Pero puesto que el Texto Masorético no se estabilizó bien hasta bastante después de 500 d.C., no se pueden contestar muchas preguntas en cuanto a su desarrollo en los siglos precedentes. Así que la tarea principal para los críticos textuales del Antiguo Testamento ha sido la de comparar los testimonios anteriores para descubrir cómo surgió el Texto Masorético y cómo se relaciona este texto con los testimonios anteriores de la Biblia hebrea. Esto nos lleva a la tarea inicial del criticismo textual: la recolección de todos los registros posibles de los escritos bíblicos.

Todas las fuentes principales de Escritura hebrea son manuscritos que, como lo dice su nombre, están escritos a mano. Por lo general se escribían en pieles de animales, papiros o algunas veces en metal. El hecho de que son escritos a mano es la fuente de muchas dificultades para los críticos textuales. A menudo se puede echar la culpa al error humano y a las adulteraciones editoriales de las muchas variantes que hay entre los manuscritos del Antiguo y el Nuevo Testamento. Otra fuente de dificultad es el hecho de que los manuscritos antiguos han sido escritos sobre pieles o papiros. Debido al deterioro natural, la mayoría de los manuscritos antiguos que sobreviven consta de fragmentos y es difícil de leer.

Hay muchos testimonios secundarios del texto del Antiguo Testamento, incluyendo las traducciones a otras lenguas, citas que usaron ambos, los amigos y enemigos de la religión bíblica, y la evidencia de los textos antiguos impresos. La mayoría de los testimonios secundarios ha sufrido de manera similar a los primeros. Ellos también contenían numerosas variaciones, debidas tanto a los errores intencionales como a los accidentales de los escribas, y sólo existen fragmentos debido a su deterioro natural. Puesto que existen variantes de los textos en los manuscritos antiguos que han sobrevivido, estos deben ser recolectados y comparados. La tarea de comparar y catalogar los diferentes textos se conoce con el nombre de colación.

El Texto Masorético

La historia textual del Texto Masorético es una historia importante por derecho propio. Este texto de la Biblia hebrea es el más completo que existe. Forma las bases para nuestras Biblias hebreas modernas y es el prototipo contra el cual se hacen todas las comparaciones de los estudios de textos del Antiguo Testamento. Se llama masorético porque su forma actual está basada en la *Mesorá,* la tradición textual de los eruditos judíos que se conocían como los masoretas de Tiberíades. (Tiberíades era donde estaba localizada su comunidad en la costa del Mar de Galilea.) Los masoretas, cuya escuela erudita floreció entre los años 500 y 1000 d.C., estandarizaron el texto tradicional, formado sólo de consonantes, al agregarle puntos para las vocales y notas al margen. (El alfabeto hebreo antiguo no tenía vocales.)

El Texto Masorético, como existe actualmente, le debe mucho a la familia Ben Asher. Por cinco o seis generaciones, desde la segunda mitad del siglo VIII hasta la mitad del siglo X, esta familia jugó un papel de liderazgo en el trabajo masorético en Tiberíades. Un registro fiel de su trabajo se puede encontrar en los manuscritos masoréticos más antiguos que existen, a los cuales se les puede seguir la pista hasta los dos últimos miembros de dicha familia. El manuscrito masorético más antiguo es el *Códice Cairensis* (895 d.C.), que se le atribuye a Moisés ben Asher. Este manuscrito contenía tanto los Primeros Profetas (Josué, Jueces, Samuel y Reyes), como los Últimos Profetas (Isaías, Jeremías, Ezequiel y los doce Profetas Menores). El resto del Antiguo Testamento no se encuentra en este manuscrito.

El otro manuscrito importante que se le atribuye a la familia Ben Asher es el *Códice de Aleppo.* De acuerdo a la nota que concluye este manuscrito, Aaron ben Moses ben Asher fue el responsable de escribir las notas masoréticas y ponerles los puntos a los signos que representan las vocales. El manuscrito contenía el Antiguo Testamento completo y data de la primera mitad del siglo X d.C. Se informó que fue destruido en las revueltas contra los judíos en 1947, pero esto probó ser sólo parcialmente verdad. La mayor parte del manuscrito no se perdió y va a ser usado como la base de una nueva edición crítica de la Biblia hebrea que será publicada por la Universidad Hebrea en Jerusalén.

El manuscrito que se conoce con el nombre de *Códice Leningradensis,* que actualmente se encuentra guardado en la biblioteca pública de Leningrado, es muy importante como testimonio del texto Ben Asher. De acuerdo a una nota en dicho manuscrito, fue copiado en 1008 d.C. de textos que había escrito Aarón ben Moisés ben Asher. Puesto que el texto hebreo completo del Antiguo Testamento (el *Códice de Aleppo*) no estuvo a disposición de los eruditos en los comienzos del siglo pasado, el *Códice Leningradensis* se usó como la base textual para los textos populares hebreos de hoy: la *Biblia Hebraica,* editada por R. Kittel, y su revisión, la *Biblia Hebraica Stuttgartensia,* editada por K. Elliger y W. Rudolf.

Hay varios códices de manuscritos menos importantes que reflejan la tradición masorética: el *Códice de Petersburgo de los Profetas* y los *Códices Erfurt.* Había también una cantidad de manuscritos que ahora no existen, pero que los eruditos usaron en el período masorético. Uno de los más importantes es el *Códice Hillel,* que tradicionalmente se le atribuye al rabino Hillel ben Moisés ben Hillel alrededor de 600 d.C. Se decía que este códice era muy exacto y fue usado para la revisión de otros manuscritos. Los primeros masoréticos medievales citaron repetidamente lecturas de este códice. Los masoretas también citaron el *Códice Muga,* el *Códice Jericó* y el *Códice Jerushalmi,* que actualmente no existen. Es muy probable que estos manuscritos fueran ejemplos importantes de textos no puntados, es decir que no tenían los signos que indican las vocales, y que habían llegado a formar parte del consenso estandarizado en los primeros siglos d.C. Estos fueron los que proveyeron las herramientas para el trabajo de los masoretas de Tiberíades.

A pesar de la integridad de los manuscritos masoréticos de la Biblia hebrea, todavía queda un problema mayor para los críticos textuales del Antiguo Testamento. Los manuscritos masoréticos, a pesar de su antigüedad, fueron escritos entre un siglo y dos siglos después de sus autógrafos originales. Todavía se necesita descubrir testimonios más antiguos del texto hebreo antiguo que testifiquen la exactitud del Texto Masorético.

Los Rollos del Mar Muerto

Los testimonios antiguos más importantes de la Biblia hebrea son los textos que se descubrieron en Wadi Qumrán en las décadas de 1940 y 1950. (La palabra *wadi* es una palabra árabe que se usa para indicar el lecho de un río que está seco excepto en la estación de las lluvias.) Antes de los descubrimientos de Qumrán, los manuscritos hebreos más antiguos del Antiguo Testamento databan de alrededor de 900 d.C. Por lo tanto, la importancia mayor de los Rollos del Mar Muerto es el descubrimiento de manuscritos bíblicos que datan de unos trescientos años después de que se cerrara el canon del Antiguo Testamento. Esto los hace mil años más antiguos que los manuscritos más antiguos que hasta entonces conocían los eruditos bíblicos. Los textos que se encontraron en Wadi Qumrán fueron completados todos antes de que los romanos conquistaran Palestina en 70 d.C., y muchos fueron escritos bastante tiempo antes de ese evento. De entre los Rollos del Mar Muerto, el rollo de Isaías es el que ha recibido más publicidad, aunque la colección contiene fragmentos de todos los libros de la Biblia hebrea con la excepción del libro de Ester.

Debido a que el descubrimiento de los Rollos del Mar Muerto es muy importante para el criticismo textual del Antiguo Testamento, es apropiado hacer una breve historia y descripción de esos descubrimientos. Los manuscritos que ahora conocemos con el nombre de Rollos del Mar Muerto son una colección de manuscritos bíblicos y no bíblicos de Qumrán, una comunidad religiosa antigua cerca del Mar Muerto.

Antes de ese hallazgo en Qumrán, se habían encontrado muy pocos manuscritos en la Tierra Santa. Orígenes (siglo III d.C.), que fue uno de los padres de la iglesia primitiva, mencionó haber usado manuscritos griegos y hebreos que habían sido guardados en vasijas en unas cuevas cerca de Jericó. En el siglo IX d.C., Timoteo I, que fue uno de los patriarcas de la iglesia oriental, le escribió una carta a Sergio, arzobispo metropolitano de Elam, en la que también él se refiere a una gran cantidad de manuscritos que se encontraron en una cueva cerca de Jericó. Sin embargo, por más de mil años desde entonces, no se hizo ningún descubrimiento importante de manuscritos en ninguna cueva en esa región cercana al Mar Muerto.

Los rollos descubiertos en Wadi Qumrán   La historia de los Rollos del Mar Muerto, tanto la historia de cuando los ocultaron como la de cuando los descubrieron, suena como una aventura de misterio. Comenzó con una llamada telefónica la tarde del miércoles 18 de febrero de 1948, en la ciudad de Jerusalén, aquejada por disturbios. Butrus Sowmy, monje y bibliotecario del monasterio de San Marcos en la parte armenia de la Ciudad Antigua de Jerusalén, estaba llamando a John C. Trever, director interino de la organización American Schools of Oriental Research [Escuelas Americanas de Investigación Oriental] (ASOR). Sowmy había estado preparando un catálogo de una colección de libros raros del monasterio. Entre ellos encontró algunos rollos escritos en hebreo antiguo, los cuales dijo que habían estado en el monasterio desde hacía unos cuarenta años. ¿Podría ASOR proveerle alguna información para el catálogo?

Al día siguiente, Sowmy y su hermano llevaron una maleta que contenía cinco rollos o partes de rollos envueltos en un periódico árabe. Al desenrollar uno de los rollos, Trever descubrió que estaba escrito en escritura hebrea cuadrada y clara. Copió varias líneas de ese rollo, examinando cuidadosamente otros tres rollos, pero le fue imposible desenrollar el quinto porque era muy frágil. Después de que se fueran los sirios, Trever le relató la historia a William H. Brownlee, un colega de ASOR. Trever además notó de las líneas que había copiado del primer rollo que habían usado un doble negativo, que es una construcción gramatical inusual en hebreo. Además, la caligrafía hebrea de los rollos era más arcaica que nada que hubiera visto antes.

Luego Trever visitó el monasterio de San Marcos. Allí le presentaron al arzobispo sirio Atanasio José Samuel, quien lo autorizó para fotografiar los rollos. Trever y Brownlee compararon el estilo de escritura de los rollos con una fotografía del Papiro Nash, un rollo inscrito con los Diez Mandamientos y Deuteronomio 6:4, que los eruditos fechan en el siglo I ó II a.C. Los dos eruditos de ASOR concluyeron que la escritura del recientemente encontrado manuscrito pertenecía al mismo período. Cuando Millar Burrows, director de ASOR, regresó a Jerusalén desde Bagdad unos días después, le mostraron los rollos y los tres hombres continuaron la investigación. Sólo entonces fue que los sirios revelaron que los manuscritos habían sido comprados el año anterior, 1947, y que no habían estado en el monasterio cuarenta años como se había informado antes.

¿Cómo habían llegado los sirios a poseer los rollos? Antes de poder contestar esa pregunta, tuvieron que analizar mucha información fragmentaria. Durante el invierno de 1946–47, tres beduinos estaban cuidando su rebaño de ovejas y cabras cerca de un arroyo en la vecindad de Wadi Qumrán. Uno de los pastores tiró una piedra a través de una pequeña abertura en el acantilado, y oyó el ruido que hace una vasija de arcilla cuando se rompe. Más tarde, otro de los beduinos bajó a la cueva y encontró diez vasijas altas contra las paredes. Tres manuscritos (uno de ellos en cuatro pedazos) guardados en dos vasijas le fueron ofrecidos a un comerciante de antigüedades en la ciudad de Belén.

Varios meses después, los beduinos sacaron otros cuatro rollos de la cueva (uno de ellos en dos pedazos) y se los vendieron a otro comerciante de Belén. Durante la semana santa de 1947, el monasterio ortodoxo sirio de San Marcos de Jerusalén recibió la noticia de los cuatro rollos, y el arzobispo Atanasio José Samuel ofreció comprarlos. La venta no fue completada hasta julio de 1947, cuando el monasterio adquirió los cuatro rollos. Estos contenían un rollo completo de Isaías, un comentario sobre Habacuc, un rollo que contenía un manual de disciplina de la comunidad religiosa de Qumrán, y el Génesis Apocryphon (que originalmente se pensó que era el libro apócrifo de Lamec, pero que era una paráfrasis aramea del Génesis).

En noviembre y diciembre de 1947, un comerciante armenio en antigüedades en Jerusalén le informó al ahora fallecido E. L. Sukenik, profesor de arqueología de la Universidad Hebrea en Jerusalén, acerca de los primeros tres rollos que los beduinos habían encontrado en la cueva. Sukenik adquirió entonces los tres rollos y las dos vasijas del comerciante de antigüedades de Belén. Incluían un rollo incompleto de Isaías, los Himnos de Agradecimiento (que contenían doce columnas de salmos originales), y el Rollo de la Guerra. (Ese rollo, conocido también como la "Guerra de los Hijos de la Luz contra los Hijos de las Tinieblas," describe una guerra, real o espiritual, de las tribus de Leví, Judá y Benjamín contra los moabitas y los edomitas.)

El 1 de abril de 1948 apareció el primer comunicado de prensa en los periódicos alrededor del mundo, seguido por otro comunicado de prensa el 26 de abril, hecho por Sukenik, acerca de los manuscritos que ya había adquirido para la Universidad Hebrea. En 1949, Atanasio José Samuel llevó los cuatro rollos del monasterio de San Marcos a los Estados Unidos. Se exhibieron en diferentes lugares, y el 1 de julio de 1954, en la ciudad de Nueva York, el hijo de Sukenik los compró para la nación de Israel por un cuarto de millón de dólares, y los envió a la Universidad Hebrea de Jerusalén. En la actualidad se exhiben en el Museo del "Relicario del Libro" en la parte oeste de Jerusalén.

Debido a la importancia del descubrimiento inicial de los Rollos del Mar Muerto, tanto los arqueólogos como los beduinos continuaron buscando más manuscritos. En los primeros meses de 1949, G. Lankester Harding, director de antigüedades del Reino de Jordania, y Roland G. de Vaux, de la Dominic Ecole Biblique en Jerusalén, hicieron excavaciones en la cueva (designada cueva uno o 1Q) donde se realizó el descubrimiento inicial. Varios cientos de cuevas fueron exploradas ese mismo año. Hasta ahora se han encontrado tesoros en once cuevas de la región de Wadi Qumrán. Se han descubierto casi 600 manuscritos, de los cuales unos 200 contienen material bíblico. Los fragmentos encontrados son entre 50.000 y 60.000. Alrededor de 85 por ciento de los fragmentos son de cuero, y el resto son papiros. El hecho de que la mayoría de los manuscritos es de cuero ha contribuido al problema de su preservación.

La cueva que probablemente le sigue en importancia a la cueva uno es la cueva número cuatro (4Q), en la cual se han encontrado alrededor de 40.000 fragmentos de 400 manuscritos diferentes, 100 de los cuales son bíblicos. Todos los libros del Antiguo Testamento excepto el libro de Ester están representados.

Además de los manuscritos bíblicos, los descubrimientos han incluido obras apócrifas tales como fragmentos hebreos y arameos de Tobías, Eclesiástico y la Carta de Jeremías. También se encontraron fragmentos de libros pseudoepígrafos tales como 1 Enoc, el Libro de los Jubileos y el Testamento de Leví.

También se encontraron muchos rollos sectarios propios a la comunidad religiosa que vivía en Qumrán. Estos rollos proveen el trasfondo histórico sobre la naturaleza del judaísmo antes de Cristo, y ayudan a llenar los espacios en blanco que hay en la historia entre el Antiguo Testamento y el Nuevo Testamento. Uno de los rollos, el Documento de Damasco, había aparecido originalmente en el Cairo, pero ahora se han encontrado manuscritos de dicho documento en Qumrán. El Manual de Disciplina fue uno de los siete rollos de la cueva número uno. En otras cuevas se encontraron manuscritos fragmentarios de ese manual. Este documento describe los requisitos para entrar al grupo, además de los reglamentos que gobernaban la vida en la comunidad de Qumrán. Los Himnos de Agradecimiento incluyen unos treinta himnos, probablemente compuestos por una sola persona.

También había muchos comentarios sobre diferentes libros del Antiguo Testamento. El Comentario de Habacuc era una copia en hebreo de los dos primeros capítulos de Habacuc, acompañada por un comentario versículo por versículo. Este comentario provee muchos detalles acerca de una figura apocalíptica llamada el "Maestro de Justicia," quien es perseguido por un sacerdote malvado.

Un hallazgo muy singular fue descubierto en la cueva número tres (3Q) en 1952. Fue un rollo de cobre, que medía unos 2,4 m de largo y 30,5 cm de ancho. Debido a que era muy quebradizo, no fue abierto hasta 1966, y entonces sólo se pudo abrir cortándolo en tiras. Contenía un inventario de unas sesenta localidades donde se habían escondido tesoros de oro, plata e incienso. Los arqueólogos todavía no han podido encontrar nada de dicho tesoro. Esa lista podría haber sido de los tesoros del templo de Jerusalén, y es posible que los zelotes (un partido político revolucionario judío) la hayan ocultado en esa cueva durante la lucha contra los romanos en los años 66–70 d.C.

Durante la guerra de los seis días en junio de 1967, el hijo de Sukenik, Yigael Yadin de la Universidad Hebrea, adquirió un documento de Qumrán llamado el Rollo del Templo. Ese documento, que fue enrollado muy apretadamente, mide unos 8,5 m y es el rollo más largo que se haya encontrado hasta ahora en la zona de Qumrán. Gran parte de él está dedicado a los estatutos de los reyes y a asuntos de defensa. También describe fiestas de sacrificios y reglas de limpieza. Casi la mitad del rollo provee instrucciones detalladas sobre la construcción del futuro templo, que supuestamente Dios le había revelado al autor del rollo.

Los rollos descubiertos en Wadi Murabba'at   En 1951, los beduinos descubrieron más manuscritos en cuevas de Wadi Murabba'at, zona que se extiende desde la parte sudeste de Belén hacia el Mar Muerto, cerca de unos diecisiete kilómetros al sur de Qumrán. Bajo la dirección de Harding y de Vaux, se excavaron cuatro cuevas allí en 1952. Además de encontrar documentos bíblicos, se encontraron otros materiales importantes tales como cartas y monedas del tiempo de la segunda revuelta judía bajo Bar Kochba en los años 132–135 d.C. Entre los manuscritos bíblicos había un texto hebreo de los profetas menores que databa del siglo II d.C. Este manuscrito corresponde casi a la perfección con el Texto Masorético, dando a entender que para el siglo II, un texto estándar de consonantes ya estaba siendo formado. También en la localidad de Wadi Murabba'at se encontraron fragmentos del Pentateuco (los cinco libros de Moisés) e Isaías.

El valor de los Rollos del Mar Muerto   Aparte de los Rollos del Mar Muerto, casi no existen testimonios del Antiguo Testamento hebreo que hayan sido escritos, en realidad, en lengua hebrea. Debido a esto, tal vez los Rollos del Mar Muertos sean uno de los descubrimientos arqueológicos más importantes que jamás se hayan hecho. Nos llevan mil años atrás a la historia del Antiguo Testamento hebreo, dándonos la habilidad para evaluar otros testimonios antiguos con mayor entendimiento.

Los libros del Antiguo Testamento que están más representados entre los Rollos del Mar Muerto son Génesis, Éxodo, Deuteronomio, Salmos e Isaías. El texto más antiguo es un fragmento del Éxodo que data de alrededor de 250 a.C. El rollo de Isaías data de alrededor de 100 a.C. Estos testimonios antiguos sólo confirman la exactitud del Texto Masorético y el cuidado con el que los escribas judíos trataban las Escrituras. Excepto por unas pocas veces en las cuales la ortografía y la gramática difieren entre los Rollos del Mar Muerto y el Texto Masorético, los dos son sorprendentemente similares. Las diferencias no ameritan ningún cambio importante en el contenido del Antiguo Testamento. Estos descubrimientos están ayudando a los eruditos bíblicos a obtener una comprensión más clara del texto en un tiempo más antiguo de su historia y desarrollo.

El Papiro Nash

Antes del descubrimiento de los Rollos del Mar Muerto, el testimonio hebreo más antiguo al Antiguo Testamento era el Papiro Nash. En 1902, W. L. Nash adquirió este manuscrito en Egipto y lo donó a la biblioteca de la Universidad de Cambridge. Este documento contiene una copia dañada de los Diez Mandamientos (Éxodo 20:2-17), parte de Deuteronomio 5:6-21, y también la *Shema* (Deuteronomio 6:4 y siguientes). Esta es, claramente, una colección de pasajes devocionales y litúrgicos que ha sido fechada en el mismo período que los Rollos del Mar Muerto, entre los años 150 a.C. y 68 d.C.

Los fragmentos de la genizá del Cairo

Casi a fines del siglo XIX se encontraron muchos fragmentos de los siglos VI a VIII en una vieja sinagoga del Cairo, Egipto, que había sido la Iglesia de San Marcos hasta 882 d.C. Fueron encontrados en una genizá, un cuarto tipo depósito donde se guardaban los manuscritos que estaban muy gastados, o que contenían errores, hasta que pudieran deshacerse de ellos de forma apropiada. Aparentemente, esta genizá había sido encerrada entre paredes y fue olvidada hasta su reciente descubrimiento. En ese pequeño cuarto se habían preservado unos 200.000 fragmentos, incluyendo textos bíblicos en hebreo y en arameo. El hecho de que los fragmentos bíblicos datan del siglo V d.C. los hace invalorables por haber arrojado luz al desarrollo del trabajo de los masoréticos antes de la estandarización instituida por los grandes masoretas de Tiberíades.

El Pentateuco Samaritano

No hay acuerdo sobre la fecha exacta en que la comunidad samaritana se separó de la mayoría de la comunidad judía. Pero en algún momento durante el período del post-exilio (alrededor de 540–100 a.C.), se marcó una clara división entre los samaritanos y los judíos. En ese momento, los samaritanos, que sólo aceptaban el Pentateuco como canónico, aparentemente canonizaron su propia versión de la Escrituras.

Una copia del Pentateuco Samaritano cautivó la atención de los eruditos en 1616. Al principio causó mucho interés, pero muchos de las evaluaciones de su valor para el criticismo textual fueron negativos. Se diferenció del Texto Masorético en unos seis mil lugares, y muchos dijeron que este era el resultado de las diferencias sectarias entre los samaritanos y los judíos. Algunos lo vieron simplemente como una revisión sectaria del Texto Masorético.

Sin embargo, después de estudios más profundos, quedó claro que el Pentateuco Samaritano representaba un texto de origen mucho más antiguo que el Texto Masorético. Y aunque unas cuantas de las diferencias del Pentateuco Samaritano eran claramente el resultado de asuntos sectarios, la mayoría de las diferencias era neutrales en ese aspecto. Muchas de ellas tenían más que ver con escribir el texto en un idioma más popular que con alterar su significado. El hecho de que el Pentateuco Samaritano tenía mucho en común con la Septuaginta, algunos de los Rollos del Mar Muerto y el Nuevo Testamento reveló que la mayor parte de las diferencias con el Texto Masorético no se debían a diferencias sectarias. Lo más probable es que hayan sido por usar una base textual diferente, la cual es posible que fuera ampliamente usada en el antiguo Cercano Oriente hasta mucho después del tiempo de Cristo. Esta conclusión, aunque no resolvió ningún problema, hizo mucho para ilustrar la complejidad de la tradición textual del Antiguo Testamento que existía antes de que el estándar masorético fuera completado.

La Septuaginta (LXX)

La Septuaginta es la traducción griega más antigua del Antiguo Testamento, cuyo testimonio es mucho más antiguo que el del Texto Masorético. De acuerdo a la tradición, el Pentateuco de la Septuaginta fue traducido por un equipo de setenta eruditos en Alejandría, Egipto. (De ahí su designación común LXX, el número romano para 70.) La comunidad judía en Egipto hablaba griego y no hebreo, así que esa comunidad de judíos necesitaba una traducción griega del Antiguo Testamento. No se sabe la fecha exacta de la traducción, pero la evidencia indica que el Pentateuco de la Septuaginta estaba completo en el siglo III a.C. El resto del Antiguo Testamento probablemente fue traducido en un período largo, que obviamente representa el trabajo de muchos eruditos diferentes.

El valor de la Septuaginta al criticismo textual varía ampliamente de libro a libro. Se puede decir que la Septuaginta no es una sola versión, sino una colección de versiones hecha por varios autores, quienes diferían grandemente en sus métodos y en su conocimiento del hebreo. Las traducciones de los libros individuales no son uniformes. Muchos libros son traducidos casi literalmente, mientras que otros, como Job y Daniel, son bastante dinámicos. Así que el valor de cada libro para el criticismo textual debe ser considerado sobre la base de un libro por vez. Los libros que fueron traducidos literalmente son mucho más fáciles de comparar con el Texto Masorético que los libros más dinámicos.

El contenido de algunos libros es significativamente diferente cuando se compara la Septuaginta con el Texto Masorético. Por ejemplo, al libro de Jeremías de la Septuaginta le faltan porciones importantes que se encuentran en el Texto Masorético, y también el orden del texto es significativamente diferente. Es difícil saber con certeza lo que en realidad significan esas diferencias. Se han hecho conjeturas de que la Septuaginta es simplemente una traducción no muy buena, y que por lo tanto le faltan porciones del hebreo original. Pero esas mismas diferencias podrían también indicar que los cambios editoriales y agregados fueron siendo incorporados al Texto Masorético durante la larga historia de su desarrollo. Es también posible que hubiera una cantidad de tradiciones textuales válidas en ese tiempo, y la Septuaginta siguió una de ellas, y el Texto Masorético siguió otra. Esto ilustra algunas de las dificultades que se presentan cuando se hace el criticismo textual del Antiguo Testamento.

La Septuaginta era el texto estándar del Antiguo Testamento que se usaba en la iglesia primitiva. La iglesia gentil en crecimiento necesitaba una traducción al lenguaje común de aquel tiempo, que era el griego. Para el tiempo de Cristo, aun entre los judíos, la mayoría de las personas no hablaba hebreo, sino que hablaba arameo y griego. Los escritores del Nuevo Testamento evidencian su inclinación por la Septuaginta porque la usan cuando hacen citas del Antiguo Testamento.

Otras versiones griegas

Debido al uso y a la amplia aceptación que los cristianos hacían de la Septuaginta, los judíos la rechazaron a favor de varias otras versiones griegas. Aquila, un prosélito y discípulo del rabino Akiva, produjo una nueva traducción alrededor de 130 d.C. Siguiendo la manera de pensar de su maestro, Aquila escribió una traducción extremadamente literal, a tal punto que a veces no se comunicaba bien en griego. Sin embargo, este enfoque literal logró que esa versión tuviera amplia aceptación entre los judíos. Sólo fragmentos de ella han sobrevivido, pero su naturaleza literal revela mucho acerca de su base textual hebrea.

Símaco produjo una nueva versión alrededor de 170 d.C., diseñada no sólo para ser exacta, sino también para comunicarse correctamente en griego. Su versión sólo ha sobrevivido en forma de unos pocos fragmentos de la *Hexapla*. Teodoción, un judío prosélito de fines del siglo II d.C., produjo una tercera versión. Su versión, aparentemente, fue una revisión de una versión anterior, tal vez la Septuaginta. De ella sólo quedan unos pocos fragmentos en citas hechas por los cristianos de la iglesia primitiva, aunque en su época fue muy usada.

Orígenes, el teólogo cristiano, arregló el Antiguo Testamento con seis versiones paralelas para comparación en su *Hexapla*. En ella incluyó el texto hebreo, la transliteración del hebreo al griego, la versión de Aquila, la de Símaco, la Septuaginta y la de Teodoción. Desafortunadamente, esta maravillosa compilación sólo ha sobrevivido en la forma de unos pocos fragmentos. Otras traducciones griegas que menciona Orígenes, y que de otra forma no conoceríamos, son la *Quinta*, la *Sexta* y la *Septima*.

Los tárgumes arameos

Los tárgumes arameos eran traducciones arameas del Antiguo Testamento hebreo. Puesto que el idioma que hablaban los judíos después del exilio fue el arameo y no el hebreo, se presentó la necesidad de traducciones arameas de la Biblia hebrea. El hebreo continuó siendo la lengua de los círculos eruditos religiosos, y a menudo los líderes religiosos menospreciaban las traducciones hechas para la gente común. Pero con el tiempo, la lectura de las Escrituras y de comentarios en arameo llegó a ser una práctica aceptada en las sinagogas.

El propósito de estas traducciones era que el mensaje le llegara a la gente y la edificara. Por eso es que las traducciones eran extremadamente interpretativas. Los traductores parafraseaban, agregaban glosas explicativas y a menudo reinterpretaban el texto con osadía de acuerdo a las tendencias teológicas de su tiempo. Buscaban relacionar el texto de la Biblia con la vida contemporánea y las circunstancias políticas. Debido al enfoque dinámico evidente en estas traducciones, su uso en el criticismo textual es limitado, pero se agregan a la mezcla confusa de evidencia que debe ser recolectada y comparada para reconstruir el texto del Antiguo Testamento.

La versión siríaca

Otra versión digna de mencionar es la versión siríaca. Esta versión se usaba comúnmente en la iglesia de Siria (arameo oriental), quienes la llamaban la Peshitta, que quiere decir "la simple o sencilla." Es difícil discernir lo que quisieron decir con este nombre. Puede indicar que tuvo la intención de ser para que la leyera el pueblo, o que evitó agregar glosas de explicación u otros agregados, o tal vez que no era un texto con anotaciones, como lo era la Syro-Hexapla anotada que se usaba en la misma comunidad.

No se conoce la historia literaria de la versión siríaca, aunque queda claro que es compleja. Algunos la han identificado como la reconstrucción del tárgum arameo escrito en siríaco, mientras que otros afirman que tiene un origen más independiente. Algunos la relacionan a la conversión de los líderes de Adiabene (al este del río Tigris) a la fe judía durante el siglo I d.C. La necesidad que tenían de un Antiguo Testamento pudo haber llevado al desarrollo de una versión en su idioma corriente —el siríaco. Todavía otros dicen que esta versión tiene orígenes cristianos. Y algunas versiones posteriores a la Peshitta complican el asunto aún más. Se necesitan más estudios para determinar la naturaleza de esta versión antes de que pueda proporcionar más luz en cuanto a la historia del texto hebreo.

Las versiones latinas

El latín era un idioma muy común en las regiones occidentales del Imperio Romano mucho antes del tiempo de Cristo. Fue en las regiones del sur de Gaul (del latín Gallia) y del norte del África que aparecieron las primeras traducciones de la Biblia en latín. Alrededor de 160 d.C., Tertuliano aparentemente usó una versión latina de las Escrituras. No mucho tiempo después de eso, el texto latino antiguo parece haber estado en circulación, evidenciado por el uso que hizo de él Cipriano antes de su muerte en 258 d.C. Esta versión Latina Antigua fue traducida de la Septuaginta. Debido a que fue una versión temprana, es muy valiosa como testimonio del texto de la Septuaginta, antes de que editores posteriores oscurecieran el texto de la versión original. En forma indirecta también provee claves en cuanto a la naturaleza del texto hebreo en el tiempo de la traducción de la Septuaginta. No han sobrevivido manuscritos completos de la versión Latina Antigua. Después de que Jerónimo completara la versión latina llamada la Vulgata, el otro texto cayó en desuso. Sin embargo, existen suficientes fragmentos de manuscritos de esta versión para proporcionar información significativa al texto primitivo del Antiguo Testamento.

Alrededor del siglo III d.C., el latín comenzó a reemplazar al griego como la lengua de erudición en el gran mundo romano. Se necesitaba con urgencia un texto uniforme y confiable para el uso teológico y litúrgico. Para llenar esta necesidad, el papa Dámaso I (366–384 d.C.) comisionó a Jerónimo, un brillante erudito en latín, griego y hebreo, a que llevara a cabo esta traducción. Jerónimo comenzó su trabajo como una traducción de la Septuaginta griega, que muchos autores, incluyendo Agustín, consideraban inspirada. Pero más tarde, arriesgando mucho criticismo, se volvió para su traducción al texto hebreo que estaba siendo usado en Palestina en aquel tiempo. Durante los años entre 390 y 405 d.C., Jerónimo escribió su traducción latina del Antiguo Testamento hebreo. Sin embargo, a pesar de que Jerónimo volvió al hebreo original, dependió grandemente de varias versiones griegas como ayuda en su traducción. Como resultado, la Vulgata refleja las otras traducciones griegas y latinas tanto como el texto hebreo fundamental. El valor de la Vulgata para el criticismo textual es su testimonio pre-masorético a la Biblia hebrea, aunque este estaba comprometido grandemente por la influencia de las traducciones griegas que ya existían entonces.

Varias otras versiones

Hay otras varias versiones antiguas. La mayoría de ellas dependía principalmente de la Septuaginta, incluyendo las versiones cópticas de Egipto y las versiones etiópicas relacionadas de Etiopía. Estas son valiosas como testimonios tempranos de la Septuaginta. La versión armenia usó la Peshitta siríaca como su texto base y podría prestar información significativa con respecto a su desarrollo. Después del surgimiento del islam y la propagación del idioma árabe a través de mucho del Cercano Oriente, se hicieron traducciones en árabe para una población arábica en crecimiento. La traducción al árabe también tomó como base a la Septuaginta, pero la tardanza con la que se hicieron estas traducciones (alrededor de 900 d.C.) las hace de poco valor para el criticismo textual del Antiguo Testamento.

Citas patrísticas

Se puede obtener evidencia textual adicional de las citas de los escritores tempranos conocidos como los padres de la iglesia. El alcance de esas citas, que abarca la mayor parte del Nuevo Testamento, así como algunas partes del Antiguo Testamento, provee evidencia en cuanto a la historia de la transmisión de variadas lecturas y tipos de texto.

LA TRANSMISIÓN DEL ANTIGUO TESTAMENTO

La reconstrucción de la historia de la transmisión del texto es un elemento importante al evaluar las variantes en las lecturas. Se debe combinar el material de una gran variedad de fuentes aun para llegar a una reconstrucción tentativa del texto. A continuación se presenta un breve bosquejo de opiniones eruditas.

La historia antigua del texto del Antiguo Testamento —como se refleja en los Rollos del Mar Muerto, en el Pentateuco Samaritano, la Septuaginta y el texto hebreo antiguo— muestra una fluidez y una diversidad notables. Es evidente que el proceso de estandarización no comenzó en las primeras etapas. Por ejemplo, los materiales de la comunidad de Qumrán, donde se encontraron los Rollos del Mar Muerto, no reflejan ninguna frustración con los diferentes textos dentro de dicha comunicad.

Algunos eruditos han intentado explicar esa diversidad usando las teorías de los textos locales. Sus teorías son que varias localidades en el Cercano Oriente (por ejemplo, Babilonia, Palestina y Egipto) tenían tipos de textos diferentes, como se refleja en varios textos y versiones hebreas que han sobrevivido. Otros eruditos explican esta diversidad reconociendo una fluidez pre-canónica. Sienten que hasta que el proceso de la canonización estuvo completo, la reproducción exacta de los manuscritos no era vista como muy importante. Se debería notar, sin embargo, que el texto básico que los eruditos modernos han identificado como el más cercano al original estaba entre los textos del Mar Muerto (por ejemplo, el rollo grande de Isaías).

La destrucción del templo en 70 d.C. proveyó un ímpetu a la estandarización del texto consonántico. Los textos que se encontraron en Wadi Murabba'at, que fueron copiados durante los primeros siglos d.C., reflejan la nueva etapa. Los eruditos que informaron primero sobre el descubrimiento estuvieron desilusionados al encontrar muy pocas diferencias entre estos textos y el Texto Masorético estándar. Para los eruditos, los primeros textos de los descubrimientos de los Rollos del Mar Muerto habían llegado a ser el texto consonántico modelo, excluyendo las otras variantes. Los eruditos ahora han llegado a identificar los textos apenas posteriores de Wadi Murabba'at como un modelo "proto-masorético."

Esto parece indicar que el texto consonántico hebreo estaba llegando a ser la norma en Palestina para los primeros siglos d.C.

La estandarización, según la practicaban los masoretas, significaba identificar un texto como normativo y copiar cuidadosamente de ese texto. También era corregir los textos que existían comparándolos con el texto normativo. El texto hebreo, por supuesto, estaba escrito usando sólo consonantes, no con consonantes y vocales como usamos en nuestro idioma actual.

El siguiente paso en la transmisión del texto del Antiguo Testamento fue la estandarización de la puntuación y los patrones de las vocales. Este proceso, que comenzó bastante temprano en el período del Nuevo Testamento, abarcó un período de mil años. Una larga serie de masoretas proveyó anotaciones conocidas como Mesorá, palabra que en hebreo significa "tradición." En su trabajo se hacen evidentes dos motivaciones. Una fue su preocupación por hacer una reproducción exacta del texto consonántico. Para ese propósito, una colección de anotaciones (sobre formas irregulares, patrones anormales, el número de veces que se usaba una palabra y otros asuntos) se recopiló e insertó en los márgenes o al final del texto.

Una segunda preocupación de los masoretas fue registrar y estandarizar la vocalización del texto consonántico para los propósitos de su lectura. Hasta ese entonces, a los escribas se les había prohibido insertar vocales para hacer clara la vocalización. Debido a esto, una lectura apropiada del texto dependía de la tradición oral pasada de generación a generación. Los orígenes de la vocalización reflejan diferencias entre los babilonios y los palestinos. Los masoretas tiberianos (eruditos que trabajaban en Tiberíades, Palestina) proveyeron el sistema más completo y exacto de vocalización. Su primer manuscrito de esa tradición es un códice de los Profetas, de la sinagoga Caraíta del Cairo, con la fecha 896 d.C. En la actualidad, el texto hebreo estándar del Antiguo Testamento, la *Biblia Hebraica Stuttgartensia,* una versión actualizada de la *Biblia*

Hebraica de Kittel, ha sido formado sobre la base de la tradición masorética tiberiana. La estandarización de ambos, el texto consonántico y la vocalización, tuvo tanto éxito que los manuscritos que todavía existen despliegan un acuerdo notable. La mayoría de las variantes, que son pequeñas y que se atribuyen a errores de los escribas, no afecta la interpretación.

LA METODOLOGÍA DEL CRITICISMO TEXTUAL DEL ANTIGUO TESTAMENTO

La búsqueda de una metodología adecuada para manejar las muchas lecturas variantes que se encuentran en los manuscritos está entretejida inseparablemente con nuestro entendimiento sobre la historia de la transmisión. El asunto básico del criticismo textual es el método que se usa para decidir el valor relativo de esas variantes en los materiales. Se deben evaluar muchos factores para llegar a una decisión válida.

Cómo se fechan los manuscritos

La fecha de un manuscrito es importante porque coloca el texto dentro de un marco histórico, lo cual es un factor que puede decidir a menudo la supremacía de una variante sobre otra. El proceso de fechar los Rollos del Mar Muerto, que se encontraron en Wadi Qumrán, sirve como un buen caso de estudio para los distintos métodos que los eruditos emplean actualmente.

No todos aceptaron las primeras conclusiones acerca de la antigüedad de los primeros Rollos del Mar Muerto. Algunos eruditos estaban convencidos de que los rollos eran de origen medieval. Una serie de preguntas se relacionan al problema de fechar. ¿Cuándo fueron escritos los textos de Qumrán? ¿Cuándo fueron puestos en las cuevas? La mayoría de los eruditos cree que fueron miembros de la comunidad de Qumrán los que los colocaron en las cuevas cuando las legiones romanas estaban atacando las fortalezas judías. Eso fue un poco antes de la destrucción de Jerusalén en 70 d.C.

Un estudio cuidadoso del contenido de un documento a veces revela su paternidad literaria y la fecha en que fue escrito. Un ejemplo del uso de tal *evidencia interna* para fechar un trabajo no bíblico se encuentra en el comentario de Habacuc. Esta obra provee pistas acerca de la gente y de los eventos en los días del autor del comentario y no en los días del profeta Habacuc. El comentarista describe a los enemigos del pueblo de Dios usando el término *Kittim*. Originalmente esa palabra designaba a Chipre, pero más tarde se usó en forma más general para designar a las islas griegas y a las costas del este del Mediterráneo. En Daniel 11:30, el término se usa en forma profética, y la mayoría de los eruditos parece identificar *Kittim* con los romanos. Así que es probable que el comentario de Habacuc haya sido escrito alrededor del tiempo cuando los romanos tomaron Palestina bajo el reinado de Pompeyo en 63 a.C.

Otro asunto importante para considerar cuando se fecha un manuscrito es la fecha de la copia. Aunque la gran mayoría de los manuscritos no está fechada, a menudo es posible determinar cuándo se escribió un manuscrito por la paleografía, es decir, el estudio de la escritura antigua a mano. Ese fue el método que al principio empleó Trever cuando comparó la letra del manuscrito de Isaías con el Papiro Nash, así fechándolos en la era antes de Cristo. Sus conclusiones fueron confirmadas por el ya fallecido William F. Albright, que en aquel entonces era el principal arqueólogo norteamericano. Durante el tiempo de la cautividad babilónica, las letras cuadradas eran el estilo normal de la escritura en hebreo (al igual que en arameo, un primo del hebreo). La evidencia de la paleografía fecha con claridad a la mayoría de los rollos de Qumrán en el período comprendido entre los años 200 a.C. y 200 d.C.

La arqueología provee otra clase de evidencia externa. Las vasijas descubiertas en Qumrán datan del período helenístico tardío y del período romano temprano (200 a.C.–100 d.C.). Los objetos de alfarería y ornamentos señalan al mismo período. Se encontraron varios cientos de monedas en vasijas que datan del período grecorromano.

Una fisura en uno de los edificios se atribuye a un terremoto que, de acuerdo a Josefo (un historiador judío que escribió durante el siglo I d.C.), ocurrió en 31 a.C. Las excavaciones en Kirbet Qumrán indican que el período general de su ocupación fue desde 135 a.C. a 68 d.C., el año en que Roma aplastó la revuelta zelote.

Finalmente, el análisis que usa el método del radiocarbono ha contribuido a ponerle fecha a los descubrimientos. Este tipo de análisis es un método en que se fecha un material por la cantidad de carbono radioactivo que todavía permanece en él. El proceso también se conoce como el método del carbono 14. Cuando se le aplicó a la tela de lino en la que estaban envueltos los rollos, el análisis dio una fecha de 33 d.C., con una diferencia posible de 200 años más o menos. Un análisis más reciente colocó la fecha entre los años 250 a.C. y 50 d.C. Aunque puede haber preguntas en cuanto a la relación entre los envoltorios de lino y la fecha de los rollos mismos, el método del carbono 14 está de acuerdo con las conclusiones de tanto la paleografía como la arqueología. Entonces, el período general para fechar los Rollos del Mar Muerto puede ser indicado con seguridad entre los años 150 a.C. y 68 a.C.

La lectura de los manuscritos

La ciencia moderna ha provisto una cantidad de ayudas para descifrar un manuscrito. Los procesos científicos de adjudicar fechas determinan la edad de un material escrito. Las técnicas químicas ayudan a aclarar escritura que se ha deteriorado. La luz ultravioleta ayuda a un erudito a ver vestigios de tinta (carbón) en un manuscrito aún después que la escritura en su superficie ha sido borrada.

Cada manuscrito debe ser entendido como un todo, porque cada uno tiene una "personalidad." Es importante identificar los errores característicos, el cuidado o descuido característico, y otras peculiaridades del escriba o de los escribas que copiaron el material. Entonces se debe comparar el manuscrito con otros manuscritos para identificar la tradición "familiar" con la cual coincide. Cuando se repiten errores comunes o hay insertos en un texto, existe una pista en cuanto a las relaciones. Se deben establecer todos los detalles posibles en cuanto a la fecha, el lugar de origen y la paternidad literaria.

Los errores de los escribas caen en diferentes categorías. La primera categoría principal es la de los *errores involuntarios.* (1) La confusión de consonantes similares y la transposición de dos consonantes son errores frecuentes. (2) Algunas corrupciones también fueron el resultado de separar las sílabas de una palabra incorrectamente (muchos de los primeros manuscritos omitieron los espacios entre las palabras para ahorrar espacio). (3) La confusión de sonidos ocurría principalmente cuando un escriba leía a un grupo de escribas que estaban haciendo copias múltiples. (4) En el Antiguo Testamento, el método de vocalización (agregarle vocales al texto de consonantes) creó algunos errores. (5) La omisión de una letra, palabra o frase creó nuevas interpretaciones. (6) También era común la repetición de una letra, palabra o aun una frase completa. La omisión (llamada haplología) o la repetición (llamada ditografía) podían ser causadas cuando la vista de un escriba pasaba de una palabra a otra similar o a la terminación de una palabra. Las omisiones por *homoioteleuton* (en griego significa "terminaciones similares") también eran bastantes comunes. Esto ocurría cuando dos palabras que eran idénticas, similares o tenían terminaciones idénticas se encontraban próximas, y la vista del copista pasaba de la primera a la segunda, omitiendo las palabras que había entremedio. (7) En el Antiguo Testamento, en algunos textos antiguos, a veces ocurrieron errores por usar consonantes en vez de letras vocales. Los copistas que no sabían este uso de letras vocales podían copiarlas en forma de consonantes aberrantes. Por lo general, los errores involuntarios son bastante fáciles de identificar porque crean una lectura que no tiene sentido.

Los *errores intencionales* son mucho más difíciles de identificar y de evaluar. Las armonizaciones de materiales similares ocurrían con regularidad. Los materiales difíciles estaban sujetos a mejoras a manos de un escriba pensador. Las expresiones que podían presentar objeción a veces eran eliminadas o suavizadas. En ocasiones se empleaban sinónimos. A menudo aparece la fusión (el resolver una discrepancia entre dos temas variantes incluyéndolos a los dos).

El estar consciente de estos problemas comunes es el primer paso para descubrir y eliminar los errores más obvios, e identificar y eliminar las peculiaridades de un escriba en particular. A continuación se deben emplear criterios más sutiles para identificar el material que es más probable que sea original. Los procedimientos para aplicar tales criterios son similares tanto para el trabajo en el Antiguo Testamento como en el Nuevo Testamento.

Principios metodológicos generales

Por medio del trabajo de los críticos textuales en los últimos siglos se han deducido ciertos principios generales. Estos pueden ser resumidos brevemente para el Antiguo Testamento.

1. El texto básico para la consideración principal es el Texto Masorético, debido a la cuidadosa estandarización que representa. Ese texto se compara con el testimonio de las versiones antiguas. La Septuaginta, debido a su fecha, y a su fidelidad básica al texto hebreo, tiene mucho peso en todas las decisiones. Los tárgumes (las traducciones arameas) también reflejan la base hebrea, pero exhiben una tendencia a la expansión y a la paráfrasis. Las versiones siríaca (Peshitta), Vulgata (latín), Latina Antigua y cóptica agregan evidencia indirecta, aunque las traducciones no siempre son testimonios claros en los detalles técnicos. El uso de tales versiones permite a los eruditos usar la filología comparativa en las decisiones textuales, y de esa forma exponer errores tempranos por los cuales es posible que el material original no haya perdurado.

2. Es preferible la lectura que explica mejor el origen de otras variantes. A menudo, la información de la reconstrucción de la historia de la transmisión provee claves adicionales. El conocimiento de errores típicos de los escribas permite al crítico tomar una buena decisión sobre la secuencia de las variantes.

3. La versión más corta es la preferible. Con frecuencia los escribas agregaban material para resolver problemas de estilo o de sintaxis, y muy pocas veces acortaban o condensaban el material.

4. Es muy posible que el material más difícil de leer sea el original. Este principio se relaciona estrechamente con el tercero. Los escribas no tenían la intención de crear materiales más complejos. Por lo tanto, se sospecha que el material más fácil de leer sea la alteración de un escriba.

5. Se prefieren los materiales que no están armonizados o asimilados en pasajes similares. Los copistas tenían la intención de corregir los materiales basándose en material similar en otros lugares (algunas veces aun inconscientemente).

6. Cuando todo lo demás falla, el crítico textual debe recurrir a la enmienda conjetural. Para hacer una suposición bien fundada se requiere estar muy empapado del lenguaje hebreo, familiaridad con el estilo del autor y entender la cultura, las costumbres y la teología que puede darle color al pasaje. El uso de la conjetura debe estar limitado a esos pasajes en los cuales el material original definitivamente no nos ha sido transmitido.

CONCLUSIÓN

Debe recordarse que el criticismo textual sólo opera cuando son posibles dos o más interpretaciones para una palabra o frase específica. Para la mayor parte del texto bíblico se ha transmitido una sola interpretación. Cuando eliminamos los errores de los escribas y los cambios intencionales, nos queda sólo un pequeño porcentaje de texto sobre el cual pueden surgir preguntas. El erudito textual Sir Frederic Kenyon, en un escrito de 1940, concluyó:

> El intervalo entre las fechas de la composición original y la evidencia exacta más temprana llega a ser tan pequeño que de hecho es insignificante, y la última base para cualquier duda de que las Escrituras nos hayan llegado en su contenido tal como fueron escritas ha sido removida. Tanto la *autenticidad* como la *integridad general* de los libros del Nuevo Testamento pueden ser consideradas como finalmente establecidas.

Se expresa una confianza similar en el texto del Antiguo Testamento.

El campo del criticismo textual es complejo y requiere la reunión y el uso hábil de una amplia variedad de información. Debido a que trata con la fuente autoritativa de la revelación para todos los cristianos, la discusión textual a menudo ha sido acompañada por las emociones.

Sin embargo, a pesar de la controversia se ha realizado gran progreso, particularmente en los últimos cien años. El refinamiento de la metodología ha ayudado grandemente a que entendamos mejor los materiales acumulados. La ayuda adicional nos ha llegado de la gran cantidad de información de las áreas de estudio relacionadas, tales como la historia de la iglesia, la teología bíblica y la historia del pensamiento cristiano.

La recolección y organización de las lecturas variantes han permitido a los críticos textuales modernos proporcionar una fuerte seguridad de que la Palabra de Dios ha sido transmitida en una forma exacta y confiable. Aunque interpretaciones discrepantes se han hecho evidentes con la publicación de tantos manuscritos, las interpretaciones inadecuadas, inferiores y secundarias, en gran parte, han sido eliminadas. En muy pocos lugares es necesaria la enmienda conjetural. En asuntos relacionados con la salvación cristiana, la transmisión clara e inequívoca provee respuestas autoritativas. Es así que los cristianos tienen una deuda con los críticos textuales, los que han trabajado, y están trabajando, para proveer un texto bíblico confiable.

BIBLIOGRAFÍA

Brownlee, W. H. *The Meaning of the Qumran Scrolls for the Bible [Lo Que Significan los Rollos de Qumrán para la Biblia]*, 1964.

Burrows, M. *The Dead Sea Scrolls [Los Rollos del Mar Muerto]*, 1956; y *More Light on the Dead Sea Scrolls [Más Luz sobre los Rollos del Mar Muerto]*, 1958.

Cross, F. M. *The Ancient Library of Qumran and Modern Biblical Studies [La Biblioteca Antigua de Qumrán y los Estudios Bíblicos Modernos]*, 1961.

Cross, F. M., y S. Talmon, editores. *Qumran and the History of the Biblical Text [Qumrán y la Historia del Texto Bíblico]*, 1975.

Fitzmeyer, J. A. *The Dead Sea Scrolls: Major Publications and Tools [Los Rollos del Mar Muerto: Publicaciones y Herramientas Mayores]*, 1975.

Kenyon, Frederic G. *Our Bible and the Ancient Manuscripts [Nuestra Biblia y los Manuscritos Antiguos]* (edición revisada), 1958.

LaSor, W. S. *Bibliography of the Dead Sea Scrolls [Bibliografía de los Rollos del Mar Muerto]*, 1958.

Milik, J. T. *Ten Years of Discovery in the Wilderness of Judaea [Diez Años de Descubrimiento en el Desierto de Judea]*, 1959.

Vaux, R. de. *Archaeology and the Dead Sea Scrolls [El Arqueología y los Rollos del Mar Muerto]*, 1973.

Vermes, G. *The Dead Sea Scrolls in English [Los Rollos del Mar Muerto en Inglés]*, 1975.

Waltke, Bruce K. y M. O'Connor. *Biblical Hebrew Syntax [El Sintaxis del Hebreo Bíblico]*, 1990.

Wurthwein, Ernst. *The Text of the Old Testament [El Texto del Antiguo Testamento]*, 1979.

Nota: Algunos materiales de este ensayo fueron adaptados de artículos no publicados escritos para Tyndale House Publishers por Morris A. Weigelt (Criticismo textual del Antiguo Testamento), y Paul S. Haik (Los Rollos del Mar Muerto).

Los textos y manuscritos del Nuevo Testamento

PHILIP W. COMFORT

UNA INTRODUCCIÓN A LOS MANUSCRITOS IMPORTANTES DEL NUEVO TESTAMENTO

Debido a que ningún escrito original (autógrafo) de ningún libro del Nuevo Testamento existe todavía, dependemos de copias para reconstruir el texto original. De acuerdo a la mayoría de los eruditos, la copia más cercana a un autógrafo es un manuscrito de papiro designado P52, fechado alrededor de 110–125 d.C., que contiene algunos versículos de Juan 18 (31-34, 37-38). Este fragmento, que se separa de su autógrafo por unos veinte o treinta años, fue parte de una de las primeras copias del Evangelio de Juan. Unos pocos eruditos creen que existe otro manuscrito temprano, designado P46. Este manuscrito, conocido como el Papiro Chester Beatty II, contiene todas las epístolas de Pablo excepto las Pastorales, y se puede determinar su fecha en la mitad del siglo II. Si esta fecha es exacta, entonces tenemos una colección entera de las Epístolas de Pablo que debe haber sido hecha sólo unas décadas después que Pablo escribiera la mayoría de sus epístolas. Tenemos muchas otras copias tempranas de varias partes del Nuevo Testamento; varios de los manuscritos en papiro están fechados desde la última parte del siglo II hasta la primera parte del siglo IV. Algunos de los manuscritos en papiro más importantes del Nuevo Testamento son:

Los Papiros Oxirrinco

Comenzando en 1898, Grenfell y Hunt descubrieron miles de fragmentos de papiros en las antiguas ruinas de Oxirrinco, Egipto. De ese lugar se sacaron fragmentos de papiros que contenían toda clase de material escrito (literatura, contratos de negocios y contratos legales, cartas, etcétera), así como más de cincuenta manuscritos que contenían porciones del Nuevo Testamento. Algunos de los más notables entre esos papiros son el P1 (Mateo 1), P5 (Juan 1, 16), P13 (Hebreos 2–5, 10–12), P22 (Juan 15–16), P39 (Juan 8), P77 (Mateo 23), P90 (Juan 18–19), P104 (Mateo 21) y P115 (Apocalipsis 2–15).

Los Papiros Chester Beatty
(llamados así por su dueño, Chester Beatty)

Chester Beatty y la Universidad de Michigan compraron estos papiros a un comerciante en Egipto durante la década de 1930. Los tres manuscritos de esta colección son muy antiguos, y contienen gran parte del texto del Nuevo Testamento. El P45 (siglo II) contiene porciones de los cuatro Evangelios y de Hechos; el P46 (última parte del siglo I y comienzos del siglo II) tiene casi todas las Epístolas de Pablo; y el P47 (siglo III) contiene Apocalipsis 9–17.

Los Papiros Bodmer
(llamados así por su dueño, M. Martin Bodmer)

Estos manuscritos fueron comprados a un comerciante en Egipto durante las décadas de 1950 y 1960. Los tres papiros importantes de esta colección son el P66 (circa 175; contiene casi todo Juan), el P72 (siglo III; contiene 1 y 2 Pedro y Judas en su totalidad) y el P75 (circa 200; contiene porciones grandes de Lucas 3– Juan 15).

Durante el siglo XX se descubrieron alrededor de cien manuscritos en papiros que contenían porciones del Nuevo Testamento.

En siglos anteriores, especialmente en el siglo XIX, se descubrieron otros manuscritos, varios de los cuales datan del siglo IV o del V. Los manuscritos más notables son los siguientes:

El Códice Sinaiticus —*designado ℵ o alef*

Constantin von Tischendorf descubrió este manuscrito en el monasterio de Santa Catalina, situado al pie del Monte Sinaí. Fue escrito alrededor de 350 d.C.; contiene el Nuevo Testamento completo y provee un testimonio temprano y bastante confiable de los autógrafos del Nuevo Testamento.

El Códice Vaticanus —*designado B*

Este manuscrito ha estado en la biblioteca del Vaticano desde por lo menos 1481, pero no estuvo a la disposición de los eruditos como Tischendorf y Tregelles hasta mediados del siglo XIX. Este códice, que fue escrito un poco antes que el Códice Sinaiticus, tiene ambos, el Antiguo Testamento y el Nuevo Testamento, en griego, excluyendo la última parte del Nuevo Testamento (desde Hebreos 9:15 hasta el final de Apocalipsis), y las Epístolas Pastorales. En su mayor parte, los eruditos han elogiado el Códice Vaticanus por ser uno de los testimonios más confiables del texto del Nuevo Testamento.

El Códice Alejandrino —*designado A*

Este es un manuscrito del siglo V que contiene casi todo el Nuevo Testamento. Se le reconoce como un testigo muy confiable de las Epístolas Generales y del Apocalipsis.

El Códice Ephraemi Rescriptus —*designado C*

Este es un documento del siglo V llamado un palimpsesto. (Un palimpsesto es un manuscrito en el cual se ha borrado el texto original para escribir otra cosa sobre él.) Por medio del uso de productos químicos y un trabajo muy arduo, un erudito puede leer la escritura original debajo del texto que está sobre ella. Tischendorf hizo esto con un manuscrito llamado el Códice Ephraemi Rescriptus, el cual tenía los sermones de Ephraemi escritos sobre un texto del Nuevo Testamento.

El Códice Bezae —*designado D*
Este es un manuscrito del siglo V llamado así por su descubridor, Theodore Beza. Contiene los Evangelios y Hechos, y exhibe un texto bastante diferente de los manuscritos antes mencionados.

El Códice Washingtonianus
(o Los Evangelios de Freer —llamado así por su dueño, Charles Freer)
—designado W
Este es un manuscrito del siglo V que contiene los cuatro Evangelios y se encuentra en el museo Smithsonian en Washington, D.C.

Antes del siglo XV, cuando Johannes Gutenberg inventó el tipo movible para imprimir libros, todas las copias de las obras literarias eran escritas a mano (de ahí el nombre "manuscrito"). En la actualidad tenemos más de seis mil copias manuscritas del Nuevo Testamento griego o porciones del mismo. Ninguna otra literatura griega puede hacer alarde de cifras tan altas. La *Ilíada* de Homero, la obra clásica griega más famosa, existe en unos 650 manuscritos y las tragedias de Eurípides existen en unos 330 manuscritos. Las cantidades para todas las otras obras griegas son mucho menores. Por lo tanto, se debe hacer notar que el tiempo transcurrido entre la composición original y el siguiente manuscrito que ha sobrevivido es mucho menor para el Nuevo Testamento que para ninguna otra obra de la literatura griega. El lapso para la mayoría de las obras griegas clásicas es alrededor de ochocientos a mil años, mientras que el lapso para muchos libros del Nuevo Testamento es alrededor de cien años. Debido a la abundancia de manuscritos, y debido a que varios de los manuscritos están fechados en los primeros siglos de la iglesia, los eruditos textuales del Nuevo Testamento tienen mucha ventaja sobre los eruditos textuales de la literatura clásica. Los eruditos del Nuevo Testamento tienen los recursos para reconstruir el texto original del Nuevo Testamento con mucha exactitud, y han producido algunas ediciones excelentes del Nuevo Testamento griego.

Finalmente, debemos decir que aunque ciertamente hay diferencias en muchos de los manuscritos del Nuevo Testamento, ninguna doctrina fundamental de la fe cristiana descansa en una interpretación que se esté disputando. Frederic Kenyon, un famoso paleógrafo y crítico textual, confirmó esto cuando dijo: "El cristiano puede tomar toda la Biblia en la mano y decir, sin temor o duda, que en ella está la verdadera Palabra de Dios, que nos ha sido pasada de generación en generación a través de los siglos, sin ninguna pérdida esencial" (*Our Bible and the Ancient Manuscripts [Nuestra Biblia y los Manuscritos Antiguos]*, 55).

UNA HISTORIA DE CÓMO SE RECUPERÓ EL TEXTO ORIGINAL DEL NUEVO TESTAMENTO: UNA VISIÓN GENERAL

Cuando hablamos del texto original, nos referimos al texto "publicado," es decir, al texto como era en su forma final editada y puesto a circular en la comunidad cristiana. Para algunos libros del Nuevo Testamento hay poca diferencia entre la composición original y el texto publicado. Después de que el autor escribía o dictaba su obra, él (o un asociado) hacía las correcciones editoriales finales y luego lo entregaba para ser distribuido. Como sucede con los libros publicados en tiempos modernos, también en tiempos antiguos el escrito original del autor no siempre es lo que se publica, y esto es debido al proceso editorial. Sin embargo, el autor lleva el crédito por el texto final editado, y el libro publicado se le atribuye al autor y es considerado el autógrafo. Este autógrafo es el texto originalmente publicado.

Algunos eruditos piensan que es imposible recuperar el texto original del Nuevo Testamento griego porque no han podido reconstruir la historia temprana de la transmisión textual. Otros eruditos modernos son menos pesimistas pero bastante cautelosos de afirmar la posibilidad. Y otros son optimistas porque poseemos muchos manuscritos tempranos de excelente calidad, y porque nuestro punto de vista sobre el primer período de transmisión textual es cada vez más claro.

Cuando hablamos de recuperar el texto del Nuevo Testamento nos estamos refiriendo a libros individuales del Nuevo Testamento, no al volumen completo en sí, porque cada libro (o grupo de libros, como por ejemplo las Epístolas Paulinas) tenía su propia historia singular de transmisión textual. La copia más antigua que existe del texto de todo el Nuevo Testamento es la preservada en el Códice Sinaiticus (escrito alrededor de 350 d.C.) (Al Códice Vaticanus le faltan las Epístolas Pastorales y el Apocalipsis.) Antes del siglo IV, el Nuevo Testamento circulaba en varias partes: como un solo libro o un grupo de libros (tal como los cuatro Evangelios y las Epístolas Paulinas). Se han encontrado manuscritos de la última parte del siglo I hasta el siglo III que contienen libros individuales: tales como Mateo (P1), Marcos (P88), Lucas (P69), Juan (P5, 22, 52, 66), Hechos (P91), Apocalipsis (P18, 47), o que contienen grupos de libros, tales como los cuatro Evangelios con Hechos (P45), las Epístolas Paulinas (P46), las Epístolas de Pedro y Judas (P72). Cada uno de los libros del Nuevo Testamento ha tenido su propia historia textual y ha sido preservado con distintos grados de exactitud. Sin embargo, todos los libros fueron alterados de su estado original debido al proceso de copiarlos a mano década tras década y siglo tras siglo. Y el texto de cada uno de los libros debe ser recuperado.

La recuperación del Nuevo Testamento griego ha tenido una larga historia. La necesidad de recuperarlo surgió porque el texto del Nuevo Testamento fue afectado por muchas variaciones en su historia temprana. En la última parte del siglo I y en la primera parte del siglo II, las tradiciones orales y la palabra escrita existían lado a lado con la misma importancia —especialmente con respecto al material de los Evangelios. A menudo, los escribas cambiaban el texto en un intento de hacer concordar el mensaje escrito con la tradición oral, o para hacer concordar el registro de un Evangelio con el de otro. Para fines del siglo II y en el siglo III, muchas de las variantes significativas habían entrado a la corriente textual.

Sin embargo, el período temprano de la transmisión oral no fue totalmente dañado por la falta de exactitud al copiar los textos, o por las libertades que se tomaban los escribas. Había escribas que copiaban el texto con exactitud y reverencia —es decir, reconocían que estaban copiando un texto sagrado escrito por un apóstol. La formalización de la canonización no le adjudicó esta calidad de sagrado al texto. La canonización se realizó como resultado del reconocimiento común e histórico de la calidad de sagrados de varios libros del Nuevo Testamento. Desde el principio, ciertos libros del Nuevo Testamento, tales como los cuatro Evangelios, Hechos y las Epístolas de Pablo, fueron considerados literatura inspirada. Como tales, ciertos escribas los copiaron con fidelidad reverente.

Sin embargo, otros escribas se sentían con la libertad de realizar "mejoras" en el texto —ya sea a favor de la doctrina o la armonización, o debido a la influencia de una tradición oral que competía con dicho texto. Los manuscritos producidos de esa manera crearon una clase de "texto popular" —a saber, un texto no controlado. (Este tipo de texto solía llamarse el "texto occidental," pero ahora los eruditos lo reconocen como un nombre incorrecto.)

Los primeros que intentaron recobrar el texto original fueron algunos escribas en Alejandría o escribas que estaban familiarizados con las prácticas de escritura de Alejandría —porque en el mundo helenizado había muchos que habían llegado a apreciar las prácticas eruditas de Alejandría. Ya en el siglo II, los escribas de Alejandría, que estaban asociados o que en realidad eran empleados del escritorio (aposento de los copiantes) de la gran biblioteca de Alejandría, o eran miembros del escritorio asociado con la escuela catequista de Alejandría (llamada Didaskelion), eran filólogos, gramáticos y críticos textuales muy bien adiestrados. Los alejandrinos siguieron la clase de criticismo textual comenzado por Aristóteles, quien clasificaba los manuscritos según su fecha y valor; y otros eruditos siguieron las prácticas de Zenódoto, el primer bibliotecario, con respecto al criticismo textual. Los alejandrinos se preocuparon por conservar el texto original de las obras de literatura. Se realizó mucho criticismo textual sobre *La Ilíada* y *La Odisea*, porque estos eran textos antiguos que existían en muchos manuscritos. Tomaban decisiones críticas sobre los textos basándose en diferentes manuscritos y luego producían un prototipo. Este prototipo era el manuscrito producido oficialmente y era depositado en la biblioteca. De este manuscrito se copiaban, y se usaba para comparar, tantos manuscritos como se necesitaran.

Podemos asumir que los escribas cristianos de Alejandría estaban aplicando la misma clase de criticismo textual al Nuevo Testamento. Desde el siglo II al IV, los escribas alejandrinos trabajaron para purificar al texto de la corrupción textual. Hablando de sus esfuerzos, Gunther Zuntz escribió:

> Los correctores alejandrinos procuraron, en cada esfuerzo repetido, mantener el texto actual en su medio libre de los muchos errores que lo habían infectado en el período previo, y que tendían a infiltrase aun después de haber sido [marcados como espurios]. Una y otra vez estas labores deben haber sido marcadas por la persecución y la confiscación de libros cristianos, y frustradas por el flujo continuo de manuscritos del tipo anterior. Sin embargo, resultaron en el surgimiento de un tipo de texto (distinto de una

edición determinada) que servía de norma para los correctores en los scriptorios provinciales de Egipto. El resultado final fue que sobrevivió un texto muy superior al del siglo II, aun cuando los revisores, siendo seres humanos falibles, rechazaron algunas de sus propias interpretaciones correctas e introdujeron algunas incorrectas de su propia hechura (*The Text of the Epistles* [*El Texto de las Epístolas*], 271-272).

El tipo de texto alejandrino fue perpetuado siglo tras siglo en unos pocos manuscritos, tales como el Alef y el B (siglo IV), el T (siglo V), el L (siglo VIII), el 33 (siglo IX), el 1739 (un manuscrito del siglo X copiado de un manuscrito alejandrino del siglo IV), y el 579 (siglo XIII). Desafortunadamente, la mayoría de los manuscritos del tipo alejandrino desapareció durante siglos, esperando ser descubiertos catorce siglos más tarde.

Concurrente con el texto alejandrino se encontraba el así llamado texto "occidental" —el que se clasificaría mejor como el texto popular de los siglos II y III. En breve, este texto popular se encontró en cualquier clase de manuscrito que no era producido bajo la influencia alejandrina. Este texto, debido a su calidad de independiente, no es tan confiable como el tipo de texto alejandrino. Pero debido a que el texto alejandrino es conocido como un texto pulido, el texto "occidental," o popular, a veces ha preservado las palabras originales. Cuando una interpretación diferente tiene el apoyo de ambos, el texto "occidental" *y* el texto alejandrino, es muy probable que sea original; pero cuando los dos están divididos, el testimonio alejandrino preserva las palabras originales con más frecuencia.

A fines del siglo III surgió otra clase de texto griego, y entonces creció en popularidad hasta que llegó a ser el tipo de texto predominante a través del cristianismo. De acuerdo a Jerónimo (en su introducción a la traducción latina de los Evangelios), fue el tipo de texto promovido primero por Luciano de Antioquía.

El texto de Luciano fue definitivamente recensión (a saber, una edición creada a propósito) —a diferencia del tipo de texto alejandrino que surgió como resultado de un proceso por medio del cual los escribas alejandrinos, después de comparar muchos textos, intentaban preservar el mejor texto —desempeñando de esa forma más la tarea de críticos textuales que la de editores. Por supuesto que los alejandrinos hicieron un poco de trabajo de editores —trabajos como el que ahora se hace cuando se edita para corregir errores gramaticales o de estilo. El texto de Luciano es el resultado y la culminación del texto popular; se caracteriza por la fluidez del lenguaje, la cual se obtiene quitando asuntos oscuros y construcciones gramaticales extrañas, y por la combinación de varias interpretaciones. Luciano (o sus asociados) debe haber usado muchas clases de manuscritos de calidad variante para producir o armonizar el texto editado del Nuevo Testamento. La clase de trabajo editorial que se realiza en el texto de Luciano es lo que hoy llamaríamos editar en forma substancial.

El texto de Luciano fue producido antes de la persecución de Diocleciano (alrededor del año 303), durante la cual muchas copias del Nuevo Testamento fueron confiscadas y destruidas. No mucho después de este período de devastación, Constantino subió al poder y entonces reconoció al cristianismo como la religión del estado. Hubo, por supuesto, una gran necesidad de copias del Nuevo Testamento que debían hacerse y distribuirse en las iglesias por todo el mundo mediterráneo. Fue en este tiempo que el texto de Luciano comenzó a ser propagado por los obispos que salían de la escuela de Antioquía e iban a iglesias a través del este llevando el texto consigo. El texto de Luciano muy pronto llegó a ser el texto estándar de la iglesia oriental y formó las bases para el texto bizantino —y es, por lo tanto, la autoridad suprema para el Textus Receptus.

Mientras Luciano estaba formando su recensión crítica del texto del Nuevo Testamento, el texto alejandrino estaba tomando su forma final. Como mencionamos antes, la formación del tipo de texto alejandrino fue el resultado de un proceso (a diferencia de una sola recensión editorial). La formación del texto alejandrino involucró muy poco criticismo textual (a saber, seleccionar interpretaciones variantes entre varios manuscritos) y revisión de la gramática y el estilo (lo cual produce un texto de lectura fácil). Hubo muchas menos alteraciones en el tipo de texto alejandrino que en el texto de Luciano. Y los manuscritos principales del tipo de texto alejandrino eran superiores a los que usó Luciano. Tal vez Hesiquio fue el responsable de darle su forma final al texto alejandrino, y Anastasio de Alejandría puede haber sido el que hizo de este texto el prototipo del texto egipcio.

A medida que pasaron los años, se produjeron menos y menos manuscritos alejandrinos, y más y más manuscritos bizantinos. Muy pocos egipcios continuaron leyendo el griego (con la excepción de los que estaban en el monasterio de Santa Catalina, el lugar donde fue descubierto el Códice Sinaiticus), y el resto del mundo mediterráneo se volvió al latín. Fueron solamente aquellos en las iglesias de habla griega en Grecia y Bizancio los que continuaron haciendo copias del texto griego. La mayoría de los manuscritos del Nuevo Testamento fue producida en Bizancio siglo tras siglo —desde el siglo VI hasta el siglo XIV—, y todos estos tenían la misma clase de texto. Cuando se imprimió el primer Nuevo Testamento griego (circa 1525), fue basado en un texto griego que Erasmo había compilado usando algunos manuscritos bizantinos de fechas posteriores. Este texto impreso, con algunas revisiones menores, llegó a ser el Textus Receptus.

Al inicio del siglo XVII se comenzaron a descubrir manuscritos más antiguos —manuscritos con un texto que difería del Textus Receptus. Alrededor de 1630, el Códice Alejandrino fue llevado a Inglaterra. Este era un manuscrito de la primera parte del siglo V y contenía el Nuevo Testamento completo, y proveyó un testimonio bueno y temprano del texto del Nuevo Testamento (es, especialmente, un buen testimonio del texto original del Apocalipsis).

Doscientos años más tarde, un erudito alemán llamado Constantin von Tischendorf descubrió el Códice Sinaiticus en el monasterio de Santa Catalina (localizado cerca del Monte Sinaí). El manuscrito, que era de alrededor de 350 d.C., es uno de los dos manuscritos más antiguos en vitela (piel de animal tratada) del Nuevo Testamento griego. El manuscrito más antiguo en vitela, el Códice Vaticanus, había estado en la biblioteca del Vaticano desde por lo menos 1481, pero no fue puesto a disposición de los eruditos hasta mediados del siglo XIX. Este manuscrito, fechado apenas un poco antes (circa 325) que el Códice Sinaiticus, tenía ambos, el Antiguo y el Nuevo Testamentos en griego, excluyendo la última parte del Nuevo Testamento (Hebreos 9:15 a Apocalipsis 22:21 y las Epístolas Pastorales). Cien años de criticismo textual han determinado que este manuscrito es uno de los testimonios más exactos y confiables del texto original.

En el siglo XIX también se descubrieron otros manuscritos tempranos e importantes. A través de la incansable labor de hombres como Constantin von Tischendorf, Samuel Tregelles y F. H. A. Scrivener, manuscritos tales como el Códice Ephraemi Rescriptus, el Códice Zacynthius y el Códice Augiensis fueron descifrados, comparados y publicados.

A medida que los varios manuscritos eran descubiertos y se hacían públicos, ciertos eruditos trabajaban para compilar un texto griego que representara con más exactitud el texto original de lo que lo hacía el Textus Receptus. Alrededor de 1700, John Mill produjo un Textus Receptus mejorado, y en la década de 1730, Johannes Albert Bengel (conocido como el padre de los estudios textuales y filológicos modernos del Nuevo Testamento) publicó un texto que se apartaba del Textus Receptus según la evidencia de manuscritos anteriores.

En el siglo XIX algunos eruditos comenzaron a abandonar el Textus Receptus. Karl Lachman, un filólogo clásico, produjo un nuevo texto (en 1831) que representaba manuscritos del siglo IV.

Samuel Tregelles (autodidacta en latín, hebreo y griego), trabajando durante toda su vida, concentró todos sus esfuerzos en publicar un texto griego (el cual se publicó en seis partes, desde 1857 a 1872). Tal como se expresa en la introducción de esta obra, la meta de Tregelles era "presentar el texto del Nuevo Testamento en las mismas palabras en las que fue transmitido, basándose en la evidencia de autoridad antigua." Henry Alford también compiló un texto griego basándose en los mejores y más tempranos manuscritos. En su prefacio a *The Greek New Testament [El Nuevo Testamento Griego]* (un comentario en varios volúmenes, publicado en 1849), Alford dijo que trabajó para "la destrucción de la inmerecida y pedante reverencia hacia el texto recibido, el cual perturbaba todas las posibilidades de descubrir la genuina palabra de Dios."

Durante este mismo período, Tischendorf estaba dedicando el trabajo de toda una vida a descubrir manuscritos y a producir ediciones exactas del Nuevo Testamento griego. En una carta a su prometida escribió: "Estoy enfrentando una tarea sagrada, la lucha por volver a obtener la forma original del Nuevo Testamento." Como cumplimiento de su deseo, descubrió el Códice Sinaiticus, descifró el palimpsesto Códice Ephraemi Rescriptus, cotejó innumerables manuscritos, y produjo varias ediciones del Nuevo Testamento griego (la octava es la mejor).

Ayudados por el trabajo de eruditos anteriores, dos hombres británicos, Brooke Westcott y Fenton Hort, trabajaron juntos durante veintiocho años para producir el volumen titulado *The New Testament in the Original Greek [El Nuevo Testamento en el Griego Original]* (1881). Junto a esta publicación, hicieron conocer su teoría (que era principalmente la de Hort) que el Códice Vaticanus y el Códice Sinaiticus (junto con otros manuscritos tempranos) representaban un texto que duplicaba más de cerca la escritura original. Llamaron a este texto el Texto Neutral. (Según sus estudios, el Texto Neutral describía ciertos manuscritos que tenían la menor

201

cantidad de corrupción textual.) Este es el texto en que se basaron Westcott y Hort para compilar su volumen.

El siglo XIX fue una buena época para la recuperación del Nuevo Testamento griego; lo mismo que el siglo XX. Los que vivieron en el siglo XX fueron testigos del descubrimiento de los Papiros Oxirrinco, los Papiros Chester Beatty y los Papiros Bodmer. Hasta ahora, hay casi 100 papiros que contienen porciones del Nuevo Testamento —varios de los cuales datan desde la última parte del siglo I a la primera parte del siglo IV. Estos significativos descubrimientos, que les han provisto a los eruditos muchos manuscritos antiguos, han ayudado enormemente en los esfuerzos para recuperar las palabras originales del Nuevo Testamento.

A comienzos del siglo XX, Eberhard Nestle usó las mejores ediciones del Nuevo Testamento griego para compilar un texto que representaba el consenso de la mayoría. Durante varios años su hijo continuó el trabajo de hacer nuevas ediciones, trabajo que ahora se encuentra en las manos de Kurt Aland. La última edición, (la número 27) titulada *Novum Testamentum Graece*, de Nestle-Aland, fue publicada en 1993 (con una edición revisada en 1998). El mismo texto griego aparece en otro volumen popular publicado por las Sociedades Bíblicas Unidas, llamado el *Greek New Testament [Nuevo Testamento Griego]* (cuarta edición, 1993). Muchos consideran que la vigésima sexta edición del texto de Nestle-Aland representa la obra más reciente y el mejor trabajo de la erudición textual.

EL TEXTO ORIGINAL DEL NUEVO TESTAMENTO

En su libro titulado *The Text of the New Testament [El Texto del Nuevo Testamento]*, Kurt y Barbara Aland defienden la posición que el texto de Nestle-Aland "está más cerca del texto original del Nuevo Testamento que el de Tischendorf o Westcott y Hort, por no mencionar a von Soden" (24). Y en varios otros pasajes sugieren que muy bien puede ser el texto original. Esto es evidente en la defensa de Kurt Aland del texto de Nestle-Aland como el nuevo "texto estándar":

> El nuevo "texto estándar" ha pasado la prueba de los prime-
> ros papiros y de las letras que se usaban antiguamente. De
> hecho, corresponde al texto de tiempos tempranos. . . . En
> ningún lugar ni ocasión encontramos interpretaciones aquí
> [en los manuscritos más antiguos] que requieran un cambio
> en el "texto estándar." Si la investigación presentada aquí en
> toda su brevedad y concisión pudiera ser presentada en su
> totalidad, el conjunto de detalles que acompaña a cada
> variante convencería hasta al que más duda. Cien años
> después de Westcott-Hort, la meta de una edición del
> Nuevo Testamento "en el griego original" parece haberse
> alcanzado. . . . La meta deseada ahora parece que se ha
> logrado, ofrecer los escritos del Nuevo Testamento en la
> forma del texto que está más cerca de la que produjo la
> mano de sus autores o redactores que comenzaron su
> trayectoria en la iglesia de los siglos I y II ("The Twentieth-
> Century Interlude in New Testament Textual Criticism [El
> Interludio del Siglo XX en el Criticismo Textual del Nuevo
> Testamento]" en *Text and Interpretation* [*Texto e Interpreta-
> ción*], 14).

Los Aland deberían ser elogiados por hablar sobre la recuperación del texto *original*, porque es aparente que muchos críticos
textuales modernos han abandonado la esperanza de recuperar
el texto original. Otros eruditos piensan que puede ser recuperado, y creen que el NA[27] está bastante cerca de presentar el texto original. La razón de este optimismo es que tenemos muchos
manuscritos tempranos y que también entendemos mejor la historia temprana del texto.

Hay unos sesenta manuscritos que datan de antes del comienzo del siglo IV —varios de esos manuscritos son del siglo II. Hasta hace poco, la manera de fechar los manuscritos era muy conservadora, porque Grenfell y Hunt no creían que el códice existiera antes del siglo III, y por lo tanto, fecharon muchos papiros encontrados en Oxirrinco en los siglos III y IV que deberían haber sido fechados en los siglos II y III.

Como mencionamos antes, una de las fechas más significativas es la del P46 (el Papiro Chester Beatty II, que por lo general se fecha alrededor del año 200), que contiene todas las Epístolas de Pablo excepto las Epístolas Pastorales. En un artículo muy convincente, Young Kyu Kim ha fechado el P46 antes del reinado de Domiciano (81-96 d.C.); (vea *Biblica*, 1988, 248-257). Él determinó esta fecha porque todos los otros papiros literarios, cuya letra se compara al estilo de escritura del P46, son fechados en el siglo I d.C., y porque no hay papiros paralelos de los siglos II y III. Mi análisis de la fecha del P46 lo colocaría a mediados del siglo II (circa 150 d.C.). (Para una presentación completa de la fecha del P46, vea *The Text of the Earliest New Testament Greek Manuscripts [El Texto de los Manuscritos Griegos Más Tempranos del Nuevo Testamento]*, 2001, 204-206).

Los siguientes manuscritos han sido fechados en el siglo II o en la primera parte de siglo III:

P87, que contiene unos pocos versículos de Filemón, al comienzo del siglo II (circa 125). (La escritura a mano del P87 es muy similar a la que se encontró en el P46.)

P77, que contiene unos pocos versículos de Mateo 23, mediados del siglo II (circa 150)

P45 (el Papiro Chester Beatty I), que contiene porciones de los cuatro Evangelios y de Hechos, mediados del siglo II (circa 150)

P32, que contiene porciones de Tito 1 y 2, tercer cuarto del siglo II (circa 175)

P90, que contiene una porción de Juan 18, tercer cuarto del siglo II (circa 175)

P52, que contiene unos pocos versículos de Juan 18, al comienzo del siglo II (circa 150), pero muchos paleógrafos lo han fechado antes (circa 110–125)

P4/64/67, que contienen porciones de Mateo y Lucas, circa 175

P1, que contiene Mateo 1, circa 200

P13, que contiene Hebreos 2–5, 10–12, circa 200

P27, que contiene una porción de Romanos 8, circa 200

P66 (el Papiro Bodmer II), que contiene la mayor parte de Juan, circa 175 (pero fechado por Herbert Hunger, director de colecciones papirológicas de la Biblioteca Nacional de Viena, circa 125–150)

P48, que contiene una porción de Hechos 23, primera parte del siglo III (circa 220)

P75 (los Papiros Bodmer XIV/XV), que contiene la mayor parte de Lucas y Juan, primera parte del siglo III (circa 200)

P98, que contiene Apocalipsis 1:13–2:1, siglo II

P104, que contiene Mateo 21:34–37, 43, 45(?), a comienzos del siglo II (circa 125–150)

P109, que contiene Juan 21:18-20, 23-25, de mediados a fines del siglo II (circa 150–200)

Además de los manuscritos tempranos que acabamos de mencionar, hay otro manuscrito de vitela de finales del siglo II, el 0189, que contiene una porción de Hechos 5. Y hay otros cuarenta y tres manuscritos del siglo III que contienen porciones de los pasajes que se indican a continuación:

P5, Juan 1, 16, 20
P9, 1 Juan 4
P12, Hebreos 1
P15, 1 Corintios 7
P16, Filipenses 3, 4
P18, Apocalipsis 1
P20, Santiago 2
P22, Juan 15–16
P23, Santiago 1
P28, Juan 6

P29, Hechos 26
P30, 1 Tesalonicenses 4–5, 2 Tesalonicenses 1
P37, Mateo 26
P38, Hechos 13, 19
P39, Juan 8
P40, Romanos 1, 2, 3, 4, 6, 9
P47, Apocalipsis 9–17
P49, Efesios 4–5
P53, Mateo 25, Hechos 9
P65, 1 Tesalonicenses 1–2
P69, Lucas 22
P70, Mateo 2, 3, 11, 12, 24
P72, 1 y 2 Pedro, Judas
P78, Judas
P80, Juan 3
P92, Efesios 1, 2 Tesalonicenses 1
P95, Juan 5:26-29, 36-38
P101, Mateo 3:10-12; 3:16–4:3
P106, Juan 1:29-35, 40-46
P107, Juan 17:1-2, 11
P108, Juan 17:23-24; 18:1-5
P110, Mateo 10:13-15, 25-27
P111, Lucas 17:11-13, 22-23
P113, Romanos 2:12-13, 19
P114, Hebreos 1:7-12
P115, porciones de Apocalipsis 2, 3, 4, 5, 8–15
0162, Juan 2
0171, Mateo 10, Lucas 22
0212, el manuscrito Diatessaron, que contiene pequeñas
  porciones de cada Evangelio
0220, Romanos 4–5
P. Antinópolis 2.54, Mateo 6:10-12

Los manuscritos que acabamos de catalogar, especialmente el primer grupo (los que están fechados en la primera parte del siglo II, en el siglo II, y en la primera parte del siglo III), proveen la fuente para recuperar el texto original del Nuevo Testamento. Muchos de estos manuscritos son más de doscientos años más antiguos que los dos grandes manuscritos que se descubrieron en el siglo

XIX: el Códice Vaticanus (circa 325) y el Códice Sinaiticus (circa 350). Estos últimos fueron los dos grandes manuscritos que revolucionaron el criticismo textual del Nuevo Testamento en el siglo XIX, y fueron los que le dieron impulso a la compilación de nuevas ediciones críticas del Nuevo Testamento griego por el trabajo de Tregelles, Tischendorf, Westcott y Hort.

Tregelles, quien trabajó usando principios similares a los de Lachmann, compiló un texto basado en la evidencia de los manuscritos más antiguos. Tischendorf intentó hacer lo mismo, aunque estaba demasiado inclinado hacia el Códice Sinaiticus. Westcott y Hort implementaron el mismo principio cuando crearon su edición crítica, aunque estaban predispuestos hacia el Códice Vaticanus. Sin embargo, Westcott y Hort hicieron un intento de imprimir el texto original del Nuevo Testamento griego. Algunos críticos del siglo pasado los ridiculizan a ellos, y a cualquiera que haga tal intento, porque están convencidos de que es imposible recobrar el texto original debido a la gran divergencia de interpretaciones que existen en tantos manuscritos diferentes.

Otros críticos argumentarán que no es sabio basar una recuperación del texto original usando manuscritos que son todos de origen egipcio. De hecho, ciertos eruditos sostienen que los manuscritos tempranos en papiros representan sólo el texto del Nuevo Testamento egipcio, no el texto de toda la iglesia primitiva completa. Kurt Aland ha argumentado efectivamente contra este punto de vista señalando que (1) no estamos seguros de si todos los papiros que se descubrieron en Egipto en realidad se originaron en Egipto, y (2) que el texto que generalmente se llama el texto egipcio (a diferencia del texto "occidental" o texto bizantino) fue el texto que se exhibió en los escritos de los primeros padres de la iglesia que vivían fuera de Egipto —tales como Ireneo, Marción e Hipólito ("The Text of the Church? [¿El Texto de la Iglesia?]" *Trinity Journal,* volumen 8, 1987.) Por lo tanto, es posible que los manuscritos descubiertos en Egipto fueran típicos del texto que existía en aquel tiempo en toda la iglesia.

Además, debemos recordar que las iglesias de la última parte del siglo I hasta el siglo III, a través de toda la zona del Mar Mediterráneo, no estaban aisladas las unas de las otras. Debido al florecimiento del comercio, los caminos accesibles y puertos libres (todos bajo el gobierno de Roma), había un flujo regular de comunicación entre las ciudades como Cartago y Roma, Roma y Alejandría, Alejandría y Jerusalén. Las iglesias del norte del África y las de Egipto no estaban aisladas del resto de las iglesias que estaban al norte de ellas. Esta comunicación comenzó desde los primeros días de la iglesia. Algunos de los primeros que se convirtieron al cristianismo el día de Pentecostés (30 d.C.) eran de Egipto y de Libia (Hechos 2:10); indudablemente algunos de ellos regresaron a sus lugares de origen llevando el evangelio. El eunuco etíope, después de haber recibido a Jesús como su Salvador, debe haber regresado a su hogar con el evangelio (Hechos 8:25 y siguientes). Apolos, que era de Alejandría, llegó a ser uno de los primeros apóstoles en Asia (vea Hechos 18:24).

La historia nos dice que hubo una iglesia en Alejandría ya desde 100 d.C. Alrededor de los años 160–180, Pantaneo llegó a ser director de una pequeña escuela catequista en Alejandría. De acuerdo a Eusebio, la escuela ya había comenzado para cuando Pantaneo se hizo cargo del liderazgo. Clemente se hizo cargo de esa escuela cuando Pantaneo se fue de Alejandría para no regresar jamás. Clemente trabajó arduamente para establecer esta pequeña escuela catequista como el centro y misión de estudios cristianos. Para el año 200 Clemente había formado una floreciente comunidad de cristianos muy instruidos en Alejandría. Pero entonces, debido a la sangrienta persecución del año 202, Clemente huyó de Alejandría. Orígenes fue el que reemplazó a Clemente y estableció una famosa escuela de eruditos cristianos.

La historia también nos dice que había iglesias en las zonas rurales del sur de Alejandría ya desde la primera parte del siglo II. Varios de los manuscritos tempranos del Nuevo Testamento —aquellos que datan de la primera parte del siglo II (vea la lista anterior) han venido del Fayum y Oxirrinco, revelando de ese modo la existencia de cristianos en esas ciudades rurales ya desde el año 125. Esta es la zona en la cual los arqueólogos han descubierto casi todos nuestros manuscritos del Nuevo Testamento. Los manuscritos no vienen de Alejandría porque la biblioteca de esa ciudad fue destruida dos veces (la primera vez los romanos la destruyeron accidentalmente, y la segunda vez fue destruida por los musulmanes). Además, el nivel freático en Alejandría es muy alto, y los papiros no pudieron resistir la humedad.

La parte central rural de Egipto, debido a su clima seco y a su bajo nivel freático, ha llegado a ser un caudal de manuscritos producidos localmente y en otros lugares. Yo creo que los manuscritos en existencia presentan una buena muestra de lo que habría existido desde fines del siglo I hasta fines del siglo III a través de todo el mundo grecorromano. Lo que quiero decir es que si, por algún milagro, encontráramos manuscritos tempranos en Turquía, Israel, Sira o Grecia, es muy probable que exhibieran los mismos materiales que se encontraron en los llamados manuscritos egipcios. En otras palabras, los manuscritos del Nuevo Testamento que se usaban y que se leían en las iglesias de Egipto durante los primeros siglos de la iglesia primitiva representarían bien los que se usaban y leían en todas las demás iglesias. Además, se puede asumir que seguramente la zona rural central de Egipto preservó muchos manuscritos que habían llegado de Alejandría (y que habían sido preparados en la tradición alejandrina), y de otras ciudades tales como Roma o Antioquía.

La zona rural central de Egipto, el lugar donde se descubrieron nuestros manuscritos, no estaba aislada del resto del mundo. Los numerosos papiros no literarios descubiertos allí han demostrado que había comunicación regular entre los que vivían en Fayum con los que vivían en Alejandría, Cartago y Roma. Y hay evidencia de que había correspondencia general entre las obras de literatura y las prácticas de escritura. Por lo tanto, entre aquellos que produjeron los manuscritos tempranos que tenemos hoy, debe haber habido algunos escribas que estaban produciendo copias de los libros del Nuevo Testamento de una manera muy similar a la de los escribas que vivían en otros lugares del mundo grecorromano. Es así que podemos concluir que los manuscritos descubiertos en Egipto son fuentes legítimas para reconstruir el texto original del Nuevo Testamento griego.

EXAMINANDO LA CONFIABILIDAD DE LOS PRIMEROS TEXTOS

Algunos críticos textuales argumentan que una fecha temprana para un manuscrito del Nuevo Testamento no es en sí *muy* significativa porque el período temprano de la transmisión textual fue inherentemente "libre." Los que apoyan este punto de vista han debatido que los escribas que hacían las copias de varios libros del Nuevo Testamento en el período previo a la canonización (la última parte del siglo III) se daban libertades cuando hacían las copias. A diferencia de los escribas judíos que meticulosamente hacían copias fieles del texto sagrado del Antiguo Testamento, los escribas cristianos han sido caracterizados como que no se sentían obligados a producir copias exactas de sus ejemplos porque todavía no había reconocido la calidad de "sagrado" del texto que estaban copiando. Este punto de vista del período temprano, que se ha vuelto un axioma entre muchos críticos textuales del Nuevo Testamento, no es totalmente cierto por muchas razones:

1. La mayoría de los escritores de estos libros del Nuevo Testamento eran judíos que creían que el Antiguo Testamento, en hebreo y en griego, era la Palabra de Dios inspirada. Debido a su procedencia judía respetaban mucho las Escrituras, las cuales habían

llegado a ser centrales para su vida y adoración religiosa. Eran el pueblo del libro. Muchos de ellos leían la Septuaginta, Antiguo Testamento griego, que es muy probable que haya sido el trabajo de traducción de los judíos alejandrinos.

Algunos de los escribas judíos cristianos deben haber imitado las prácticas de los escribas judíos. Esto comenzó cuando se hicieron copias de la Septuaginta, la cual creían que era un texto inspirado, y eso se habría extendido a cualquiera de los libros del Nuevo Testamento que ellos consideraban autoritativos e igualmente inspirados. Los cristianos deben haber estado muy conscientes de las reglas estrictas que gobernaban el copiar el texto del Antiguo Testamento y la reverencia que se les daba a esas copias.

2. Muchas de las primeras copias de varios libros del Nuevo Testamento fueron realizadas por escribas que deben haber creído que estaban copiando un texto sagrado —compuesto originalmente por los primeros apóstoles como Pedro, Mateo, Juan y Pablo. Algunos libros eran tratados como sagrados desde el principio mismo, como los cuatro Evangelios, Hechos, las Epístolas Paulinas y 1 Pedro, mientras que otros, aquellos que habían tomado mucho tiempo para ser "canonizados," tal vez fueron tratados con menos fidelidad textual —libros como 2 Pedro y Judas, las Epístolas Pastorales, Santiago y Apocalipsis. La canonización de algunos libros se percibió ya desde el siglo I, mucho antes de que ocurriera. Por ejemplo, el cuerpo de las obras de Pablo fue formado alrededor de 75 d.C., y era reconocido como literatura apostólica y autoritativa. El escritor de 2 Pedro llegó tan lejos como para catalogar a las Epístolas de Pablo con "las demás Escrituras" (2 Pedro 3:15-16, NVI). Los cuatro Evangelios también se reconocieron como autoritativos ya desde el siglo II.

3. Muchos de los libros del Nuevo Testamento fueron producidos originalmente como obras de literatura. Por ejemplo, los cuatro

Evangelios, Hechos, Romanos, Efesios, Hebreos, 1 Pedro y Apocalipsis son claramente obras de literatura. La mayoría de los otros
libros del Nuevo Testamento son cartas "ocasionales," es decir,
cartas escritas principalmente para suplir la necesidad de dicha
ocasión. Pero no sucede esto con los otros libros, porque desde el
principio fueron diseñados para ser obras literarias para llegar a
una gran audiencia.

Debido a que vivían en un mundo helenizado, los escritores
del Nuevo Testamento hablaban, leían y escribían en griego. La
clase de griego que usaron para escribir era el lenguaje común
(koiné) del mundo grecorromano. Muchos de los escritores del
Nuevo Testamento conocían otras obras de la literatura griega y
las citaron. Juan hace alusión a Filón. Pablo cita a Epiménides,
Arato y Menandro; y su estilo epistolar está moldeado del creado
anteriormente por los escritores griegos como Isócrates y el filó-
sofo Platón. Los escritores de los Evangelios eran los típicos historiadores griegos. Sus obras siguen el patrón establecido por el
historiador griego Herodoto, quien estableció un elevado estándar de observación y reportaje.

Los primeros lectores de estas obras, ya sea judíos cristianos o
gentiles cristianos, habrían estado conscientes tanto del valor espiritual como literario de estos textos. Por eso, algunos de los primeros que hicieron copias de estos libros las deben haber hecho
con mucho respeto por preservar el texto original.

4. Todos los primeros papiros, sin excepción, muestran que los
cristianos de la iglesia primitiva que hicieron copias de los textos
usaron abreviaturas especiales para designar los títulos divinos
(nomina sacra). El nombre estaba escrito en forma abreviada con
una línea sobre la abreviatura. Por ejemplo, la palabra griega para
"Jesús" Ιησους era escrita como IC. Otros títulos que fueron escritos como nomina sacra son Señor, Cristo, Dios, Padre, Hijo y
Espíritu. Aunque la creación de las nomina sacra puede reflejar la

influencia judía del tetragrámaton (YHWH escrito por Yahweh/Jehová), es una creación totalmente nueva que se encuentra exclusivamente en documentos cristianos. De acuerdo a C. H. Roberts, la creación de esta clase de sistema de escritura "presupone un grado de control y organización. . . . El establecimiento de la práctica no habría sido dejado a los caprichos de una sola comunidad, y muchos menos a los de un escriba individual. . . . El sistema era demasiado complejo para que el escriba común operara sin reglas o un ejemplo autoritativo" (*Manuscript, Society, and Belief [Manuscrito, Sociedad y Creencia]*, 45–46).

La presencia universal de las nomina sacra en los documentos cristianos tempranos habla con voz fuerte contra la noción de que el período de transmisión textual se caracterizaba al principio por ser "libre." Los escribas cristianos seguían un patrón establecido, un ejemplo "autorizado." Como dijo Roberts: "El notable sistema uniforme de nomina sacra. . . sugiere que a una fecha temprana había copias estándar de las Escrituras cristianas" ("Books in the Greco-Roman World [Los Libros en el Mundo Grecorromano]," 64).

5. Acompañando al fenómeno de la formación de las nomina sacra en los documentos cristianos está el fenómeno del uso de los códices por los cristianos tempranos. Antes de la mitad del siglo I, todas las Escrituras y otros escritos estaban en rollos. Por ejemplo, Jesús usó un rollo para leer cuando hizo su discurso de Isaías 61 en la sinagoga de Nazaret (Lucas 4:18 y siguientes). Los judíos y los no judíos usaban rollos; todos en el mundo grecorromano usaban rollos.

Entonces apareció el códice (un libro formado de páginas dobladas que se cosían sobre el lomo). Es probable que al principio los códices hubieran sido confeccionados tomando como modelo los cuadernos hechos de pergamino. De acuerdo a la hipótesis de C. H. Roberts, Juan Marcos, mientras todavía vivía en Roma, usó ese tipo de cuaderno hecho de pergamino para registrar los dichos de

Jesús (que había escuchado de la predicación de Pedro). El completo Evangelio de Marcos, entonces, fue publicado primero como un códice (*The Birth of the Codex* [*El Nacimiento del Códice*], 54 y siguientes). "Un evangelio que circulaba en este formato determinaba, en parte vía autoridad, en parte vía sentimentalismo y simbolismo, que la forma apropiada para las Escrituras cristianas era un códice, no un rollo" (*Greek Papyri* [*Papiros Griegos*], 11, de E. G. Turner).

De allí en adelante, todas las porciones del Nuevo Testamento fueron escritas en códices. El códice fue de uso exclusivo de los cristianos hasta fines del siglo II. Kenyon escribió: "De todos los papiros descubiertos en Egipto que pueden ser asignados al siglo II . . . ni un solo manuscrito pagano [es decir, no cristiano] está escrito en forma de códice" (*Books and Readers in Ancient Greece and Rome* [*Libros y Lectores en Antigua Grecia y Roma*], 111). Esta práctica (que comenzó en Roma o Antioquía) fue una separación clara del judaísmo y, de nuevo, muestra una clase de uniformidad en la formación y el discernimiento del texto temprano.

6. Contrario a la noción común de que muchos papiros tempranos del Nuevo Testamento fueron producidos por escribas sin experiencia que hacían copias personales de pobre calidad, varios de los papiros tempranos del Nuevo Testamento fueron producidos con mucho cuidado por escribas instruidos y profesionales. Los paleógrafos han podido clasificar ciertos estilos de escritura a mano desde el siglo I al IV (así como posteriores). Muchos de los primeros papiros del Nuevo Testamento estaban escritos en lo que se llama "estilo documentario reformado" (es decir, el escriba sabía que estaba trabajando en un manuscrito que no era sólo un documento legal sino una obra literaria). En el libro *The Birth of the Codex*, Roberts escribió:

> Los manuscritos cristianos del siglo II, aunque no alcanzaron un alto estándar caligráfico, por lo general mostraban

un estilo de escritura competente que ha sido llamado "documentario reformado," que es muy posible que sea el trabajo de escribas con experiencia, ya sea que hayan sido cristianos o no. . . . Y por lo tanto es razonable asumir que los escribas de los textos cristianos recibían un pago por su trabajo. (46)

Las prácticas de escritura en las zonas rurales de Egipto (por ejemplo, Fayum, Oxirrinco, etcétera), que comenzaron en el siglo II, fueron influenciadas por los escribas profesionales que trabajaban en el escritorio de la gran biblioteca de Alejandría, o tal vez por un escritorio cristiano fundado en Alejandría (en asociación con la escuela catequista) en el siglo II. Eusebio implica que la escuela comenzó mucho antes que Pantaneo se hiciera cargo de ella alrededor del año 180 (H.E., v. 10. I.), y Zuntz argumenta bastante convincentemente que el cuerpo de los escritos de Pablo fue producido usando los métodos de los eruditos alejandrinos, o en la misma Alejandría, a principios del siglo II (*The Text of the Epistles*, 14–15). En su función de ser los críticos textuales más antiguos del Nuevo Testamento, los escribas alejandrinos seleccionaron los mejores manuscritos y luego produjeron un texto que reflejaba lo que ellos consideraban el texto original. Deben haber trabajado con manuscritos que tenían la misma calidad del P1, P4/64/67, P27, P46 y P75.

Zuntz también argumentó que para mediados del siglo II, los arzobispos alejandrinos poseían un grupo de escribas que, por lo que producía, estableció las normas del tipo de manuscrito bíblico alejandrino (op. cit.). Este estándar podría haber incluido la codificación de las nomina sacra, el uso de códices, y otras características literarias. Sin embargo, el decir que Alejandría estableció una norma no quiere decir necesariamente que Alejandría estaba ejerciendo una clase de uniformidad textual a través de Egipto durante el siglo II y la primera parte del siglo III. No fue sino hasta el siglo IV, cuando Atanasio llegó a ser obispo de Alejandría, que

Alejandría comenzó a ejercer el control sobre las iglesias egipcias. Este puede haberse extendido a la producción de Nuevos Testamentos, pero por cierto que no podría haber alcanzado a cada iglesia. Antes del siglo III, los manuscritos no presentan evidencia de haber sido producidos en un lugar central. Más bien, cada manuscrito fue producido en un escritorio asociado con una iglesia local. Sin embargo, es bastante evidente que Alejandría había establecido un estilo de escritura estándar, y que algunas ciudades importantes de Egipto (como Oxirrinco) fueron influenciadas por ese estándar.

CONCLUSIÓN

Los críticos textuales que trabajan con literatura antigua reconocen universalmente la supremacía de los manuscritos tempranos sobre los posteriores. A los críticos textuales que no trabajan con el Nuevo Testamento les gustaría tener la misma clase de testimonios tempranos que tienen los eruditos bíblicos. De hecho, muchos de ellos trabajan con manuscritos que fueron escritos 1.000 años después de que fueron compuestos los autógrafos. Nos maravillamos de que los Rollos del Mar Muerto hayan provisto un texto que es casi 800 años más cercano al texto original que los manuscritos masoréticos, y sin embargo, ¡muchos de los manuscritos del Mar Muerto tienen de 600 a 800 años de diferencia con las composiciones originales! ¡Los críticos textuales del Nuevo Testamento tienen una ventaja muy grande!

Los eruditos textuales del Nuevo Testamento del siglo XIX como Lachmann, Tregelles, Tischendorf, Westcott y Hort trabajaron sobre la base de que los testimonios más tempranos son los mejores. Nosotros deberíamos continuar esta línea de recuperación usando el testimonio de los testigos más antiguos. Pero los eruditos textuales desde el tiempo de Westcott y Hort han estado menos inclinados a producir ediciones basadas en la teoría de que los primeros materiales son los mejores. La mayoría de los críticos textuales de estos tiempos está más inclinada a endosar la máxima que dice que el material que probablemente es más original es el que mejor explica las variantes.

Esta máxima (o "canon" como a veces se le llama), siendo tan buena como es, produce resultados conflictivos. Por ejemplo, dos eruditos que usan los mismos principios para examinar la misma unidad no se ponen de acuerdo. Uno argumentará que una variante fue el resultado de que el copista tratara de imitar el estilo del autor; el otro sostendrá que la misma variante tiene que ser original porque concuerda con el estilo del autor. Uno argumentará que una variante se produjo porque un escriba ortodoxo estaba tratando de quitarle al texto una interpretación que podría promover la heterodoxia o la herejía; otro afirmará que la misma variante es original porque es ortodoxa y concuerda con la doctrina cristiana (por lo tanto, un escriba heterodoxo o herético debe haber realizado el cambio). Además, este principio da lugar a que la interpretación que se ha elegido para el texto pueda ser tomada de cualquier manuscrito de cualquier fecha. Esto puede resultar en el eclecticismo subjetivo.

Los eruditos textuales modernos han intentado suavizar el subjetivismo empleando un método llamado "eclecticismo razonado." Según Michael Holmes, "El eclecticismo razonado aplica una combinación de consideraciones internas y externas, evaluando el carácter de las variantes a la luz de la evidencia del manuscrito y viceversa para obtener un punto de vista equilibrado del asunto, y como un chequeo de las tendencias puramente subjetivas" ("New Testament Textual Criticism [El Criticismo Textual del Nuevo Testamento]," en *Introducing New Testament Interpretation [Introduciendo la Interpretación del Nuevo Testamento]* [ed. S. McKnight], 55).

Los Aland se inclinan por la misma clase de enfoque, llamándolo el método "genealógico-local," que se define de la siguiente manera:

Es imposible proceder basándose en la suposición de la genealogía de un manuscrito, y sobre la base de una revisión completa y un análisis de las relaciones obtenidas entre la variedad de técnicas interrelacionadas en la tradición del manuscrito, para intentar una recensión de la información como se haría con los otros textos griegos. Las decisiones se deben tomar una por una, caso por caso. Este método se ha caracterizado como eclecticismo, pero no es el término correcto. Después de establecer una variedad de lecturas ofrecidas en un pasaje y las posibilidades de su interpretación, entonces siempre se debe determinar, en forma nueva y sobre la base de criterios externos e internos, cuál de esas interpretaciones (y con frecuencia son muy numerosas) es la original, de la que las otras pueden ser consideradas derivativas. Desde la perspectiva de nuestro conocimiento actual, este método "genealógico local" (si se le debe dar un nombre) es el único que cumple con los requisitos de la tradición textual del Nuevo Testamento. (Introducción a *Novum Testamentum Graece,* 26° edición, 43)

Este método "genealógico-local" asume que para cada unidad de variación dada, cualquier manuscrito (o manuscritos) debe haber preservado el texto original. El aplicar este método produce una presentación documentaria muy desigual del texto. Cualquiera que estudie el conjunto de sistemas y materiales del NA[26] o del NA[27] detectará que no hay una presentación documentaria pareja. El eclecticismo está esparcido por todo el texto.

El "eclecticismo razonado," o el método "genealógico-local," tiende a dar prioridad a la evidencia interna sobre la evidencia externa. Pero tiene que ser lo completamente opuesto si vamos a descubrir el texto original. Esa era la opinión de Westcott y Hort. Con respecto a su compilación en *The New Testament in the Original Greek,* Hort escribió: "En la mayoría de los casos se le ha permitido a la evidencia documentaria tomar el lugar de honor contra la evidencia interna" (*Introduction to the New Testament in the Original Greek [La Introducción al Nuevo Testamento en el Griego Original]*, 17).

En este aspecto, Westcott y Hort deben ser validados. Earnest Colwell pensaba lo mismo cuando escribió: "Hort Redivivus: A Plea and a Program [Hort Redivivus: Un Ruego y un Programa]." Colwell censuró "la creciente tendencia de confiar enteramente en la evidencia interna de las interpretaciones, sin considerar seriamente la evidencia documentaria" (152). En este artículo, él insta a los eruditos a que intenten reconstruir la historia de la tradición del manuscrito. La tesis principal del presente ensayo ha sido precisamente hacer eso, y, al hacerlo, promover el valor de los primeros manuscritos en los esfuerzos continuos por recuperar el texto original del Nuevo Testamento.

BIBLIOGRAFÍA

Aland, Kurt, y Barbara Aland. *The Text of the New Testament [El Texto del Nuevo Testamento]*, traductor, Erroll F. Rhodes, 1987.

Colwell, Earnest. "Hort Redivivus: A Plea and a Program [Hort Redivivus: Un Ruego y un Programa]," en *Studies in Methodology in Textual Criticism of the New Testament [Estudios en la Metodología del Criticismo Textual del Nuevo Testamento]*, 1969.

Comfort, Philip W. *Early Manuscripts and Modern Translations of the New Testament [Manuscritos Tempranos y Traducciones Modernas del Nuevo Testamento]*, 1990.

Comfort, Philip W. y David P. Barrett, *The Text of the Earliest New Testament Greek Manuscripts [El Texto de los Manuscritos Griegos Más Tempranos del Nuevo Testamento]*, 2001.

Kenyon, Frederic. *Books and Readers in Ancient Greece and Rome [Libros y Lectores en Antigua Grecia y Roma]*, 1951.

———. *Our Bible and the Ancient Manuscripts [Nuestra Biblia y los Manuscritos Antiguos]*, 1958.

Metzger, Bruce M. *The Text of the New Testament [El Texto del Nuevo Testamento]*, 1980.

Roberts, Colin H. "Books in the Graeco-Roman World and in the New Testament [Los Libros en el Mundo Grecorromano y el Nuevo Testamento]" en *Cambridge History of the Bible [Historia Cambridge de la Biblia]*, Volumen 1, editores, P. R. Ackroyd y C. F. Evans, 1970.

Roberts, Colin H. *Manuscript, Society, and Belief in Early Christian Egypt [Manuscrito, Sociedad y Creencia en el Antiguo Egipto Cristiano]*, 1979.

Roberts, Colin H. y T. C. Skeat. *The Birth of the Codex [El Nacimiento del Códice]*, 1987.

Turner, Eric G. *Greek Papyri: An Introduction [Papiros Griegos: Una Introducción]*, 1968.

Westcott, B. F. y F. J. A. Hort, *Introduction to the New Testament in the Original Greek [La Introducción al Nuevo Testamento en el Griego Original]*, 1882.

Zuntz, Gunther. *The Text of the Epistles [El Texto de las Epístolas]*, 1953.

SECCIÓN CINCO

La traducción
de la Biblia

Los idiomas bíblicos

LARRY WALKER

LOS CRISTIANOS creen que Dios se ha revelado a sí mismo a través de la Biblia. Por lo tanto, los que leen la Biblia pueden beneficiarse aprendiendo lo más posible acerca de los idiomas en los cuales fue escrita, que son tres: hebreo, arameo (un primo del hebreo) y griego.

La conexión entre el idioma y el pensamiento no es vaga; el idioma es el producto y la reflexión del alma humana. El idioma no es una clase de vestido que el pensamiento se pone o se quita cuando quiere, sino que es el "cuerpo" del que el pensamiento es el "alma." Cada uno de los idiomas que Dios ordenó para que transmitieran la revelación divina tenía una "personalidad" que lo hacía apropiado para dicho propósito. Los dos idiomas principales de las Escrituras son el griego y el hebreo, que representan dos familias de idiomas importantes: la indo-europea y la semítica. Sus rasgos lingüísticos contrastantes se combinan para producir una revelación de Dios que es profunda, progresiva y proposicional. Esta revelación se caracteriza por su simplicidad, su variedad y su poder.

Ninguna traducción puede reemplazar los idiomas originales de la Biblia en su importancia para transmitir y perpetuar la revelación divina. Deberíamos aprender esos idiomas no simplemente desde "afuera," con la gramática y el vocabulario, sino desde "adentro," con la debida apreciación por la singularidad de cada uno.

HEBREO

El Antiguo Testamento no aplica la palabra "hebreo" para referirse a su propio idioma, aunque el Nuevo Testamento usa el nombre de esa manera. En el Antiguo Testamento, "hebreo" significa el individuo o la gente que usa ese idioma. El idioma mismo es llamado "la lengua de Canaán" (Isaías 19:18), o "la lengua de los judíos" (Nehemías 13:24, NVI).

Origen e historia

En la Edad Media, un punto de vista común era que el hebreo era el idioma primitivo de la humanidad. Aun en la época de la colonización en los Estados Unidos, se referían al hebreo como "la madre de todos los idiomas." Los eruditos lingüísticos ahora han probado que esa teoría es insostenible.

El hebreo es, en realidad, uno de varios dialectos cananeos que incluían el fenicio, el ugarítico y el moabita. Existían otros dialectos cananeos (por ejemplo, el amonita), pero no han dejado suficientes inscripciones para realizar una investigación académica. Tales dialectos ya estaban presentes en la tierra de Canaán antes de que los israelitas la conquistaran.

Hasta alrededor de 1974, los testimonios más antiguos del idioma cananeo se encontraban en los registros de Ugarit y Amarna fechados a partir de los siglos XIV y XV a.C. Unas pocas palabras y expresiones cananeas aparecieron en registros egipcios tempranos, pero el origen de la lengua cananea es incierto. Sin embargo, entre 1974 y 1976, casi diecisiete mil tablillas fueron excavadas en Tell Mardikh (la antigua Ebla) en la parte norte de Siria, escritas en una lengua semítica hasta entonces desconocida. Debido a que es posible que daten de 2400 a.C. (o tal vez aún antes), muchos eruditos piensan que ese idioma puede ser el "cananeo antiguo," que dio lugar al hebreo. Para 1977, cuando se desenterraron otras mil tablillas, sólo se había informado de unas cien inscripciones de Ebla. Los idiomas cambian a través de un largo tiempo. El idioma inglés que se usaba en tiempos de Alfredo el Grande (siglo IX d.C.) les parece casi un idioma extranjero a los que hablan el inglés actual. Aunque el hebreo no fue una excepción al principio general, al igual que otros idiomas semíticos permaneció notablemente estable a través de muchos siglos. Poesías tales como la Canción de Débora (Jueces 5) tendieron a preservar la forma más antigua del idioma. Los cambios que ocurrieron en la larga historia del idioma se muestran en la presencia de palabras arcaicas (a menudo preservadas en el lenguaje poético), y en una diferencia general en el estilo. Por ejemplo, el libro de Job refleja un estilo más arcaico que el libro de Ester.

Varios dialectos hebreos aparentemente existían lado a lado en la época del Antiguo Testamento, como se refleja en la pronunciación de la palabra hebrea "Shibolet/Sibolet" (Jueces 12:4-6). Parece que los israelitas del este del Jordán pronunciaban la sílaba inicial con un sonido "sh" fuerte, mientras que los que vivían en Canaán pronunciaban el sonido simple de la "s."

Los eruditos también han identificado características del hebreo que podrían describirse como que reflejaban la parte norte o sur del país.

Familia

El hebreo pertenece a la familia de los idiomas semíticos; estos idiomas se usaban desde el Mar Mediterráneo hasta las montañas al este del valle del Río Éufrates, y desde Armenia (Turquía) en el norte hasta el extremo más austral de la península de Arabia. Los idiomas semíticos se clasifican como *sureños* (árabe y etíope), *orientales* (acadio) y *noroccidentales* (arameo, siríaco y cananeo [hebreo, fenicio, ugarítico y moabita]).

Carácter

El hebreo, al igual que otros idiomas semíticos antiguos, se concentra más en la observación que en la reflexión. Es decir que las

cosas por lo general se observan de acuerdo a su apariencia o fenómeno, y no son analizadas en cuanto a su ser interior o esencia.
Se observan los efectos pero no se les sigue la pista a través de una
serie de causas.

La intensidad, concisión y simplicidad del hebreo hacen que
sea un idioma difícil de traducir fielmente. Es un idioma sorprendentemente conciso y directo. Por ejemplo, el Salmo 23 contiene
cincuenta y cinco palabras; y la mayoría de las traducciones requieren casi el doble para traducirlo. Las dos primeras líneas, con
rayas inclinadas que separan las palabras hebreas, se leen así en el
original:

> El Señor/(es) mi pastor/
> me faltará/nada

Por lo tanto, se necesitan ocho palabras españolas para traducir
cuatro palabras hebreas.

El hebreo no usa expresiones separadas y distintas para cada
matiz de pensamiento. Alguien ha dicho: "Los semitas son las
canteras cuyas rocas los griegos han cortado, pulido y hecho en-
cajar juntas. Los primeros dieron religión; los últimos filosofía."

El hebreo es un idioma pictórico en el cual el pasado no es
simplemente descrito sino pintado verbalmente. No sólo se presenta un paisaje, sino un panorama en movimiento. El curso de
los acontecimientos se revive en los ojos de la mente. (Fíjese en el
uso frecuente de la expresión "he aquí," un hebraísmo que se llevó
al Nuevo Testamento.) Tales expresiones hebreas comunes como
"se levantó y se fue," "abrió la boca y habló," "elevó los ojos y vio,"
y "alzó su voz y lloró" ilustran la fuerza pictórica del idioma.

Muchas expresiones teológicas profundas del Antiguo Testamento están estrechamente ligadas al idioma y a la gramática
hebrea. Aun el nombre más sagrado de Dios mismo, "el SEÑOR"
(Jehová o Yahweh), está relacionado directamente con el verbo

hebreo "ser" (o tal vez "causar ser"). Muchos otros nombres de personas y lugares del Antiguo Testamento se pueden entender mejor sólo con un conocimiento adecuado del hebreo.

Gramática

Muchas figuras del lenguaje y recursos retóricos usados en el Antiguo Testamento tienen más sentido si la persona está familiarizada con la estructura del idioma hebreo.

Alfabeto y escritura a mano   El alfabeto hebreo consta de veintidós consonantes; los signos para las vocales fueron creados y agregados más tarde en la historia del idioma. No se conoce el origen del alfabeto. Los ejemplos más antiguos de un alfabeto cananeo fueron preservados en el abecedario cuneiforme ugarítico del siglo XIV a.C.

El estilo antiguo de escribir las letras se llama escritura fenicia, o paleo-hebrea, y es la predecesora de los abecedarios griegos y occidentales. La forma de escritura que se usa en las Biblias hebreas modernas (arameo o escritura cuadrada) se puso de moda después del exilio de Israel en Babilonia (siglo VI a.C.). El estilo más antiguo todavía se usaba esporádicamente en la era cristiana temprana para las monedas o para escribir el nombre de Dios (como en los Rollos del Mar Muerto). El hebreo siempre se ha escrito de derecha a izquierda.

Consonantes   El alfabeto cananeo de los idiomas fenicio y moabita tenía veintidós consonantes. El antiguo idioma cananeo, que se reflejaba en el ugarítico, tenía más consonantes. El árabe también conserva algunas consonantes cananeas antiguas que se encuentran en el ugarítico, pero que no están en el hebreo.

Vocales   En la escritura original hebrea, que usaba sólo consonantes, los vocales simplemente se entendían por el escritor o el lector. Basándose en la tradición y el contexto, el lector supliría las vocales necesarias, muy similar a lo que se hace en las abreviaturas de algunos idiomas modernos (por ejemplo, "Sr." por "Señor"). Después que comenzó la era cristiana, y después del colapso de la nación, la dispersión de los judíos y la destrucción de Jerusalén, el hebreo comenzó a ser un "idioma muerto," y no se hablaba en muchos lugares. La pérdida de la pronunciación y la comprensión tradicionales llegaron a ser más una posibilidad, así que los escribas judíos sintieron la necesidad de establecer en forma permanente los sonidos de las vocales.

Primero se agregaron las vocales llamadas "madres de la lectura" (*matres lectionis*). Estas eran consonantes que se usaban especialmente para indicar vocales de sonido largo, y fueron agregadas antes de la era cristiana, como revelan los Rollos del Mar Muerto.

Más tarde (alrededor del siglo V d.C.), los escribas llamados masoretas agregaron signos de vocales para indicar vocales de pronunciación corta. Se empleaban por lo menos tres sistemas diferentes de signos de vocales en tiempos y lugares diferentes. El texto que se usa hoy representa el sistema creado por los escribas masoréticos que trabajaron en la ciudad de Tiberíades. Las vocales, cada una de las cuales puede tener sonido corto o largo, se indican con puntos o rayas colocadas sobre o debajo de las consonantes. Ciertas combinaciones de puntos y rayas representan sonidos muy cortos de vocales o "medias-vocales."

Uniones   El hebreo une muchas palabras que en los idiomas occidentales escribiríamos separadas. Algunas preposiciones (*be-*, "en"; *le-*, "a"; *ke-*, "como") son prefijadas directamente al sustantivo o al verbo que presentan, como son el artículo definido *ha-*, "el" y la conjunción *wa-*, "y." Los sufijos se usan para los pronombres, relacionados ya sea con el posesivo o el acusativo. La misma palabra puede tener simultáneamente ambos, un prefijo y un sufijo.

Sustantivos   El hebreo no tiene género neutro; todo es masculino o femenino. Los objetos inanimados pueden ser masculinos o femeninos dependiendo de la formación o el carácter de la palabra. Por lo general, las ideas o palabras abstractas que indican un grupo son femeninas. Los sustantivos se derivan de raíces y se forman de distintas maneras, ya sea por la modificación de las vocales o agregando prefijos o sufijos a la raíz. A diferencia del griego y de muchos idiomas occidentales, los sustantivos compuestos no son característicos del hebreo.

Los plurales hebreos se forman agregándoles *-im* a los sustantivos masculinos (*seraphim/serafines, cherubim/querubines*), y *-oth* a los nombres femeninos.

Las tres terminaciones que indican nominativo, genitivo y acusativo han sido dejadas durante la evolución del hebreo. Para compensar la falta de casos de terminación, el hebreo recurre a varios indicadores. Los complementos indirectos se indican con la preposición *le-*, "a"; los complementos directos por el signo complementario *eth*; la relación genitiva poniendo la palabra antes del genitivo en la "construcción" o la forma más corta.

Adjetivos   El hebreo es deficiente en adjetivos. La expresión "doblez de corazón" se indica en el original hebreo con "un corazón y un corazón" (Salmo 12:2), y "pesa grande y pesa chica" es realmente "una piedra y una piedra" (Deuteronomio 25:13); "toda la descendencia real" es "la semilla del reino" (2 Reyes 11:1).

Los adjetivos que existen en el hebreo no tienen formas comparativas o superlativas. La relación se indica con la preposición "desde." "Mejor que tú" se expresa literalmente en hebreo como "bien desde ti." "La serpiente era astuta, más que todos los animales" es literalmente "la serpiente era astuta desde cada animal" (Génesis 3:1). La forma superlativa se expresa en varias construcciones diferentes. La idea de "muy profundo" literalmente es "profundo, profundo" (Eclesiastés 7:24); y la de "cántico mejor" es literalmente "cántico de cánticos" (compare "rey de reyes"); "san-tísimo" es literalmente "santo, santo, santo" (Isaías 6:3).

Verbos   Por lo general, los verbos hebreos se forman de una raíz que consta de tres letras. De esa raíz se desarrollan formas verba-les al cambiar las vocales o al agregar prefijos o sufijos. La raíz de las consonantes provee la columna semántica del idioma y le da una estabilidad de significado que no es característica de los idio-mas occidentales. Las vocales son muy flexibles, por lo que le dan bastante elasticidad al hebreo.

El uso de los verbos en hebreo no se caracteriza por una defini-ción precisa de los tiempos. Los tiempos de los verbos en hebreo, especialmente en la poesía, están determinados en gran parte por el contexto. Las formaciones de dos tiempos son el tiempo per-fecto (acción completada), y el imperfecto (acción incompleta). El imperfecto es ambiguo y representa el modo indicativo (presen-te, pasado, futuro) pero también puede representar modos tales como el imperativo, optativo y cohortativo. Un uso diferente del tiempo perfecto es el "perfecto profético," donde la forma perfec-ta representa un evento futuro considerado tan seguro que se ex-presa como pasado (por ejemplo, vea Isaías 5:13).

Estilo

La dicción hebrea se caracteriza por una cualidad pintoresca.

Vocabulario   Originalmente, la mayor parte de las raíces hebreas expresaron alguna acción física o denotaron algún objeto natural. El verbo "decidir" originalmente significó "cortar"; "ser fiel" al principio significó "estar firmemente fijo"; "estar en lo cierto" sig-nificó "estar derecho"; "ser honorable" significó "ser pesado."

Los términos abstractos son ajenos al carácter del idioma he-breo; por ejemplo, el hebreo bíblico no tiene palabras específicas para "teología," "filosofía" o "religión." Los conceptos intelectuales o teológicos se expresan por medio de términos concretos. La idea abstracta del pecado se representa por palabras tales como "errarle al blanco" o "torcido" o "rebelión" o "traspasar" ("cruzar la línea"). La mente o el intelecto se expresan con la palabra "corazón" o "riñones," la emoción o la compasión con "entrañas" (vea Isaías 63:15). Otros términos concretos en hebreo son "cuerno" por fortaleza o vigor, "huesos" por el yo y "semilla" por descendientes. Una cualidad mental se describe a menudo usando la parte del cuerpo que mejor la representa. La fuerza puede ser representada por un "brazo" o una "mano," y el enojo por la "ventana de la nariz," el desagrado por "caerse la cara," la aceptación por "rostro brillante," pensar por "decir."

Algunos traductores han tratado de representar una palabra hebrea usando siempre la misma palabra en el idioma receptor, pero eso lleva a problemas serios. Algunas veces hay considerable desacuerdo en el matiz exacto del significado de una palabra hebrea en un pasaje dado. Con frecuencia, una sola raíz representa una variedad de significados, dependiendo de cómo se usa y el contexto. La palabra para "bendecir" también puede significar "maldecir, saludar, favorecer, alabar." La palabra para "juicio" también se usa para "justicia, veredicto, castigo, ordenanza, deber, costumbre, manera." La palabra para "fortaleza" o "poder" también significa "ejército, virtud, valor, coraje."

Más ambigüedad también surge del hecho de que algunas consonantes hebreas representan dos consonantes originales diferentes que se han unido en la evolución del idioma. Dos palabras que superficialmente parecen idénticas pueden ser investigadas y se puede llegar a dos raíces diferentes. Para un ejemplo de este fenómeno en español, compare *carpa* (un pez) y *carpa* (una tienda de campaña).

Sintaxis   La sintaxis hebrea no es muy complicada. Se usan muy pocas conjunciones subordinadas ("si," "cuando," "porque," etcétera); por lo general, las oraciones se coordinan usando la conjunción simple "y." Los traductores de textos bíblicos por lo general tratan de mostrar la conexión lógica entre frases sucesivas aunque no siempre es clara. En Génesis 1:2–3:1, todos menos tres de los 56 versículos comienzan con "y," sin embargo la versión Reina-Valera traduce esa conjunción de diferentes maneras como "y" (1:3), "luego" (1:24), "entonces" (1:26), "sino" (2:6), y "pero" (3:1).

El estilo hebreo cobra vida por el uso del discurso directo. El narrador no simplemente dice que "tal y cual persona dijeron que . . ." (oración indirecta). En cambio, los involucrados hablan por sí mismos (oración directa), creando una novedad que permanece aun después de lecturas repetidas.

Poesía   La poesía hebrea usa una variedad de recursos retóricos. Algunos de ellos —tales como la asonancia, la aliteración y los acrósticos— se pueden apreciar solamente en el hebreo original. Pero el paralelismo, la característica más importante de la poesía hebrea, es evidente aun en las traducciones. Dentro de las muchas formas de paralelismo que son posibles, existen cuatro categorías comunes: (1) los sinónimos, un estilo repetido en el cual líneas paralelas dicen lo mismo usando diferentes palabras; (2) la antítesis, un estilo contrastante en el cual se expresan pensamientos contrarios; (3) la forma completiva, con una línea paralela al final que termina el pensamiento de la primera; (4) la climácica, en la cual una línea paralela ascendiente toma algo de la primera línea y lo repite. Hay muchas otras formas de paralelismo que enriquecen la poesía hebrea. Las formas posibles de paralelismo son casi infinitas.

Formas de expresión/figuras literarias   El hebreo abunda en ricas formas de expresión (figuras literarias) que se basan en el carácter y forma de vida del pueblo hebreo. Ciertas expresiones raras, pero bien conocidas, han pasado a la literatura de otros idiomas y vienen del estilo hebreo, como por ejemplo: "la niña de su ojo" (Deuteronomio 32:10; Salmo 17:8; Proverbios 7:2; Zacarías 2:8), y "la piel de mis dientes" (Job 19:20). Algunas de las expresiones más llamativas de las formas de expresión (figuras literarias) del hebreo son difíciles de transferir a otro idioma, tales como "descubrir la oreja," significando "divulgar, revelar." Otras son más familiares, como "endurecer el cuello" para "ser testarudo, rebelde," e "inclinar el oído" para "escuchar atentamente."

Legado
Nuestro idioma y muchos otros idiomas modernos han sido enriquecidos por el hebreo.

Palabras   El español contiene una variedad de palabras hebreas que se han tomado "prestadas." Algunas de ellas han tenido mucha influencia ("amén," "aleluya," "jubileo"). Muchos nombres propios hebreos se usan en los idiomas modernos para personas o lugares, como David, Jonatán/Juan, Miriam/María, Belén (que también se ha usado para muchas ciudades en diferentes países).

Expresiones   Muchas expresiones comunes hebreas han sido aceptadas, sin darnos cuenta, como formas de expresión (figuras literarias) en nuestro idioma, como "la boca de la cueva" y "la faz de la tierra." Algunas formas, como "al este del Edén," han sido usadas para títulos de libros y películas.

ARAMEO
Un idioma secundario del Antiguo Testamento es el arameo, que se encuentra en partes del libro de Daniel (2:4–7:28) y Esdras (4:8–6:18; 7:12–26). También aparecen frases y expresiones arameas en Génesis (31:47), Jeremías (10:11) y en el Nuevo Testamento.

Uso en el Antiguo Testamento
Génesis 31:47 refleja el uso del hebreo y del arameo por dos individuos que eran contemporáneos. Jacob, el padre de los israelitas, y

Labán, el arameo, se refirieron al mismo montón de piedras como "testimonio," cada uno usando su propio idioma. Labán usó su propia expresión aramea, pero Jacob usó la expresión hebrea.

Lingüísticamente, el arameo es muy cercano al hebreo y similar en estructura. Los textos arameos de la Biblia están escritos usando la misma forma de escritura que el hebreo. En contraste al hebreo, el arameo usa un vocabulario más amplio, incluyendo muchas palabras prestadas, y una variedad mayor de conjunciones. También contiene un sistema de tiempos verbales muy elaborado con pronombres o con varias formas del verbo "ser." Aunque el arameo es menos eufónico y poético que el hebreo, probablemente es superior como vehículo de expresión exacta.

El arameo tiene tal vez la historia más larga y continua de un idioma vivo que cualquier otro idioma conocido. Se usaba durante el período patriarcal de la Biblia y todavía lo hablan actualmente algunas personas. Del arameo y de su pariente, el siríaco, salieron muchos dialectos en diferentes lugares y épocas. Caracterizado por la simplicidad, la claridad y la precisión, se adaptó con facilidad a las distintas necesidades de la vida diaria. Era un idioma que podían usar los eruditos, los estudiantes, los abogados y los mercaderes. Algunos lo han descrito como el equivalente semítico del inglés.

No se conoce el origen del arameo, pero parece haber estado estrechamente relacionado al amorita, y posiblemente a otros dialectos semíticos antiguos del noroeste que no les son muy conocidos a los eruditos. Aunque un reino arameo como tal nunca existió en realidad, varios "estados" arameos se desarrollaron y formaron centros de influencia. Se han encontrado y estudiado algunas cortas inscripciones arameas de esa era (siglo X al VIII a.C.).

Para el siglo VIII a.C., los representantes del rey Ezequías le pidieron al portavoz de Senaquerib, rey de Asiria, "hábleles a sus siervos en arameo, ya que lo entendemos. No nos hable en hebreo, que el pueblo que está sobre el muro nos escucha" (2 Reyes 18:26, NVI). Para el período persa, el arameo había llegado a ser el idioma del comercio internacional. Durante su cautividad, es probable que los judíos lo hubieran adoptado por conveniencia —por cierto en el comercio— mientras que el hebreo fue el idioma de los eruditos y de los líderes religiosos.

En forma gradual, especialmente después del exilio babilónico, la influencia aramea se extendió a toda la tierra de Palestina. Nehemías se quejó de que los hijos de matrimonios mixtos no sabían hablar hebreo (Nehemías 13:24). Parece que los judíos continuaron usando el arameo durante los períodos persa, griego y romano. Finalmente, las Escrituras hebreas fueron traducidas a paráfrasis arameas llamadas tárgumes, algunas de las cuales se han encontrado entre los Rollos del Mar Muerto.

Uso en el Nuevo Testamento

En la creencia popular, el arameo era el idioma común de Palestina durante el tiempo de Jesús. Sin embargo, eso no se sabe con certeza, y probablemente sea una simplificación de la situación lingüística de aquel tiempo. Los nombres que se usan en el Nuevo Testamento reflejan el arameo (Bartolomé, Bar-jonás, Barnabás), el griego (Andrés, Felipe) y el latín (Marcos), así como el hebreo. No hay duda de que se usaba mucho el arameo, como también el griego y el hebreo. El latín probablemente estaba limitado a los círculos militares y gubernamentales. El hebreo *Mishnaic*, una clase común de dialecto hebreo diario, también se usaba en el tiempo de Jesús; entre los Rollos del Mar Muerto se han descubierto algunos documentos escritos en hebreo Mishnaic.

¿Cuál era el "hebreo" al que se hace referencia en ciertos pasajes del Nuevo Testamento (Juan 5:2; 19:13, 17, 20; 20:16 [NVI]; Apocalipsis 9:11; 16:16)? Los idiomas que se usaron para la inscripción que se puso en la cruz de Jesús fueron "en hebreo, en griego y en latín" (Juan 19:19-20). Más tarde, el apóstol Pablo dijo que hablaba "en lengua hebrea" (Hechos 22:2; 26:14). Se puede debatir en qué dialecto específico habló, pero siendo fariseo sin duda que podía leer el hebreo del Antiguo Testamento. La palabra griega para "hebreo" a veces se traduce "arameo," y puede ser un término general para semítico, o una combinación de hebreo-arameo (tal como el yiddish es el hebreo-alemán). De cualquier forma, el arameo sirvió como una transición del hebreo al griego como la lengua que hablaban los judíos en el tiempo de Jesús. En ese sentido, el arameo conecta el hebreo del Antiguo Testamento con el griego del Nuevo Testamento.

GRIEGO

Como instrumento de comunicación, el idioma griego es hermoso, rico y armonioso. Es una herramienta apropiada para ambos, el pensamiento intenso y la devoción religiosa. Durante su período clásico, el griego fue el idioma de una de las culturas más grandes del mundo. Durante ese período cultural, el idioma, la literatura y el arte florecieron más que la guerra. La mente de los griegos estaba preocupada con ideales de belleza. El idioma griego reflejaba el arte en sus diálogos filosóficos, en su poesía y en sus discursos ceremoniales.

El idioma griego también se caracterizaba por su fuerza y vigor. Tenía variación y efectos notables. El griego era el lenguaje de las discusiones, con un vocabulario y estilo que podía penetrar y aclarar fenómenos en vez de sólo relatar historias. El griego clásico desarrollaba, de manera compleja, muchas formas de unas pocas raíces de palabras. Su compleja sintaxis permitía complicados arreglos de palabras para expresar finos matices de significado.

Historia antigua

Aunque los antecedentes del griego no son claros, las primeras pistas de lo que podrían llamarse antecedentes del idioma griego aparecen en documentos micénicos y minoicos que usan tres tipos de escritura: los jeroglíficos minoicos (los más tempranos), linear A y linear B (los posteriores). La forma llamada linear B, que generalmente se considera "pre-greca," está escrita en una escritura silábica encontrada en tablillas de arcilla descubiertas en la isla de Creta y en el territorio continental de Grecia (1400–1200 a.C.)

La civilización micénica y su forma de escritura terminaron abruptamente con las invasiones dorias (1200 a.C.), y parece que la escritura desapareció por varios siglos. Más tarde, cerca del siglo VIII a.C., aparecieron escritos griegos con una escritura distinta. Esa forma de escribir estaba basada en un abecedario que aparentemente se tomó prestado de los fenicios y luego fue adaptado al sistema de sonidos griegos del habla y a la dirección de su escritura. Al principio, el griego se escribía de derecha a izquierda, al igual que los idiomas semíticos del oeste, luego en un patrón de un lado al otro y finalmente de izquierda a derecha. Varios dialectos aparecieron durante el período arcaico (siglos VIII a VI a.C.): el dórico, el jónico, el aqueo y el eólico.

Durante el período clásico (siglos V a IV a.C.), la cultura griega alcanzó su cenit literario y artístico. El griego clásico (o ático) se caracterizaba por la sutileza de su sintaxis y un uso expresivo de partículas (partes de un oración cortas, sin inflexiones, que a menudo no se podían traducir). A medida que la ciudad de Atenas obtuvo el control cultural y político, el dialecto ático también obtuvo prestigio. Con las conquistas macedónicas, el griego ático, combinado con las influencias de otros dialectos (especialmente el jónico), llegó a ser el idioma internacional de la zona este del Mediterráneo.

El helenismo y el dialecto koiné

Las conquistas de Alejandro Magno fomentaron la difusión del idioma y la cultura griegos. Los dialectos regionales fueron, en su mayor parte, reemplazados por el griego "helenístico" o "koiné" (común). La lengua griega koiné es un dialecto preservado y conocido a través de miles de inscripciones que reflejan todos los aspectos de la vida diaria. El dialecto koiné le agregó muchas expresiones vernáculas al griego ático, haciéndolo así más cosmopolita. El simplificar la gramática también lo adaptó mejor a una cultura mundial. El nuevo idioma, que reflejaba el hablar simple y popular, llegó a ser el idioma del comercio y la diplomacia. El idioma griego, como resultado de su evolución de clásico a koiné, perdió mucha de su elegancia y de sus matices de significado. Sin embargo, mantuvo sus características distinguidas de fuerza, belleza, claridad y poder retórico lógico.

Es significativo que el apóstol Pablo escribiera su carta a los cristianos en Roma en griego y no en latín. El Imperio Romano de aquel entonces, culturalmente, era un mundo griego, excepto por las transacciones gubernamentales.

La Septuaginta

Durante los siglos inmediatamente antes de Cristo, la zona este del Mediterráneo había estado pasando no sólo por la helenización, sino también por la "semitización." Se pueden observar ambas influencias en la traducción griega del Antiguo Testamento.

La traducción al griego de las Escrituras hebreas fue un acontecimiento trascendental. La Septuaginta (la primera traducción griega del Antiguo Testamento) tuvo más tarde una fuerte influencia en la manera de pensar cristiana. Una consecuencia necesaria del hecho que los escritores hebreos usaran el idioma griego fue que el espíritu griego y las formas de pensamiento griegas ejercieron influencia sobre la cultura judía. Muy pronto los judíos tomaron algunas expresiones del rico y refinado vocabulario griego para manifestar ideas que estaban más allá del alcance de la terminología hebrea. También las expresiones griegas antiguas alcanzaron nuevos y más amplios significados en esta traducción del Antiguo Testamento hecha por judíos que hablaban griego.

El Antiguo Testamento griego ha tenido un papel muy significativo en el desarrollo de la manera de pensar cristiana. A menudo, el uso de una palabra griega en la Septuaginta provee una clave para su significado en el Nuevo Testamento. El dialecto "judío-griego" del Antiguo Testamento se ve a veces en el Nuevo Testamento en pasajes traducidos muy literalmente; otras veces, la traducción del texto del Antiguo Testamento que se usó en el Nuevo Testamento es muy libre.

El griego del Nuevo Testamento

Aunque la mayoría de los autores del Nuevo Testamento era judía, escribió en griego, que era el idioma universal de su época. Además, parece que el apóstol Juan estaba al tanto de algo de la filosofía griega, la cual ejerció influencia en su estilo. Juan usó "Verbo" (en griego *logos*) para referirse a Cristo (Juan 1:1), y otras varias expresiones abstractas. Tal vez Juan haya sido influenciado por el centro egipcio de Alejandría, donde el aprendizaje hebreo y la filosofía griega se habían combinado de una forma muy singular.

El apóstol Pablo también tenía conocimiento de autores griegos (Hechos 17:28; 1 Corintios 15:33 [NVI]; Tito 1:12). Los grandes oradores y filósofos griegos influenciaron el lenguaje de Pablo al igual que lo hicieron los profetas y eruditos hebreos.

No se sabe con exactitud qué dialecto hebreo o arameo habló Jesús. Ciertamente es posible que también hablara griego. El hecho es que originalmente los Evangelios fueron escritos como textos griegos. Los registros griegos de las enseñanzas de Jesús prepararon el camino para que el evangelio se esparciera a través de una cultura que hablaba griego.

La dignidad y el comedimiento del dialecto koiné que usaban los escritores cristianos no era ni tan artificial ni tan pedante como algunos escritos clásicos, ni tan trivial y vulgar como el koiné hablado.

Las palabras griegas tomaron un significado más rico y espiritual en el contexto de las Escrituras. Influenciado por la simplicidad y el brillo del estilo semítico, el Nuevo Testamento no fue escrito en un raro idioma del "Espíritu Santo" (como creían algunos eruditos medievales), sino en koiné (griego común) —en su mayor parte por autores de pensamiento semítico. Decenas de miles de papiros que han sido excavados en Egipto en la primera parte del siglo XX nos han dado paralelos léxicos y gramáticos del lenguaje bíblico, revelando que este era parte de la trama y acción de aquellos tiempos. Pero el Nuevo Testamento griego fue "libre," creando, a menudo, su propio idioma. Los escritores cristianos ejercieron influencia en el pensamiento griego usando expresiones nuevas para impartir su mensaje acerca de Jesucristo.

Influencia semítica

Debido a que el griego del Nuevo Testamento combina la cualidad de directo del pensamiento hebreo con la precisión de la expresión griega, a menudo la delicadeza sutil del griego interpreta conceptos hebreos. La influencia semítica es más fuerte en los Evangelios, el libro del Apocalipsis, y la carta de Santiago. Libros como Lucas y Hebreos exhiben un estilo más típicamente griego. Las Epístolas del Nuevo Testamento combinan la sabiduría del hebreo con la filosofía dialéctica del griego. Los sermones registrados en el Nuevo Testamento combinan el mensaje profético hebreo con la fuerza de la oratoria griega.

Además de las citas directas y alusiones provenientes de la Septuaginta, se ha notado, en muchas áreas, una influencia semítica dominante en el griego del Nuevo Testamento. Por ejemplo, la sintaxis del griego del Nuevo Testamento contiene muchos ejemplos del estilo semítico.

Vocabulario

El vocabulario del Nuevo Testamento griego es amplio y suficiente como para comunicar el matiz de significado que desea el autor. Por ejemplo, el Nuevo Testamento usa dos palabras diferentes para "amor" (para dos clases de amor), dos palabras para "otro" (otro del mismo, u otro de una clase diferente), y varias palabras para diferentes clases de conocimiento. Significativamente, algunas palabras se

240

omiten, tal como *eros* (una tercera clase de amor), y otras palabras comunes que usaba la cultura helenística de aquel tiempo.

Además, a menudo las palabras griegas tomaban un nuevo significado en el contexto del evangelio, surgiendo de la combinación de una enseñanza nueva con una moralidad exaltada. Los escritores no vacilaban en usar palabras como "vida," "muerte," "gloria" e "ira" en nuevas formas para expresar pensamientos nuevos. A veces el significado literal de una palabra casi desaparece, como cuando los autores usan "agua," "lavar" y "bautismo" para indicar el poder espiritual purificador de Cristo. El vocabulario del Nuevo Testamento también contiene palabras que se encuentran sólo en otros lugares del Antiguo Testamento griego, tales como "circuncisión," "idolatría," "anatema," "diáspora" y "pentecostés." Las palabras tomadas del hebreo o del arameo incluyen *aleluya* y *amén* (hebreo); y *abba, mammón* y *corbán* (arameo).

Entonces, un diccionario de griego clásico es de ayuda, pero no es suficiente para entender el significado de una palabra del Nuevo Testamento. También debemos saber cómo se usa la palabra en el Antiguo Testamento griego, en escritos helenísticos, y en las inscripciones y documentos que representan el idioma de la vida diaria. Los documentos en papiro proveen muchas ilustraciones del significado de palabras del Nuevo Testamento. Por ejemplo, la palabra griega para "ofrenda" (1 Corintios 16:1), que en un tiempo se pensaba que estaba limitada al Nuevo Testamento, se usa comúnmente en los papiros. Muchas palabras griegas que antes se definían basándose en el griego clásico han cobrado un significado más exacto a la luz de su uso en los papiros.

Gramática

Al igual que en los idiomas indo-europeos, el significado de las palabras griegas es afectado por agregar o alterar varios prefijos y sufijos (el proceso conocido como "flexión"). Aunque su sistema de flexión es simple, comparado con el griego clásico, el griego del Nuevo Testamento tiene más flexiones que muchos otros idiomas. El significado griego, por lo tanto, es menos susceptible a las ambigüedades que algunos idiomas modernos.

En contraste con el hebreo, el griego tiene un género neutro así como masculino y femenino. Las muchas y precisas preposiciones griegas son sutiles y tienen varios significados que dependen del contexto. El griego del Nuevo Testamento usa sólo cerca de la mitad de las partículas que se usan en el griego clásico.

El sistema griego de verbos, mucho más complicado que el del hebreo, es capaz de transmitir matices de significado difíciles de expresar aun en inglés. Cada verbo griego tiene cinco aspectos, que los gramáticos llaman tiempo, modo, voz, persona y número.

Tiempo El tiempo del verbo griego trata principalmente de "la clase de acción," más que del "tiempo de la acción," como es en algunos idiomas modernos. En el griego hay tres clases básicas de acción: "durativa," expresada por los tiempos presente, imperfecto y (a veces) futuro; "simple" o *punctiliar,* expresada por los tiempos aoristo y (a menudo) futuro; y "completo," expresado por el pretérito perfecto (los resultados de acciones pasadas que continúan en el presente) y el pluscuamperfecto (los resultados se limitan al pasado).

Los tiempos verbales griegos a menudo son difíciles de traducir al otro idioma; el tiempo de la acción así como el significado básico de la raíz del verbo (así como si lleva complemento) debe ser combinado sutilmente, con la clase de acción, en una sola idea.

Modo El modo muestra la forma en que se debería entender la acción de un verbo. ¿Es real la acción? (Use el modo indicativo.) ¿Alguien demanda la acción? (Use el modo imperativo.) ¿Depende la acción de otras condiciones? (Use el modo subjuntivo u optativo.) ¿Describe la acción básicamente a otro sustantivo? (Use un participio.) ¿Es la acción básicamente sustantiva? (Use un infinitivo.) En la gramática, un sustantivo es una palabra o grupo de palabras que funcionan como nombre; los dos últimos ejemplos no son estrictamente modos, pero los gramáticos los usan de esa forma. Los modos le dan a un escritor griego un rico caudal de expresiones verbales.

Voz   La voz de un verbo describe si la acción está dirigida hacia afuera (activa), hacia adentro (en el medio), o de regreso al sujeto de la frase (pasiva).

Persona   La persona de un verbo dice quién está realizando la acción, ya sea yo (primera persona), tú o usted (segunda persona) u otra (tercera persona).

Número   El número del verbo indica si la acción está siendo realizada por una persona (singular) o por más de una persona (plural).

Estilo

El Nuevo Testamento contiene una variedad de estilos de escritura en su uso del griego. Los Evangelios, especialmente, muestran estilos semíticos. Mateo usa un estilo menos pintoresco que Marcos, y en algunos aspectos es más cercano al de Lucas, Hechos, Hebreos, Santiago y 1 Pedro. El estilo de Lucas varía de los estilos de Marcos y Mateo; es elegante. El estilo más bien simple de Juan contiene muchas características semitas.

Se han notado diferencias de estilo entre las cartas del apóstol Pablo. Las menos literarias y más directas en su forma de expresión son las cartas a los Tesalonicenses. Las Pastorales (1 y 2 Timoteo y Tito) tienen un estilo más cercano al dialecto koiné que la mayoría de las otras Epístolas —no tan judío y no tan influenciado por la Septuaginta como sus otras cartas.

La carta a los Hebreos combina la elegancia con un estilo

243

judío-griego. La carta de Santiago, aunque tiene una cualidad cultural muy alta, no es tan sensible en cuanto al estilo como Hebreos. Menos elegante es 1 Pedro, la cual fue fuertemente influenciada por la Septuaginta y, por lo tanto, refleja el estilo semítico.

La carta de Judas contiene dicción elevada y a veces laboriosa, y muestra la influencia del estilo judío. Segunda de Pedro, que se parece a Judas en su elevado estilo, ha sido influenciada aún más por la Septuaginta.

El libro del Apocalipsis tiene un estilo que generalmente es simple, pero muestra una influencia semítica considerable en el uso del paralelismo y la redundancia. Los eruditos lingüistas han identificado una cantidad de errores gramáticos aparentes en el griego del Apocalipsis.

CONCLUSIÓN

Para los cristianos, el mensaje que comunica la Biblia es simple y directo, y sin embargo es capaz de trasmitírselo a la gente que vive en las circunstancias culturales más complejas. Aunque todos los idiomas humanos tienen sus limitaciones, los idiomas bíblicos han probado ser un medio sumamente adecuado para comunicar el mensaje de Dios en todo su poder y riqueza.

BIBLIOGRAFÍA

Bauer, Hans y Pontus Leander. *Hebraischen Sprache [La Lengua Hebrea]*, 1962.

Bergstrasser, G. *Hebraische Grammatik [La Gramática Hebrea]*, 1962.

Blass, F. y A. Debrunner. *A Greek Grammar of the New Testament and Other Early Christian Literature [Una Gramática Griega del Nuevo Testamento y Otra Literatura Cristiana]*, 1961.

Cohen, Simon. "The Hebrew Language [El Idioma Hebreo]," editado por Isaac Landman, *The Universal Jewish Encyclopedia [La Enciclopedia Judía Universal]*, Volumen 5, 1941.

Kautzsch, E. *Gesenius' Hebrew Grammar [La Gramática Hebrea de Genesio]*, 1910.

Kutscher, Raphael. *A History of the Hebrew Language [Una Historia del Idioma Hebreo]*, 1982.

Robertson, A. T. *A Grammar of the Greek New Testament in Light of Historical Research [Una Gramática del Nuevo Testamento Griego a la Luz de la Investigación Histórica]*, 1934.

Terry, Milton S. *Biblical Hermeneutics [La Hermenéutica Bíblica]*, sin fecha.

La traducción de la Biblia
RAYMOND L. ELLIOTT

TRADUCIR es el proceso de comenzar con algo (escrito u oral) en un idioma (el idioma original) y expresarlo en otro idioma (el idioma receptor).

Las metas de la traducción se pueden resumir bajo cuatro encabezamientos: exactitud, idoneidad, naturalidad y formato.

Por "exactitud," queremos decir que el contenido que quiso comunicar el autor en el documento original debe ser transmitido de tal manera que el lector de la traducción reciba el mismo mensaje.

"Idoneidad" se refiere a expresar ese mensaje en un estilo que refleje la actitud e intención del autor.

"Naturalidad" quiere decir traducir para que el lector sienta que su idioma ha sido usado como lo usaría él, de una forma que le permite leer entendiendo el significado en lugar de enfrentarse a una cantidad de vocabulario confuso o a un rompecabezas gramatical.

El "formato" en el cual se ha escrito el original debería reflejarse en la traducción, siempre que esto se pueda hacer sin distorsionar la exactitud, la idoneidad y la naturalidad de la traducción. (Vea "Uso artístico del idioma" más adelante en este capítulo.)

Todas las traducciones, incluyendo la traducción de la Biblia, incluyen por lo menos dos idiomas. Por conveniencia nos referiremos al idioma del documento existente como el idioma original.

El idioma al cual se está traduciendo el documento lo llamaremos el idioma receptor.

Los problemas que se presentan en el proceso de la traducción tienen sus bases en las similitudes y diferencias entre los idiomas, así como en la naturaleza específica de los documentos que se están traduciendo. A través de los años se han desarrollado principios de traducción para resolver estos problemas.

La primera sección extensa de este artículo trata con *los factores de la estructura del idioma* que afectan cualquiera y todas las clases de traducción. La otra sección tratará con los *problemas relacionados específicamente con los documentos que forman la Biblia*. A continuación de esto, se mencionará brevemente la forma en la cual la traducción se relaciona con otros asuntos tales como la inspiración, la interpretación, la revisión, diferencias de dialectos, paráfrasis, versiones, género y estilos dedicados a audiencias especiales.

LOS FACTORES DEL IDIOMA EN LA TRADUCCIÓN

En la actualidad hay más versiones de la Biblia en inglés que en ningún otro idioma. Sin embargo, la mayoría de las traducciones de la Biblia que se están haciendo hoy en el mundo está destinada para otros idiomas.

Los factores del idioma que se mencionan a continuación son pertinentes a todos los idiomas, pero se ilustrarán por medio de ejemplos de sólo unos pocos idiomas.

Sonidos

El mecanismo vocal humano es capaz de producir cientos de sonidos diferentes. Cuando nace, una persona es capaz de aprender a usarlos todos. En el proceso del crecimiento, la mayoría de las personas sólo aprende los sonidos y las estructuras de su propio idioma, sin estar conscientes de las estructuras de otros idiomas.

En este artículo estamos tratando con la traducción de materiales escritos, no de materiales hablados, así que nuestra preocupación es sólo con la lectura de los documentos originales y no con hablar el idioma en que se escribieron esos documentos. Así que, por lo general, en la traducción de la Biblia no nos preocupamos por los sonidos del idioma.

Sin embargo, la situación puede ser bastante diferente con el idioma receptor. Si se va a hacer una traducción a un idioma que anteriormente no tenía forma escrita, el sistema de sonidos del idioma receptor debe ser dominado como base para inventar un alfabeto para escribir dicho idioma.

A menudo, la necesidad de analizar el sistema de sonidos del idioma receptor es el primer gran problema de traducción que se enfrenta. El principio involucrado para resolver este problema es que los sonidos del idioma receptor deben ser analizados considerando la estructura propia de ese idioma, para evitar imponer la estructura de algún otro idioma. Afortunadamente hay excelentes cursos de estudio para preparar a los traductores para el análisis de los idiomas.

Palabras y partes de palabras

Los sonidos se combinan con elementos de significado para producir palabras, frases, cláusulas, oraciones, párrafos y aún mayores unidades de expresión.

Las palabras son los componentes básicos para la estructura del idioma. En forma simultánea forman dos clases de unidades: (a) gramatical, es decir, las palabras se combinan unas con otras, y (b) semántica, es decir, las clases de patrones de significado que resultan.

Todos reconocemos fácilmente partes de las palabras si nos enfocamos en ellas (trans-atlántico, parte-s, pro-ducto, re-presentar), sin embargo, por lo general no estamos conscientes de que unimos esas partes de formas definidas muy rígidas. No hacemos el plural de parte "s-parte," ni decimos "pro-atlántico." Estos son ejemplos de cosas que "no podemos" hacer en español.

Cada idioma tiene su propio inventario de partes de palabras de muchas formas y tamaños diferentes, y cada idioma tiene sus propias reglas acerca de las maneras en que esas partes se pueden o no se pueden combinar para formar palabras.

El autor del documento original ya ha colocado las partes de las palabras en la forma en que quería usarlas. Por supuesto que es posible que el traductor no use bien el análisis de las partes de las palabras y así llegue a matices de significado que no concuerdan con lo que quiso decir el autor.

La situación con el idioma receptor puede ser bastante diferente, especialmente si antes no tenía forma escrita. Una parte muy importante del aprendizaje de un idioma, y de obtener fluidez creativa, es tomar nota de las partes de las palabras y estudiar las clases de combinaciones que se pueden formar en dicho idioma.

Un problema puede ser la tentación de "inventar" palabras nuevas combinando partes de palabras para llenar supuestos blancos en el idioma receptor, en los lugares donde parecen faltar palabras necesarias. Un principio importante es resistir esa tentación, puesto que tales palabras inventadas a menudo no tienen significado para las personas del lugar, o pueden comunicar un significado totalmente erróneo. Las formas locales naturales de expresar la mayoría de los conceptos ya son parte del lenguaje, y el esfuerzo paciente que se requiera para encontrarlas bien vale la pena.

Sin embargo, en otros aspectos, la atención cuidadosa de las partes de las palabras en el lenguaje original es tanto necesaria como crucial. Por ejemplo, una de las características importantes pero complejas del griego, el idioma original del Nuevo Testamento, es un sistema de *caso* que afecta el uso de sustantivos, pronombres, adjetivos y el artículo "el /la." El sistema de caso consiste en terminaciones de palabras que proveen información que puede o no ser aplicada a sustantivos en otros idiomas. La terminación de un sustantivo en griego puede indicar (a) si la palabra es singular o plural, (b) si el género es masculino, femenino o neutro, (c) algo acerca de la función gramatical de la palabra dentro de la frase y (d) información acerca de las categorías semánticas que pueden estar implícitas en dicha palabra.

El sistema griego de caso requiere que todo artículo, pronombre o adjetivo que se usa junto a un sustantivo, o que se refiere a un sustantivo, debe usar terminaciones que comunican la misma información que lleva la terminación del sustantivo, o por lo menos que no son incompatibles con ellas. Una ilustración de esto ocurre en 2 Pedro 3:1, donde la palabra "carta" tiene una terminación que la identifica como singular en número, femenina en género y acusativa en caso. Funciona como complemento del verbo "escribir." En la misma frase que está el sustantivo "carta" hay otras dos palabras, "esta" y "segunda," ambas con terminaciones que muestran que también son singulares, femeninas y acusativas.

Hay muchos otros idiomas que tienen este mismo tipo de terminación para los sustantivos y muchos otros que no. Aun entre esos idiomas que tienen características similares a las del griego, tal vez esas características no sean usadas para exactamente la misma función que en el griego. Mientras que la estructura griega incluye terminaciones de palabras que representan cinco casos diferentes, el español y el inglés tienen sólo unos pocos vestigios de terminaciones de caso (la mayoría de los cuales involucran sólo a los pronombres), mientras que algunos analistas dicen que el idioma finlandés tiene treinta y un casos.

Otra ilustración de la importancia de las partes de las palabras en el idioma original se encuentra en los verbos griegos, cuyas partes no sólo pueden representar el "significado del diccionario," sino también cosas tales como (a) quién lleva a cabo la acción, (b) si sólo una persona o más de una la están realizando, (c) cuándo se hace, (d) si es un evento único o un proceso, (e) si es algo que en realidad está sucediendo, un mandamiento o algo que se desea, o (f) si el predicado del verbo es un participante activo o pasivo en esa actividad.

Por lo tanto, la traducción de una sola palabra puede requerir a menudo una frase o aun una oración o más en otro idioma. Por ejemplo, la sola palabra "entréis" en Marcos 6:10 nos dice: (1) que los que llevan a cabo la acción son las personas con quienes Jesús está hablando; (2) que hay más de una persona; (3) que la acción es considerada como un evento singular; pero también (4) que es vista como algo que está por ocurrir. Puesto que toda esta información se encuentra en la forma griega para la palabra "entréis," se deben tener en cuenta todos estos factores cuando se traduce el pasaje en el cual se usa la palabra.

Palabras

Cada idioma tiene su propio inventario de palabras así como sus propias formas características de clasificarlas, y sus propias reglas en cuanto a las clases de combinaciones que forman, las funciones que llevan a cabo, y las clases de significados que expresan. Al igual que con las partes de las palabras, existen las mismas posibilidades y problemas cuando se trata de hacer coincidir las palabras usadas en un idioma con la palabras equivalentes en otro.

El griego tiene una clase de palabras "verbales" llamadas participios que pueden funcionar como si fueran sustantivos o como si fueran adjetivos. Sin embargo, básicamente debido al significado verbal de sus raíces, con frecuencia tienen que ser traducidas como si fueran verbos cuyos sujetos y predicados, entre otros elementos, tal vez tengan que ser deducidos del contexto en el que ocurren. Un participio griego muy pocas veces se puede traducir adecuadamente a otra lengua usando una sola palabra.

Por ejemplo, en 2 Timoteo 2:15, un participio, "cortando derecho," es acusativo masculino singular, refiriéndose a ambos, el pronombre previo "tú" y el sustantivo previo "obrero." El tipo de acción que expresa es "acción continua" o "habitual," y su predicado gramatical es la "palabra de verdad." El significado de la palabra viene de cortar un camino derecho para llegar a una meta, como, por ejemplo, cortar camino a través de un bosque. En esta referencia puede interpretarse con la "palabra de verdad" ya sea funcionando como la meta gramatical o como los medios para lograr esa meta. Dependiendo de la interpretación que se elija, la frase puede significar "cortar directamente a través de la palabra de verdad," o "usar la palabra de verdad para cortar directamente" y llegar a la mente y al corazón de las personas de las que Timoteo es responsable. Nuevamente, una sola palabra griega lleva mucha más información de la que se puede representar por una sola palabra española.

Palabras relacionadas al "mundo actual"

Ningún idioma puede ser exactamente igual a otro idioma en la forma en la que el vocabulario se relaciona con objetos, eventos y conceptos. Por ejemplo, algunos idiomas clasifican a los parientes con sumo cuidado, dependiendo de si están relacionados por el lado de la familia del padre o de la madre. El inglés, mientras que tiene la palabra "cousin (primo)," no tiene una sola palabra para indicar "la hija de la hermana de la *madre*," ni tampoco distingue si la relación es distinta de la "hija de la hermana del *padre*."

En algunas culturas, el vocabulario para parientes distingue claramente entre los parientes "nacidos antes de nacer yo," y aquellos "nacidos después de nacer yo." En algunos idiomas es importante usar un término para la suegra de un hombre y otro término diferente para la suegra de una mujer. Y en algunos idiomas, en los cuales se usan los términos de parentesco para indicar papeles sociales y grados mayores en contraposición a menores grados de respeto, la elección del término correcto para representar una "simple" relación puede ser un asunto complejo.

Los capítulos 1 y 2 de Lucas indican que Juan el Bautista nació antes que naciera Jesús. Por lo tanto, en algunas culturas se espera que Jesús refleje este hecho por la forma en que le habla a Juan, o habla sobre él, como en Mateo 3:15. Pero Juan declara con toda claridad, en 3:11, que Jesús tiene una posición más alta que la de él. Dentro de algunas culturas, también se puede asumir que la persona que bautiza tiene una posición más elevada que el que es bautizado. Estas consideraciones pueden afectar las formas que se eligen en algunos idiomas para representar la manera en que Juan y Jesús hablaron el uno con el otro, o hablaron el uno del otro, así como la forma en que los seguidores de Juan lo citarían cuando hablaran con Jesús, como en Mateo 11:3.

Si el respeto se adjudica automáticamente a alguien que ha nacido antes que otro, la elección de los términos puede tener que ser diferente a la que se haría en una situación cultural en la cual el estado civil, religioso, económico o político puede exceder en rango a la edad cronológica. Las relaciones y la terminología que gobernaban la elección de términos en hebreo y griego, por lo tanto, pueden no coincidir con las que requiere el idioma receptor.

Una declaración similar puede hacerse acerca de otros tipos de categorías de vocabularios. Por ejemplo, en una cultura que tiene sólo cinco términos básicos para los colores (negro, blanco, rojo, verde y marrón), tal vez no sea fácil encontrar una manera de decir "púrpura." Y si el color púrpura no representa el concepto de realeza, entonces decir simplemente que los soldados vistieron a Jesús con un manto púrpura (Juan 19:2) tal vez no comunique la burla que involucraba.

Cuando Jesús llamó zorro a Herodes (Lucas 13:32, NVI), entendemos que lo estaba describiendo como alguien que engaña. Eso no se entendería de la misma manera en una cultura en la cual el zorro es un presagio de desastre.

Cuando se traduce para un pueblo en el cual la expresión "dureza de corazón" significa "valentía" (a saber, un corazón duro es uno en el que no entra el temor), es confuso, como también incorrecto, decir que Jesús reprendió a sus discípulos por su "dureza de corazón" (Marcos 16:14).

El principio de traducción que destacamos aquí es que el vocabulario de un idioma refleja categorías y relaciones que son relevantes a la cultura de la gente que lo habla, y esas son diferentes en cada cultura y en cada idioma.

Dos palabras simples: "de" y "el"

La palabra "of (de)" es muy común en inglés y se usa para representar una amplia variedad de relaciones entre palabras. En el primer capítulo del Evangelio de Marcos solamente, nueve traducciones al inglés usan la palabra "of" entre dieciocho y treinta y una veces. La palabra representa relaciones tales como posesión, parentesco, localidad, nombres de lugares geográficos y características, el material del cual se hace algo, jurisdicciones políticas, el que hace una acción, etcétera. Pero en el griego no existe la palabra "of." El griego tiene otras formas de expresar esas relaciones que en inglés se traducen usando "of."

En español, la palabra "de" se usa para algunos propósitos que no sonarían bien en inglés. El idioma ixil nebaj en Guatemala no tiene una palabra para "de," pero las formas en que expresa el equivalente de la palabra "of" en inglés y "de" en español son diferentes de los medios correspondientes usados en griego.

Otra palabra común en inglés es "the (el)." Este artículo en inglés es mucho más simple que en español, el cual tiene cuatro formas —*el, los, la, las*— las que distinguen entre singular y plural, como también entre masculino y femenino.

En ixil el artículo es similar a la palabra "the" del inglés con dos excepciones: (1) Para especificar el plural le pueden agregar un sufijo a la palabra para "el." (2) Ixil usa "el" en una cantidad de construcciones en las cuales el inglés no lo usa, y viceversa.

En griego, el artículo "el" se deletrea de diecisiete maneras diferentes y lleva a cabo veinticuatro funciones gramaticales. Algunas de las formas se usan para distinguir el singular del plural, otras para distinguir entre los géneros masculino, femenino y neutro, y algunas muestran funciones gramaticales tales como el sujeto de una frase, el complemento, el poseedor o la localidad.

Sin embargo, el chuj, un idioma maya que se habla en Guatemala, divide todos los sustantivos en catorce categorías diferentes, tales como hombre, mujer, bebé, de madera, de metal, redondo, animal, etcétera. ¡Tiene una forma diferente de "el" para cada una de esas categorías! Una vez que un sustantivo ha sido presentado al hablar o escribir, no necesita ser mencionado de nuevo en el mismo párrafo: la forma correcta de "el" sirve como pronombre para referirse de nuevo a dicho sustantivo.

Así que, aun palabras tan simples como "el" y "de" difieren en forma muy notable de un idioma a otro en la compleja interacción entre la gramática y el significado. En el proceso de la traducción no se puede dar por sentado nada del documento original, y se deben emplear con cuidado las estructuras normales del idioma receptor para asegurarse que la traducción es exacta, apropiada y natural.

El problema que tiene el traductor es encontrar en el idioma receptor las formas que representarán apropiadamente las estructuras del lenguaje de origen —primero en lo referente al significado, estilo y naturalidad, luego, lo más posible que pueda, en cuanto a la forma.

Unidades gramaticales más grandes

Nos damos cuenta que ni los sonidos ni las palabras de un idioma pueden ser traducidos a otro idioma uno por uno. Tal vez nos sintamos tentados a asumir que las palabras en las frases, cláusulas o párrafos pueden ser transferidas al idioma receptor en el orden en que están en el original, para "retener la forma del original," o para "estar tan cerca del original como sea posible."

Nos damos cuenta de que hay veces cuando esto no es posible, pero tendemos a tratar esas veces como si fueran excepciones ocasionales de una meta que, por lo general, es deseable o posible de obtener. En realidad, es raro encontrar dos idiomas no relacionados cuyas estructuras gramaticales generales se puedan equiparar la una a la otra.

Por supuesto que cuanto más estrechamente relacionados estén dos idiomas, tanto más similares serán sus gramáticas. Pero aun idiomas que se relacionan estrechamente pueden exhibir diferencias sorprendentes en la estructura o significado de las "mismas" características lingüísticas.

Los ejemplos a continuación representan los hechos generales de la vida con los cuales siempre trabaja el traductor y no son raras excepciones. Por lo tanto, los problemas de la equivalencia y los principios que se deben seguir para resolver esos problemas se aplican con igual fuerza a todos los niveles de la estructura del idioma.

Frases

Uno de los resultados del sistema de caso que afecta a los sustantivos, notado anteriormente, es la relativa flexibilidad del orden de las palabras permitida por el griego en las frases. La frase nominal en 2 Pedro 3:1 "esta segunda carta" (mencionada antes) en realidad aparece como la primera, la cuarta y la séptima palabras en esa frase en griego. Este orden de palabras ("Esta ahora amado segunda a-ti-yo-escribo carta") es perfectamente natural y se entiende fácilmente en griego. El español requiere cambiar el orden a algo como esto: "Amado, ahora yo te escribo esta segunda carta."

En términos de la relación lingüística familiar, el griego y el inglés y el español son primos lejanos. Mientras que por lo general el inglés pone un adjetivo antes de un nombre, el español por lo general pone primero el nombre y luego el adjetivo.

En ixil, un idioma de origen maya que se habla en Nebaj, Guatemala, y que no tiene relación con el inglés, el español o el griego, hay muchos cientos de adjetivos, pero la mayoría de ellos no se puede usar en una frase nominal. Por lo general se usan en cláusulas separadas, así que mientras que en español podemos decir la frase: "los altos cedros," y usar una cláusula tal como: "Cortaré los altos cedros del Líbano" (Isaías 37:24), el idioma ixil requeriría una serie de cláusulas separadas tales como: "El Líbano tiene cedros; son altos; yo los cortaré."

Cláusulas

Cada una de las siguientes cláusulas comunica la edad de Noé (Génesis 5:32), sin embargo, cada una usa una clase de diferente de estructura y cada una refleja una actitud cultural un poco diferente en cuanto a la edad:

> Español: Noé tenía quinientos años.
> La construcción griega es similar a la del español.
> Inglés: Noé era quinientos años de viejo.
> Hebreo: Noé era el hijo de quinientos años.
> Ixil: Había quinientos (de los) años de Noé.

En inglés, los años son una de las características de Noé; en español son su posesión; en hebreo, Noé es el producto de sus años; y en ixil, la expresión simplemente declara la existencia de los años.

En una cláusula transitiva inglesa, el patrón más usual es Sujeto-Verbo-Complemento, pero para el español y el ixil el orden esperado es Verbo-Sujeto-Complemento. Para el griego, el sistema de caso le permite mucha variación en el orden de las palabras y las frases.

Se podrían dar muchos ejemplos para ilustrar que aun en el nivel de las cláusulas, tratar de duplicar en un idioma los patrones de otro podría ser ineficaz y llevarnos en la dirección equivocada.

Oraciones

Con frecuencia se cita Efesios 1:3-14 como un ejemplo de las largas oraciones que permite la estructura griega. Esta oración es una cláusula principal independiente (que no contiene un verbo) ligada a una serie de cláusulas dependientes por una serie normal de frases apositivas, frases participiales, frases preposicionales, pronombres relativos y conjunciones adverbiales —todas las cuales combinan el impulso de atribuirle gloria a Dios y mencionan algunas de las razones por las que es apropiado hacerlo.

En griego, el primer versículo de Mateo consiste de ocho sustantivos. La primera palabra se encuentra en caso nominativo, indicando que es la palabra principal de la frase. Las otras siete palabras están todas en caso genitivo. El segundo versículo claramente comienza una nueva frase. Referente a la estructura, el versículo uno tiene una clase de arreglo tipo escalera en cuanto a las relaciones:

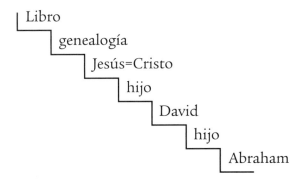

Debido a que este versículo no contiene un verbo, algunos comentaristas concluyen que debe ser alguna clase de título, aunque no es adecuado para ser el título de todo el libro, y la genealogía ocupa sólo los primeros diecisiete versículos del capítulo uno. De hecho, el versículo uno, tal como está, es una frase griega perfecta. La mayoría de los idiomas requerirá que se agreguen otras palabras para expresar las relaciones ya señaladas por los sustantivos griegos.

A nivel de la frase, así mismo, el traductor desea no tanto duplicar la estructura como comunicar el contenido del original usando herramientas lingüísticas que son naturales en el idioma receptor.

Párrafos y otras herramientas de la estructura

Un párrafo puede estar compuesto por una sola cláusula larga como Efesios 1:3-14, o una sola cláusula corta, o una sola frase o palabra. Lo más común es un párrafo en el que una serie de frases desarrollan un corto episodio, tema o relación.

El griego es un idioma que usa muchas conjunciones. Marcos comienza muchos párrafos con la conjunción "y," y algunas veces ese uso no sería natural en el idioma receptor. Dos de las conjunciones más comunes usadas en el Nuevo Testamento para unir frases no pueden ocurrir como la primera palabra de una frase griega. De nuevo quiero decir que otros idiomas, a menudo, no usan las conjunciones de la forma que lo hace el griego.

La estructura de los párrafos varía, aun dentro del mismo idioma, con diferentes tipos de contexto. Los párrafos de la introducción, tanto de Lucas como de Hechos, son diferentes de los de las cartas de Pablo. Juan comienza su Evangelio y su primera carta de una forma muy distinta que Mateo y Marcos o a las cartas de Pedro.

Las oraciones de Pablo, como en Efesios 1:17-21 y 3:16-19, y la alabanza o bendición, como en Efesios 3:20-21 o Romanos 16:25-27, son muy concisas. Sería raro que en otros idiomas se pudieran expresar tan concisamente, o usando las mismas herramientas lingüísticas que se emplearon en griego.

El registro de una conversación varía de un idioma a otro. Algunos idiomas por lo regular usan citas indirectas, como en Marcos 6:8: "Y les mandó que no llevasen nada para el camino, sino solamente bordón; ni alforja, ni pan, ni dinero en el cinto," y raramente usan citas directas, como en Marcos 6:9 (NVI): "'Lleven sandalias,' dijo, 'pero no dos mudas de ropa.'"

En algunos idiomas el patrón usual es usar citas directas casi exclusivamente. Y en otras lenguas, la elección puede ser un asunto de preferencia personal, o puede estar determinada por el tipo de conversación que se está registrando, o por la naturaleza de la audiencia. Por ejemplo, si el que habla sabe que sus oyentes no han escuchado la historia antes, puede insertar algunas señales que ayuden a recordar los personajes. Y es posible que los oyentes que ya están familiarizados con la historia piensen que esas señales no son necesarias.

Es interesante notar que algunas citas en los Evangelios, tales como: "Clamó, diciendo . . ." no son típicas del griego. Reflejan el uso común entre los oradores hebreos de usar en el griego algunos patrones de su propio idioma.

Romanos 12:1 es un buen ejemplo del uso de la expresión griega "así que," para sacar una fuerte conclusión de razones que ya se han expuesto. Romanos 1:16-20 contiene una serie de declaraciones presentadas seis veces en que se usa "porque," y cada una apoya la declaración que la acaba de preceder.

En mi experiencia personal, en cierta ocasión yo había trabajado muchas horas y arduamente para descifrar uno de los pasajes en el que Pablo desarrolló un tema basándose en el razonamiento lógico y en la deducción. Pero la respuesta de los líderes cristianos, cuando escucharon mi traducción, fue devastadora: "¿De qué está hablando?" Entonces comencé el párrafo haciendo que Pablo dijera esto: "Ahora quiero hablarles de . . ." y completé el párrafo con el tema del pasaje. Con el agregado de sólo esta característica de estructura del idioma receptor que se esperaba, el párrafo se comunicó bellamente.

Así que, en la esfera del párrafo, así como en todas las demás esferas, si se quiere reflejar el contenido y el desarrollo del documento original en forma natural, exacta y adecuada, el traductor debe emplear las formas que normalmente se esperan en el idioma receptor.

La estructura del discurso
En la esfera del discurso, el traductor intenta "penetrar" en el corazón y la mente del autor para entender (1) qué es lo que quiere

decir, y (2) cómo desarrolla la presentación de la forma en que lo dice. El autor ya ha usado en el original las herramientas del discurso que lograrán su propósito; ahora el traductor debe elegir las herramientas apropiadas en el idioma receptor para expresar las actitudes y relaciones correspondientes.

Los tipos de discurso incluyen la narrativa, el argumento, la instrucción, la apelación a las emociones y la persuasión, entre otros. Es de suma importancia que el traductor entienda cómo funciona cada tipo de discurso en el idioma original así como en el idioma receptor. Unos pocos ejemplos aclararán la naturaleza crucial que tienen muchos detalles pequeños.

Un amigo nuestro estaba consciente de que, en el idioma en que estaba traduciendo, había más de diez maneras de decir "él dijo," ya fuera al comenzar o cerrar una cita. Cuando los que hablaban el idioma fueron cuestionados acerca de los significados de las varias formas, respondieron: "Todas son lo mismo; todas significan 'él dijo.'" Sin embargo, el análisis de las estructuras del discurso reveló que cada una de las diversas opciones llevaba a cabo una función específica en el desarrollo de la historia y en los papeles que jugaban los personajes en relación los unos con los otros. Por ejemplo, un tipo de fórmula de cerrar la cita implicaba que el orador no aparecería más en el resto de la historia. Cuando incorrectamente se usó esa fórmula para las palabras finales de Jesús en Marcos 5, y luego se citó de nuevo a Jesús en Marcos 6, la inferencia obvia era que otra persona llamada Jesús estaba siendo presentada en Marcos 6.

En otro idioma, había cuatro maneras diferentes de decir "y" para unir frases y párrafos. Finalmente el análisis mostró que una palabra para "y" se usaba para indicar que "estamos continuando con los mismos personajes en la misma relación los unos con los otros, y el punto de vista del autor todavía no ha cambiado." Otro "y" significaba: "Esta persona es la que ahora se enfoca, y no aquella —pero el personaje principal continúa sin cambiar." Y otro "y" indicaba: "Ahora vamos a regresar para tomar el hilo principal de la historia."

En algunos idiomas, este tipo de control se hace por la elección de los pronombres más que por las conjunciones. Por ejemplo, en un idioma, la palabra que significa "él" se refiere solamente al personaje principal, mientras que otras palabras para "él" muestran cómo otros personajes se relacionan con el personaje principal. O la manipulación de la forma activa en oposición a la pasiva puede servir para mantener al personaje principal como el sujeto gramatical de todos los verbos principales, aun cuando él no sea quien está llevando a cabo la acción.

El tiempo del verbo puede mostrar la actitud del autor. En un idioma, una historia se relata en tiempo pasado hasta que se llega al clímax, cuando se cambia a tiempo presente. O un cambio de un tiempo verbal puede indicar: "Esta es la enseñanza de mi historia."

El idioma ixil tiene una serie de expresiones de una sílaba que indican la actitud del autor o la respuesta que él desea de su lector u oyente. Una expresión de esas indica afinidad con una acción o personaje, mientras que otra palabra de una sílaba indica desdén. Una le agrega énfasis, la otra limita el alcance de la acción y todavía otra pone dudas en una declaración que ha hecho otra persona.

Si la intención del autor es comunicar información, esto decidirá su elección de las aparentemente pequeñas e insignificantes sílabas o palabras. Si el autor quiere persuadir, o engañar, su elección estará gobernada por eso.

Puesto que las herramientas disponibles y las funciones son diferentes en cada idioma, no hay sustituto para que el traductor entienda esos mecanismos que tiene el idioma receptor y que los use de maneras que son naturales para el idioma receptor y para el tipo de contenido que se está traduciendo.

Estas consideraciones son de suma importancia para la

traducción de cada pasaje de las Escrituras. El dominio de ambos, el idioma original y el idioma receptor, así como del contenido de lo que se está traduciendo, es vital para que el lector entienda con claridad el mensaje del autor.

Gramática y significado

Las palabras que se arreglan gramaticalmente comunican un significado. Ciertas combinaciones de palabras pueden comunicar significados especiales o restringidos que son diferentes del significado al que se podría llegar simplemente sumando el significado de las palabras individuales. Decir: "Está que ladra," por ejemplo, indica la rabia y no la vocalización del perro.

El significado de un pasaje a menudo involucra consideraciones que no están presentes literalmente en el texto. En 2 Pedro 3:1, siguiendo a la frase nominativa "esta segunda carta" ("carta" aquí es femenino singular) se encuentran las palabras "en ambas." "Ambas" se refiere a "esta segunda carta," y también a la primera.

En Mateo 21:28-32 Jesús relata la historia de un hombre que les pidió a sus hijos que fueran a trabajar en su viña: Un hijo le respondió (en el original): "¡Yo, señor!" pero no fue. Su respuesta ha sido tomada universalmente como afirmativa, aunque dijo sólo "yo" además de "señor."

Marcos 6:39 dice que Jesús les dijo a los apóstoles que hicieran que la gente se sentara "por grupos sobre la hierba verde." "Hierba" es una generalización que comunicó una información tan específica como la que Marcos necesitaba. No fue necesario que se especificara la condición o el número de briznas de hierba. Pero los idiomas difieren los unos de los otros en los tipos de generalizaciones que generalmente emplean.

Formas de expresión/figuras literarias

Cada idioma difiere de los demás en la forma en que agrupa los elementos, especifica algunos dentro de un grupo, describe, compara, sugiere y generaliza. Muchas de esas categorías de pensamiento se expresan con lo que llamamos figuras literarias. A continuación presentaremos ejemplos de varios tipos bíblicos.

El símil: una comparación, como: "Veo gente; parecen árboles que caminan" (Marcos 8:24, NVI).

La metáfora: una comparación directa de características, como cuando Jesús llamó a sus discípulos "manada pequeña" en Lucas 12:32.

La metonimia: darle un nuevo nombre a algo, como cuando Jesús se refirió a Herodes como "ese zorro" en Lucas 13:32 (NVI).

La sinécdoque: esto es cuando sólo se menciona una parte de algo pero se quiere decir el total, como en Hechos 11:30, cuando se envió ayuda por causa de la gran hambruna por "mano" de Bernabé y de Saulo. También se puede referir al todo de algo cuando se quiere referir a sólo una parte, como en Juan 1:19 cuando dice que "los judíos enviaron de Jerusalén sacerdotes y levitas." "Judíos" aquí no quiere decir toda la nación, sino solamente los líderes.

El eufemismo: es cuando se habla de un asunto delicado, desagradable o prohibido de tal manera que suena mejor o es más aceptable socialmente. La costumbre judía de referirse a la relación sexual bajo la máscara de "conocer" a una persona (Génesis 4:1) se refleja también en Mateo 1:25. La muerte también se menciona como estar "dormido" (1 Tesalonicenses 4:13).

La Biblia es rica en figuras literarias. Algunas son compuestas con mucha deliberación, mientras que otras ya habían llegado a formar parte del hablar diario. En cualquier caso, el traductor no sólo debe saber lo que *se dijo* sino también lo que *se quiso decir*.

Las figuras literarias en otros idiomas pueden contener los mismos elementos, pero pueden usarlos para comunicar significados diferentes. De igual manera, las expresiones que suenan bastante diferentes pueden comunicar el mismo significado. La forma más natural para que las personas que hablan ixil expresen: "Mi furor se encenderá" (Éxodo 22:24) es decir: "Mi cabeza vendrá." En

263

vez de decir de "Finees ... ha hecho apartar mi furor" (Números 25:11), ellos dirían: "Mi cabeza se ha bajado debido a Finees."

Es una feliz excepción a la regla cuando "la misma" figura literaria que se usó en el idioma original puede usarse en el idioma receptor. La mayoría de las veces, el resultado de "tomar prestada" una figura literaria produce un significado diferente o no tiene sentido en absoluto.

Cuando no se puede usar la misma figura literaria, (1) se puede encontrar una figura diferente que comunique su mismo contenido y efecto en el idioma original, o (2) se puede traducir literalmente el significado de la figura literaria al lenguaje receptor sin intentar retener la figura misma. En algunos idiomas, si Pedro estuviera hablando, no podría instar a la gente con esta expresión: "Ceñid los lomos de vuestro entendimiento" (1 Pedro 1:13). Tal vez tendría que decir: "Estén mentalmente alertas y preparados para responder a la guía del Señor."

Uso artístico del idioma

Las formas literarias que están cuidadosamente diseñadas para producir efectos artísticos pueden emplear *sonidos*, como en las aliteraciones rítmicas; o *tiempo*, como en la cadencia y en el metro; o *significado*, como cuando se usan formas gramaticales diferentes en el mismo pasaje, o combinaciones de estas u otras herramientas.

Las formas de arte que son valorizadas, o aun posibles, dentro de una cultura específica, varían grandemente de un idioma a otro. Es posible que estén involucradas las características del idioma en todos los niveles. Por ejemplo, las partes de las palabras, tales como las terminaciones de un sustantivo o un verbo, afectan el ritmo. El número de sílabas de una palabra afecta el metro y la cadencia, y algunos idiomas tienden a tener palabras más largas que otros. En algunos idiomas receptores tal vez no se permita el cambio del orden gramatical normal para la poesía.

El griego y el hebreo, en ocasiones, permiten los juegos de palabras, pero usualmente es imposible transmitir los mismos juegos de palabras a otros idiomas.

El paralelismo es una forma común de la poesía hebrea. Se hace una declaración y luego es seguida por otra que la amplía, o que señala lo opuesto. Esto requiere un sistema de sinonimia muy elevado y un cierto grado de equilibrio en el metro. Esta es una forma artística que le es natural al idioma ixil, por ejemplo, y a menudo se usa en las oraciones a Dios.

Las formas artísticas en las Escrituras se usan para comunicar el estilo así como el mensaje y no sólo por "el uso del arte para el beneficio del arte." En primer lugar, el traductor de la Biblia determina el significado, pero no está libre del impacto del uso de la forma artística, e intenta reproducirla donde sea posible. Pero por lo general no se puede hacer, por ejemplo, en el uso de un acróstico, tal como el Salmo 119. Este salmo tiene veintidós secciones y cada sección tiene ocho líneas. La primera línea de cada sección comienza con la primera letra del abecedario hebreo, que es *alef*. Cada línea de la segunda sección comienza con la segunda letra, que es *bet*, y así sucesivamente a través de las veintidós letras del abecedario hebreo. El efecto total del acróstico hebreo está destinado a perderse en cualquier otro idioma.

Debido a la imposibilidad virtual de duplicar en otro idioma estas formas de arte —que dependen de una combinación de factores tales como significado, ritmo, metro u homogeneidad—, cada traducción de pasajes que emplea el uso artístico de las características del idioma representa cierto grado de compromiso. Pero la traducción todavía debería reflejar el intento del traductor de representar algunas de las herramientas artísticas que usó el escritor.

LA TRADUCCIÓN DE LA BIBLIA EN PARTICULAR
Entorno histórico, geográfico y cultural
Isaac, Siquem, circuncisión, filacterias, redes de pescar, ovejas, arena y norte —estos son sólo unos pocos de los términos

o conceptos que no les son familiares a algunos de los pueblos de hoy.

Los esquimales tal vez no conozcan la arena y las ovejas. Las personas que viven en una zona montañosa lejos del mar tal vez no estén familiarizadas con la pesca. Muchas culturas no tienen conocimiento de la terminología religiosa judía, ni de sus figuras históricas. "Donde sale el sol" puede ser el único término para "este" en algunas zonas del mundo.

A veces, el vocabulario que falta puede ser reemplazado por una frase descriptiva. Pero, por ejemplo, traducir "oveja" diciendo que "es un animal de cuatro patas cuya lana se usa para hacer ropa," pasa por alto el papel de la oveja en el sistema de sacrificios de los judíos y crea problemas difíciles de manejar para el flujo natural de la traducción.

El papel de la oveja en los sacrificios judíos podría ser captado describiendo a una oveja como "un animal de cuatro patas que los judíos usaban como ofrenda por el pecado," pero esto no es muy pertinente en el Salmo 23, donde el énfasis está en el cuidado más que en el sacrificio de la oveja. En los lugares donde esos problemas no pueden ser resueltos por la traducción en sí, tal vez no haya más alternativa que usar materiales suplementarios tales como notas al pie de página o un diccionario. O puede ser necesario confiar enteramente en la enseñanza.

Otras soluciones posibles, cada una con sus propias restricciones, incluyen: (1) usar un término de un idioma vecino; (2) usar una palabra local para un asunto similar o función; (3) usar una frase para escribir el concepto; o (4) transliterar una palabra del idioma original de la misma manera que, por ejemplo, "filacterias," "bautismo" y "misterio" han llegado al español.

Dinero

Los términos siclo, dracma o un cuarto de penique, no nos dan hoy una idea clara del poder adquisitivo en la antigüedad. Los dólares y centavos ecuatorianos son diferentes a los pesos colombianos, bolívares venezolanos y nuevos soles peruanos. Y todas las unidades monetarias están constantemente cambiando su valor relativo.

En algunos pasajes de las Escrituras, el tiempo que llevaba ganar el dinero puede hacer que el término cobre significado. Por ejemplo, un denario en una de las parábolas de Jesús (Mateo 20:2) representa el salario de un día de un obrero. En el incidente de la alimentación de los cinco mil, la declaración de Felipe (Juan 6:7, NVI) es significativa: "Ni con el salario de ocho meses podríamos comprar suficiente pan para darle un pedazo a cada uno."

Un talento tal vez valía el salario de quince años. En Mateo 18:24, el mismo hombre que pidió que le perdonaran una deuda de diez mil talentos (la tragicómica e inimaginable suma de dinero que se podría ganar trabajando más de 164.000 años —"ten paciencia conmigo, y te lo pagaré todo") rehusó perdonar a un hombre que le debía el valor de cien denarios —el salario aproximado de tres meses de trabajo.

En todos los pasajes en que se trata de dinero, el traductor no sólo debe comunicar el valor de las cantidades, sino también un sentido de lo que esos valores significaban para la gente descrita en la Biblia.

Pasajes problemáticos

Algunas palabras o combinaciones de palabras no se conocían antes que se usaran en las Escrituras, así que ni los traductores mismos tenían la clave de sus significados. Ahora hay menos de esas palabras, principalmente debido a que la evidencia arqueológica ha llenado muchos espacios en blanco. Cuando no se sabe el significado de un pasaje en la traducción, por lo general se usa una deducción basada en lo que se sabe y una nota marginal indica la naturaleza del problema.

Algunas veces se conoce el significado de cada una de las

palabras y la gramática puede ser clara, pero la secuencia específica de las palabras no tiene sentido para nosotros. Uno de tales
pasajes es Marcos 9:49 (NVI): "La sal con que todos serán sazona-
dos es el fuego."

En una categoría diferente están las frases que no significan
nada para nosotros en nuestra cultura, pero que eran claras para
los lectores de hace muchos años. Los lectores modernos tropie-
zan con la combinación de imágenes en 1 Pedro 1:13, la cual ha
sido traducida como un mandamiento: "Ceñid los lomos de vuestro entendimiento." Y sin embargo, esto se entendía fácilmente
en su entorno original: los hombres que realizaban trabajos que
requerían moverse tenían que sacarse sus amplios mantos, o atár-
selos alrededor de la cintura, para poder trabajar sin impedimen-
to. Al agregar las palabras "de vuestro entendimiento" a "ceñid los
lomos" indica que lo que se enfoca es una actitud mental. El pensamiento se podría traducir así: "Estén listos mentalmente para el
trabajo que tienen por delante."

Afirmación de la verdad

Para algunas culturas, la traducción de la serie de declaraciones
de Pablo en Romanos 9:1 (NVI): "Digo la verdad en Cristo; no
miento. Mi conciencia me lo confirma en el Espíritu Santo," con-
vencerá a los lectores que Pablo sí está mintiendo, puesto que sólo
una persona que miente usaría tal serie de afirmaciones de que
está diciendo la verdad. El preservar con fidelidad las formas de
expresión/figuras literarias del lenguaje original de estas declaraciones comunicaría el significado opuesto a lo que quiere comunicar Pablo.

Una solución podría ser una simple afirmación: "Estoy diciendo la verdad." Entonces es más probable que las siguientes declaraciones sean tomadas como verdaderas. Se habría traducido lo
que quiso decir Pablo, pero no la forma en la que lo dijo. Otra posible solución es retener la forma del original con una nota al pie

de página o con una referencia marginal explicando la intención de Pablo. Y otra solución es confiar en que el Espíritu Santo le interpretará la verdad al lector. El Espíritu Santo lo puede hacer y algunas veces lo hace. Pero las muchas diferencias de opinión entre los cristianos, tanto en asuntos pequeños como grandes, indican que no siempre lo hace.

Traducir en tal forma que es muy posible que los lectores interpreten mal el mensaje es traducir de forma irresponsable. Este principio se aplica a todos los problemas de la traducción y a sus posibles soluciones, y no sólo a Romanos 9:1.

Traducción e interpretación

"Uno sólo debería traducir y no interpretar." Todavía se escuchan declaraciones como esta de vez en cuando. Si eso fuera posible, el trabajo del traductor sería más fácil. Pero las diferencias en los idiomas son tales que una serie de palabras equivalentes una-por-una no constituye una traducción.

Sin embargo, hay un sentido bastante restrictivo en el que es necesario "traducir sin interpretar." Algunos dicen que el libro del Apocalipsis es el más fácil de traducir pero el más difícil de interpretar. El idioma y el estilo del Apocalipsis son relativamente simples. Por ejemplo, puede ser bastante fácil decir en el idioma receptor: "Entonces vi que del mar subía una bestia, la cual tenía diez cuernos y siete cabezas" (13:1, NVI). Pero si el traductor intenta incluir el significado de la bestia, los cuernos y las cabezas, entonces está interpretando más allá de las intenciones del autor. Aun así, en algunas culturas, los cuernos sólo están asociados al mal, así que en un pasaje como el de Apocalipsis 5:6, en el que un personaje "bueno" está representado como que tiene "cuernos," habría un aparente choque de valores de una tradición literal. La enseñanza cuidadosa podría ser la única respuesta a tal problema en tal entorno cultural.

Asimismo, lo que se dice en algunas parábolas se entiende con facilidad, pero cómo se debe entender la forma de expresión dentro de su contexto es un asunto de interpretación y no específicamente de traducción.

Las decisiones en cuanto a la interpretación y la aplicación dependerán de la comprensión que tenga el traductor sobre hasta qué punto el simbolismo tiene la intención de revelar o de ocultar el propósito y el significado del autor.

Traducción y paráfrasis

En tiempos recientes, la "paráfrasis" ha sido mal usada y también muy criticada. Los diccionarios definen una "paráfrasis" como expresar algo con otras palabras con el propósito de hacerlo más claro. Por lo tanto, se asume que una paráfrasis está en el mismo idioma que el original que está reformulando, y que refleja el mismo contenido, aunque tal vez no la misma forma, de ese lenguaje original.

Dos traducciones que se hagan del mismo original pueden diferir, pero los resultados no son una paráfrasis el uno del otro. Más bien son, simplemente, traducciones separadas y posiblemente divergentes del mismo original.

De las consideraciones que presentamos antes en este artículo, es fácil entender cómo las traducciones pueden diferir de manera legítima. Las traducciones pueden ser expresiones igualmente válidas de lo que los traductores entendieron en cuanto a las intenciones del autor.

Sin embargo, una paráfrasis lleva ese nombre sólo cuando expresa con palabras diferentes el contenido de algo que ya está en el idioma. Si el significado de la paráfrasis no es el mismo del documento que se está parafraseando, ¡entonces no es una paráfrasis en absoluto!

Por lo tanto, es erróneo aplicar la palabra "paráfrasis" a una traducción con el propósito de implicar que ha cambiado el significado del original.

Otro problema que surge con el uso erróneo de la palabra "paráfrasis" es que fomenta la pregunta: "¿Cómo se compara o contrasta la traducción *A* con la traducción *B*?" La pregunta apropiada es más bien: "¿Qué tan fielmente expresa la traducción *A* o la traducción *B* el contenido y la intención del documento original en el idioma receptor?" Esta es la preocupación vital y no cómo una traducción difiere de otra.

Diferencias de dialectos

Por lo general, los mexicanos saben que la gente de Monterrey, Oaxaca y Cancún no hablan español exactamente de la misma forma. También es posible que estén conscientes que lo mismo es cierto de las personas de habla hispana en México D.F., Madrid y Buenos Aires.

Casi nunca son necesarias traducciones diferentes para los de Monterrey y los de Oaxaca, pero la gente más erudita está de acuerdo en que las diferencias entre México D.F. y Madrid son suficientes muchas veces como para versiones diferentes.

En muchas zonas del mundo, los problemas de los dialectos son mucho más severos de lo que podrían sugerir estos ejemplos de diferencias nacionales o internacionales.

Setenta mil personas de los tres idiomas ixil (que son nebaj, chajul y cotzal) en Guatemala constituyen una "isla" lingüística rodeada de otras áreas en las cuales se hablan otros ocho idiomas. El mismo ixil nebaj tiene tres zonas de dialectos principales. La palabra nebaj que significa "hermano menor" significa "el hijo de una mujer" en cotzal, a sólo unos dieciocho kilómetros de distancia.

Un río en un desfiladero, o una cadena de montañas, a menudo constituyen una frontera para un idioma o para un dialecto. En un caso, por ejemplo: "Él no fue" en un lado del río que corre en la montaña quiere decir: "¿Fue él?" al otro lado del río.

Una frontera de un dialecto en el idioma aguacatec de

271

Guatemala corre por el medio de un pueblo pequeño y la gente que vive a cada lado de la línea afirma que la gente del otro lado no habla el idioma correctamente.

Aparte de las diferencias geográficas de un dialecto, hay también diferencias sociales y culturales. Con el tiempo, esas diferencias se identifican (a veces incorrectamente) como superiores en oposición a inferiores, o educadas en oposición a ignorantes, o formales en oposición a informales, o corteses en oposición a descorteses, o como refinadas en oposición a rústicas, o como estándares en oposición a regionales.

Por ejemplo, en un país, las Escrituras siempre habían sido publicadas en un dialecto literal especializado. Los eruditos rehusaron producir una traducción en el idioma común del pueblo basándose en que "entonces podría ser entendida por cualquier persona," y ya no sería la propiedad exclusiva de la clase literaria.

En algunos países se ha desarrollado un dialecto "cristiano" alrededor del uso, no reglamentado, del idioma que hace un extranjero (a veces un misionero). El resultado es que solamente los que han estado en contacto por algún tiempo con el extranjero pueden entender su vocabulario especial.

Para una comunidad o una zona de idioma a la que el cristianismo le ha sido presentado recientemente, puede que sea necesario ser más explícitos en algunos aspectos de la traducción para los nuevos cristianos; pero no necesariamente para las personas que en su cultura han tenido conocimiento de la historia bíblica y los personajes bíblicos durante un largo tiempo.

Traducción y revisión

Los idiomas están pasando constantemente por un proceso de cambio. Lo ideal sería que cada traducción fuera revisada cada vez que una palabra o estructura ha cambiado al punto que ya no es exacta o ya no refleja adecuadamente la intención o el contenido del documento original. Prácticamente, sin embargo, debido al gasto involucrado en editar, preparar el documento, imprimirlo y distribuirlo, no es común hacer cambios en una traducción hasta que se puedan hacer una gran cantidad de cambios a la vez. A nivel emocional, algunas personas reaccionan a esos cambios como si se estuviera "adulterando la Palabra de Dios," en lugar de reconocer que representan una preocupación ferviente y cuidadosa para que el lector se beneficie de la expresión más correcta y apropiada posible de la Palabra de Dios.

La Palabra de Dios no cambia, pero los idiomas y los significados de las palabras sí cambian. La única forma en que la Palabra de Dios puede continuar comunicando como debe ser es poniendo al día la traducción periódicamente.

En un sentido muy real, la forma en que está escrita la Biblia no sólo estimula la experiencia cristiana, sino que es el producto de ella. Al igual que los "niños en Cristo" crecen hasta alcanzar la madurez, y al igual que un traductor de lenguas extranjeras crece en el dominio y la creatividad de la lengua receptora, es muy cierto que los cristianos, el traductor y la traducción "crecen" juntos. Después de un período de unos veinte años deberían estar disponibles mejores maneras de expresar el contenido de las Escrituras.

Traducción y género

Al tratar con asuntos de género, la perspectiva del traductor de la Biblia puede ser muy diferente de la de otros, tal como los comentaristas o críticos que pueden enfocar el asunto de la traducción desde la posición de una agenda social, política o religiosa específica. La primera y principal preocupación del traductor es el significado del documento original, y la forma de expresar ese significado con exactitud, idoneidad y naturalidad en la lengua receptora. En resumen, el traductor trata el género como él o ella trata cualquier otra característica del idioma.

Las características de las estructuras del idioma que marcan el género, por lo general, son los pronombres, los artículos y los sufijos. No hay dos idiomas que tengan la misma cantidad de esas características, como tampoco hay dos idiomas que empleen esas características de la misma manera. En un idioma dado, el pronombre tal vez indique o no indique el género. Si los pronombres no indican el género, el traductor depende del contexto en cada instancia para entender cualquier información sobre el género que pudiera estar presente. A continuación, el traductor debe elegir qué formas va a usar en el idioma receptor —si es que el idioma receptor requiere especificación de género. De igual forma, los artículos y los sufijos pueden o no indicar el género. En aquellos idiomas donde los indicadores del género en los artículos y adjetivos deben concordar con los indicadores de género de los sustantivos a que se refieren, el traductor debe tener mucho cuidado al elegir los indicadores de género apropiados en el idioma receptor que indican el género para evitar, tanto como sea posible, que el lector se confunda.

En muchos idiomas, las señales de ambos, el género y el número, pueden ser indicadas por la misma palabra o palabras. Dependiendo de la estructura del idioma específico, los indicadores del género podrían ser masculino singular o plural, femenino singular o plural, o neutro singular o plural (y en algunos idiomas, la categoría del número puede ser singular, dual y de tres o más). O las palabras podrían no indicar número ni género (por ejemplo el artículo *the* en inglés). Afortunadamente, en la mayoría de los contextos, hay muy poca duda en cuanto al género y al número que se tiene la intención de comunicar. Desafortunadamente, en algunas instancias es difícil saber la intención del autor —y los eruditos bíblicos no siempre están de acuerdo sobre cuáles son las instancias "difíciles."

De lo que hemos estado hablando hasta aquí es del "género gramatical." El hecho es que los conceptos de masculino y femenino son parte del idioma sin indicar que algo es realmente hembra o varón. Por ejemplo, en español "la mano" es gramaticalmente un sustantivo femenino, sin tener en cuenta de quién es la mano. La traducción de semejantes palabras es bastante directa. Sin embargo, la traducción se vuelve más compleja cuando palabras con género gramatical se refieren a personas, que realmente son varones o hembras. En algunos idiomas, las palabras que tienen un género específico se usan comúnmente en la cultura del autor como que tienen un género específico o un género inclusivo (refiriéndose tanto a varones como a hembras). Tal inclusión de género es un rasgo de varios idiomas incluyendo el hebreo, el griego y el español (por ejemplo, en español la palabra "niños" se usa para indicar varones o niños en general). Hasta hace pocos siglos, esto era también generalmente cierto en inglés. ¿Cómo pueden los que escuchan estos idiomas entender lo que el orador o el autor quiere decir? En los lugares en que existen opciones gramaticales múltiples, los lectores deben decidir usando su propio criterio y otras pistas que están en el contexto.

En el inglés tradicional, palabras tales como *man (hombre)* y *men (hombres)* —dependiendo del contexto— eran comúnmente usadas para referirse a la gente en general, no sólo al sexo masculino. Sin embargo, el estilo moderno del inglés demanda que se evite un idioma dominado por hombres. Por lo tanto, los traductores al inglés deberían hacer lo mejor posible para traducir los sustantivos y pronombres griegos que son realmente de género inclusivo con nombres y pronombres ingleses de género inclusivo. Por ejemplo, *anthropos* a menudo significa "humano," no "hombre" (es decir, varón). Una frase como "a menos que un hombre haya nacido de nuevo" (en el inglés tradicional de la Biblia del Rey Jacobo) debería leer "a menos que una persona haya nacido de nuevo." Sin embargo, esto no se aplica a "Dios," quien siempre es representado por un pronombre masculino a través de toda la Biblia.

La característica del idioma del género inclusivo presenta

algunos desafíos interesantes al traductor de la Biblia. Algunos pasajes de las Escrituras usan sustantivos para nombrar a algunos grupos de personas mientras que no mencionan a otros —o por lo menos *parece* que los dejan sin mencionar. Por ejemplo, en el Salmo 148:12, el autor exhorta a "los jóvenes y también las doncellas, los *ancianos* y los niños" a que alaben al Señor. Esta lista no menciona a las ancianas. ¿Quiere decir esto que el autor las excluyó intencionalmente? Debido a que la inclusión de género es una característica bien establecida del hebreo, el traductor podría asumir con confianza que el significado que el autor quería comunicar era "jóvenes y doncellas, personas viejas, y los niños y las niñas," y traducir el hebreo al inglés de acuerdo a eso.

En algunos pasajes, la traducción de palabras que expresan género podría depender de la información en el contexto y en algunos otros principios de interpretación. Por ejemplo, en Marcos 6:44 el número de personas que fueron alimentadas se especifica como cinco mil hombres (plural masculino). En el uso normal del griego, esta palabra podría significar tanto *varones* ("hombres") o ambos, varones y mujeres ("gente"). ¿Cuál traducción es la correcta? El contexto de Marcos 6 no le da al traductor suficiente información como para decidir, pero el traductor podría asumir sin duda, de otros usos similares del griego, que la elección correcta es "gente." En otro documento escrito por otro autor, Mateo 14:21 dice que el número que comieron "fueron como cinco mil hombres, sin contar las mujeres y los niños." Esta frase adicional nos deja saber que (1) ni las mujeres ni los niños estaban presentes, o (2) que las mujeres y los niños estaban presentes, pero que no fueron contados entre los cinco mil. De cualquier manera, en Mateo 14:21 el traductor determina que el número cinco mil se refiere a los "hombres" y no incluye a las mujeres y a los niños. Usando principios interpretativos adicionales (que se relacionan a la armonía de las Escrituras), el traductor también podría usar "hombres" en Marcos 6:44.

A veces, un sustantivo parecería lo suficientemente específico, pero el contexto da lugar a una pregunta de género. En Juan 20:17 (NVI), Jesús le dice a María Magdalena: "Ve más bien a mis hermanos y diles." En el versículo 18 (NVI), María "fue a darles la noticia a los discípulos." ¿Cumplió María las direcciones que le dio Jesús? La frase *mis hermanos* del versículo 17 es plural masculino. Si se toma literalmente, esto se referiría sólo a los hermanos varones de Jesús. Si del contexto decidimos que esa referencia limitada no es aceptable, entonces, ¿extendemos esa referencia solamente a un grupo mayor de varones? ¿O es igualmente correcto tomar el plural masculino aquí (como en algunas otras referencias en el texto griego) queriendo decir tanto varones como mujeres?

La misma situación se presenta en Hechos 4:4, donde literalmente se lee: "el número de *varones* aumentó." Aquí, la palabra griega para "varón" es la misma que en algunos contextos se traduce como "esposo"; no es el término más general para "hombres" o "gente." De nuevo, ¿fueron solamente *varones* los que creyeron y fueron contados en "el número," como sugeriría una traducción literal? ¿O es igualmente correcto entender que esto se refiere al número creciente de todos los creyentes, tanto varones como mujeres?

Efesios 6:1-4 es interesante desde el punto de vista del género. El versículo 1 (NVI) dice: "Hijos, obedezcan en el Señor a sus *padres.*" Asumimos que la referencia es a ambos, el padre y la madre. En el versículo 2 se menciona a ambos, el "padre" y la "madre." En el versículo 4, entonces, ¿debemos asumir que la referencia es a "los padres," que sólo los padres *varones* son los del contexto? Si lo hacemos así, una inferencia posible es que los padres, particularmente, son los que deben evitar hacer enojar a sus hijos. Otra inferencia posible es que es permisible que las madres hagan enojar a sus hijos. ¿O es igualmente correcto entender que el autor está diciendo que ambos, el padre y la madre, no deben hacer enojar a sus hijos?

En Filipenses 4:21, a los creyentes de Filipos se les instó a que saludaran a "todos los santos," y Pablo dice que "los *hermanos* que están conmigo les mandan saludos." Si tomamos esto literalmente, indicaría que los saludos son sólo de los creyentes varones. Sin embargo, el versículo 22 indica que "todos los santos" (masculino plural) son los que saludan, lo cual, de nuevo si se toma literalmente implicaría saludos de sólo los creyentes varones. ¿Infiere esto que las mujeres creyentes no mandaron saludos, ya sea que estuvieran o no asociadas con "la casa de César"? ¿O es igualmente correcto entender que Pablo estaba llevando saludos de ambos, los creyentes varones y las creyentes mujeres?

El alcance de esta sección no permite una lista exhaustiva de los pasajes en los cuales el género es un factor con el que se debe lidiar en la traducción, ni tampoco el espacio nos permite indicar cuáles son los pasajes que presentan "problemas," aun si hubiera un acuerdo general en cuanto a cuáles son esos pasajes. Pero se ha mencionado lo suficiente para sugerir que, aun sin la intrusión de los que tienen sus propias ideas, la traducción del género no es un asunto simple.

Traducción e inspiración

¿Es una traducción de la Biblia la Palabra de Dios inspirada? Sí, hasta el punto en que la traducción le transmita al lector lo que Dios dirigió a los autores que escribieran. No, hasta el punto en que no transmite el significado de lo que Dios comunicó originalmente.

Equivocarse en el significado puede suceder de diferentes maneras: uno le puede agregar al original u omitir algo de él; puede traducir de forma que no se transmita ningún significado (a saber, confusión) o que transmita el significado incorrecto. Todos los esfuerzos de traducción corren el peligro de cometer errores de esos tipos.

La experiencia nos enseña que aun una traducción parcialmente defectiva todavía puede transmitir mucho del contexto de lo que Dios expresó a través de los escritos originales de la Biblia. (Si eso no fuera así, entonces ¡los lectores de la Biblia en el idioma español tendrían, en efecto, serios problemas!) También nos enseña que ni el traductor ni los lectores están libres de los efectos de esos elementos que no fueron transmitidos correcta o adecuadamente.

¿Ayuda Dios, por medio del Espíritu Santo, al traductor hoy? La respuesta es un enfático ¡sí! ¿Garantiza esto que el trabajo del traductor va a estar libre de todo error o información errónea? La experiencia dice que no. Tal vez se podría decir que algunos traductores están más "inspirados" que otros, por el hecho de que están más capacitados de apropiarse de los impulsos directivos del Espíritu Santo. Yo prefiero decir que algunas traducciones reflejan el mensaje de Dios en forma más exacta y apropiada que otras. Es fácil perder de vista el hecho de que cualquier versión que no esté en el hebreo o el griego originales es una traducción que ha sido preparada por uno o más seres humanos.

"Algunos dicen que la traducción es una ciencia; otros dicen que es un arte; otros dicen que es imposible." Cada una de esas declaraciones es parcialmente cierta.

Si descuidamos la ciencia, no sabemos qué contenido y estilo tenía la intención de expresar el documento original, ni tampoco sabemos qué formas se pueden usar apropiadamente en el idioma receptor para expresar el mismo contenido e intención.

Si descuidamos el arte, fallamos en cuanto a tener discernimiento sobre las actitudes de los autores y no podremos combinar en la traducción, en forma apropiada, ni el contenido ni el "sentimiento" de un pasaje. Podremos tener las "palabras" pero nos faltará la "música."

Ni la ciencia ni el arte pueden excluirse mutuamente, pero ¡son compañeros excelentes e importantísimos!

La traducción es imposible, si queremos decir que aun una

pequeña porción de las combinaciones del mismo sonido, gramática y significados en cualquier idioma original pueden ser duplicadas, en forma aceptable, en cualquier idioma receptor dado.

Por otro lado, la traducción es muy posible, si por traducción queremos decir que representamos el contenido del documento original de tal forma que el efecto y la intención completos del autor se ponen a disposición del lector. Esto requiere que el traductor use en su tarea todos los recursos que le sean posibles usar de ambos, el arte y la ciencia, confiando en que el Espíritu Santo de Dios dirija la forma en que los usa.

BIBLIOGRAFÍA

Beekman, John, y John Callow. *Translating the Word of God [Traduciendo la Palabra de Dios], 1974.*

De Ward, Jan, y Eugene Nida. *From One Language to Another [De Un Idioma a Otro], 1986.*

Nida, Eugene. *Toward a Science of Translation [Hacia una Ciencia de la Traducción], 1964.*

Nida, Eugene, y Charles Taber. *The Theory and Practice of Translation [La Teoría y la Práctica de la Traducción], 1974.*

Schwarz, W. *Principles and Problems of Biblical Translation [Los Principios y Problemas de la Traducción Bíblica], 1955.*

Versiones de la Biblia

VICTOR WALTER

PARA OBTENER UNA IMAGEN de cómo la Biblia ha llegado a los diferentes grupos de gente en el mundo, tome un mapa del hemisferio oriental e imagínese a Palestina como el centro de un pozo de agua. Piense en la revelación que Dios hizo de sí mismo a través de los profetas, Cristo y los apóstoles como una piedra que se arroja en medio de esa extensión de agua. En su mente, observe el avance de los círculos concéntricos que salen hacia todo el mundo, comenzando en Palestina, y diga los idiomas que abarca la onda que se forma en el agua: hacia el sur, cóptico, árabe, etíope; hacia el oeste, griego, latín, gótico, inglés; hacia el norte, armenio, georgiano, eslavo; y hacia el este, donde sale el sol, siríaco. Cuanto más lejos avanzó la Biblia de su centro hebreo/arameo/griego en Palestina, tanto más tarde fue la fecha de su traducción a otro idioma.

Esa revelación única de Dios, la Biblia, se produjo en el Cercano Oriente, principalmente en dos idiomas que se hablaban en Palestina. El Antiguo Testamento fue escrito en hebreo, con la excepción de partes de los libros de Daniel y Esdras, las cuales pueden haber sido escritas en arameo, el idioma de la cautividad. Es muy probable que todo el Nuevo Testamento haya sido escrito en griego (koiné), que era la lengua principal de la mitad oriental de los territorios bajo el dominio de César, y se entendía en casi todos los otros lugares del Impero Romano. Por lo tanto, todas las personas que no hablaban hebreo o griego estaban expuestas a no ser tocadas por la revelación escrita de Dios hasta que alguien tradujera la Biblia a su idioma.

El proceso de traducir la Biblia comenzó aún antes del nacimiento de Cristo, con las traducciones del Antiguo Testamento que se hicieron al griego y al arameo. Muchos de los judíos dispersos que vivieron antes del nacimiento de Cristo no hablaban hebreo y, por lo tanto, necesitaban una traducción en griego o arameo. La traducción más popular del Antiguo Testamento era la Septuaginta. La usaron muchos judíos, y más tarde muchos cristianos. De hecho, la Septuaginta fue la "Biblia" para toda la primera generación de cristianos, incluyendo aquellos que escribieron varios libros del Nuevo Testamento.

Los primeros misioneros cristianos que llevaban un texto de la Septuaginta (o Biblia hebrea) y el Nuevo Testamento griego (o porciones de ellos), que sabían leer, salieron de las primeras iglesias de Jerusalén y Antioquía de las que leemos en el libro de Hechos. Se radicaron con personas que hablaban un idioma que ellos tuvieron que aprender. Esos misioneros traducían o parafraseaban oralmente los pasajes de la Biblia que necesitaban para la enseñanza, la predicación y la liturgia. Muchos inconversos aceptaron a Cristo, y surgieron muchas iglesias. Sintiendo la urgente necesidad de que la Biblia estuviese disponible en el idioma de los nuevos convertidos, los misioneros muy pronto se dieron a la tarea de traducir toda la Biblia al idioma de esas personas. El impulso que ha movido a nuestros modernos traductores de la organización Wycliffe Bible Translators siempre ha estado en el corazón de las misiones, y es así como nacieron las versiones más importantes de la Biblia.

Así que, la traducción de la Biblia fue espontánea e invariablemente informal y oral al principio, y notablemente evangelística en su motivación. La iglesia primitiva alentó con entusiasmo los esfuerzos de traducción. Aun hasta cuando nació la versión eslava a mediados del siglo noveno, los papas Adriano II (867-872) y Juan VIII (872-882) apoyaron el proyecto. Pero un cambio sorprendente ocurrió en la iglesia occidental con referencia a la traducción de la Biblia. El latín se convirtió en el idioma dominante, de tal modo que ya nadie leía griego. Entonces, a medida que el aprendizaje se convirtió en el privilegio de sólo los nobles ricos y los prelados (clérigos de alto rango, como los obispos); y a medida que el esplendor de la civilización clásica se perdió en la agitación del feudalismo en Europa; y que la jerarquía católica —encabezada por el papa— se aseguró un control firme en el cristianismo occidental, la Biblia fue retirada de las manos de los laicos. Por lo tanto, mientras que los sacerdotes podían leer el texto en latín y hablar la liturgia en latín (por lo menos a nivel mínimo), ya no había una motivación significativa para las traducciones al idioma vernáculo.

El latín llegó a ser considerado un idioma casi sagrado, y las traducciones de la Biblia en el idioma vernáculo se veían con sospecha. El papa Gregorio VII (1073-1085) le dio voz a tales sospechas cuando, sólo doscientos años después que Adriano II y Juan VIII habían pedido que se hiciera una traducción en eslavo, Gregorio intentó detener su circulación. En el año 1079, él le escribió lo siguiente al rey Vratislaus de Bohemia:

> Porque es claro para los que reflexionan sobre ello que sin duda le ha agradado al Dios Todopoderoso que la sagrada escritura fuera un secreto en ciertos lugares, porque si fuera aparente para todos los hombres, tal vez sería de poca estima y no sería respetada; o podría ser entendida erróneamente por los de pocas letras, y así llevar a error.

Mientras tanto, en Palestina y en el norte del África la marcha inexorable del islam cambió el panorama religioso de los litorales orientales y sureños del Mediterráneo. En un período de cien años posteriores a la muerte de Mahoma en el año 632 (nació en el año 570), se habían destruido más de novecientas iglesias y el Corán llegó a ser la "Biblia" en el gran círculo desde las paredes de la fortificada Bizancio dando la vuelta hacia el oeste hasta Iberia.

Restringida por la oposición oficial en el oeste, y obstaculizada por la conquista islámica en el Medio Oriente, la traducción de la Biblia casi se extinguió por medio siglo. Los esfuerzos por traducir no ganaron vitalidad hasta la llegada de la Reforma protestante en la primera parte del siglo XVI, cuando los misioneros aprovecharon el uso de la imprenta (cuyo inventor fue Johannes Gutenberg) para producir múltiples traducciones de la Biblia. Erasmo expresó el deseo de todos los traductores bíblicos en el prefacio de su recientemente publicado Nuevo Testamento griego (1516):

> Deseo que hasta la mujer más débil lea el Evangelio —que lea las epístolas de Pablo. Y quisiera que estuvieran traducidos a todos los idiomas, para que pudieran ser leídos y entendidos, no sólo por los escoceses y los irlandeses, sino también por los turcos y los sarracenos. Hacerlos entender es el primer paso. Puede ser que muchos se burlen, pero algunos los aceptarían. Quisiera que el labrador se cantara a sí mismo porciones de ellos cuando sigue el arado, que el tejedor los tarareara al compás de su lanzadera y que el viajero alejara el tedio de su viaje con sus historias.

Pero ¿qué materiales usaron los primeros traductores y copistas que trabajaron con tanto ahínco para producir sus traducciones de la Biblia? En la época de Cristo, y a través de los dos primeros siglos de la iglesia, los materiales más populares para escribir eran el papiro (tiras de junquillo del Río Nilo, que se unían pegándolas juntas) y la tinta. Hasta el siglo I, los "libros" en realidad eran rollos de largas hojas de papiro, que se pegaban una a continuación de la otra y se enrollaban en un par de lanzaderas. Entonces, más tarde, durante el siglo I, se creó otra forma de libro, llamado el códice (el predecesor de la forma moderna del libro, con páginas dobladas y cosidas en el lomo). Los cristianos estuvieron entre los primeros en usar esta forma de libro. En 332 d.C., Constantino I, el primer emperador cristiano, ordenó cincuenta Biblias para las iglesias de su nueva capital, la ciudad de Constantinopla. Se las pidió a Eusebio, obispo de Cesarea, y especificó que no fueran rollos sino códices. No quiso que se hicieran en papiro, sino que las quiso en vitela, que se preparaba cuidadosamente usando piel de oveja o de antílope; porque fue alrededor de esta época, a finales del siglo III y durante la primera parte del siglo IV, que los códices y la vitela reemplazaron casi universalmente a los rollos y el papiro.

Durante siglos, los escribas trabajaron con ahínco copiando las Biblias usando letras mayúsculas, y los manuscritos más antiguos que todavía perduran son de este tipo, llamado "unciales." En los siglos IX y X se puso de moda escribir usando letras minúsculas, y los manuscritos que perduran de ese tipo se llaman "minúsculos" o "cursivos." (Sin embargo, hay unos pocos manuscritos cursivos que datan del siglo II a.C.) En su mayoría, los manuscritos que todavía existen del siglo X al XVI son los manuscritos minúsculos.

Fue en 1454 que Johannes Gutenberg hizo que escribir manuscritos fuera una práctica obsoleta, cuando usó la página impresa por primera vez. Su primer libro impreso salió a la luz en 1456, y fue una hermosa Biblia en latín. Nuestras Biblias impresas de hoy contienen divisiones en capítulos y versículos que son de un tiempo relativamente posterior. Las divisiones en capítulos comenzaron en la Vulgata Latina, y se les acreditan tanto a Lanfranc, arzobispo de Canterbury (murió en 1089), como a Stephen Langton, arzobispo de Canterbury (murió en 1228), o a Hugo de Sancto Caro, quien vivió en el siglo XIII. Los versículos numerados aparecieron por primera vez en la cuarta edición del Nuevo Testamento griego que publicó Robert Etienne (Stephanus) en Ginebra en 1551, y en el Antiguo Testamento Hebreo de Athias de 1559 a 1561.

LAS VERSIONES MÁS ANTIGUAS DEL ANTIGUO TESTAMENTO

De la primera versión que debemos considerar, el Pentateuco Samaritano, no puede decirse con propiedad que es una traducción, porque es una versión hebrea de los primeros cinco libros del Antiguo Testamento, los Libros de la Ley. Estos libros forman el total del canon de las Escrituras para la comunidad samaritana, que todavía perdura y está situada en el Nablus moderno en Palestina.

El Pentateuco Samaritano refleja una tradición textual diferente de la del judaísmo tradicional, cuyo texto hebreo se puede rastrear hasta llegar al trabajo de los masoretas. Estos eran un grupo de escribas a quienes se les había encargado la preservación del texto del Antiguo Testamento, comenzando alrededor de 600 d.C., y extendiéndose hasta la primera mitad del siglo X. Ellos fueron los que idearon un sistema de puntos para indicar las vocales que faltaban en el idioma hebreo, que se escribía sólo usando consonantes. Este llamado Texto Masorético es el que forma (como el "texto recibido") la base del Antiguo Testamento de la Biblia del Rey Jacobo.

Por otro lado, el Pentateuco Samaritano data del siglo IV a.C. Según los eruditos en textos, el Pentateuco Samaritano difiere del texto "recibido," o Texto Masorético hebreo, en unos seis mil lugares. Alrededor de unas mil de esas diferencias se deben considerar seriamente. Cuando el texto del Pentateuco Samaritano está de acuerdo con la Septuaginta, o una de las otras versiones antiguas, comparado con el hebreo del Texto Masorético, su testimonio debe ser considerado importante. Los dos manuscritos más antiguos del Pentateuco Samaritano, aparte de Nablus, son los dos códices. Una copia, que se encuentra en la Biblioteca de John Rylands en Manchester, Inglaterra, lleva una fecha correspondiente a 1211 ó 1212 d.C.; la otra es un poco posterior a 1149, y actualmente se encuentra en la Biblioteca de la Universidad de Cambridge, Inglaterra. También existen dos traducciones menores del Pentateuco Samaritano; una de ellas es el Tárgum Arameo Samaritano que data de los tiempos de la iglesia cristiana primitiva, la otra es una traducción árabe de alrededor del siglo XI.

La segunda versión del Antiguo Testamento, la Septuaginta, es una traducción del hebreo al griego. Es la primera traducción que se conoce del Antiguo Testamento. Era la Biblia de Jesús y de los apóstoles, la versión de la cual vienen la mayoría de las citas del Antiguo Testamento que se hacen en el Nuevo Testamento; y la Biblia de la iglesia primitiva en lo que se refiere al Antiguo Testamento.

La historia de su producción, de la cual obtiene su nombre, se relata en "La carta de Aristeas" (escrita alrededor de 150–100 a.C.). Se dice que Aristeas era un oficial de Ptolomeo II Filadelfo de Egipto (285–247 a.C.). Ptolomeo estaba intentando reunir todos los libros del mundo en su gran biblioteca de Alejandría. Esa carta dice que el Antiguo Testamento no estaba disponible en traducción, así que Ptolomeo le pidió al sumo sacerdote en Jerusalén que le enviara textos y eruditos para hacer esa traducción. Le enviaron textos y seis ancianos de cada tribu. Después de haber sido agasajados por Ptolomeo, estos setenta y dos ancianos fueron recluidos, y en exactamente setenta y dos días produjeron la traducción total en griego del Antiguo Testamento, llamada la Septuaginta ("Setenta"), y por lo general abreviada LXX en números romanos.

La verdad del asunto es probablemente más prosaica. La Septuaginta es una traducción que fue hecha para los judíos helenizados de la diáspora, que ya no entendían hebreo, y que querían escuchar y enseñar la Biblia en su idioma. Los eruditos no se ponen de acuerdo en cuanto a la fecha de la traducción, colocando algunas porciones ya en 250 a.C., y otras partes tan tarde como 100 a.C. La mayoría está de acuerdo en que fue traducida en segmentos por muchos traductores en un período de un par de siglos, y luego fue compilada en una biblioteca de rollos o en un códice. La Septuaginta sigue un orden diferente al de las Biblias inglesas y españolas, y por lo general incluye hasta quince libros apócrifos o pre-canónicos. El índice sería similar a lo que sigue a continuación (los números entre paréntesis indican los textos apócrifos):

Génesis
Éxodo
Levítico
Números
Deuteronomio
Josué
Jueces
Rut
I Samuel
II Samuel
I Reyes
II Reyes
I Crónicas
II Crónicas
I Esdras (1)
II Esdras (siendo Esdras y Nehemías juntos)
Salmos
Proverbios
Eclesiastés
Cantar de los Cantares
Job
Sabiduría de Salomón (2)
Sabiduría de ben Sirá (3) o Eclesiástico
Ester —con agregados (4)
Judit (5)
Tobías (6)
Oseas
Amós

Miqueas
Joel
Abdías
Jonás
Nahum
Habacuc
Sofonías
Hageo
Zacarías
Malaquías
Isaías
Jeremías
Baruc (7)
Lamentaciones
Epístola de Jeremías (8)
Ezequiel
Daniel —el cual comienza con Susana (9), inserta El Canto
    de los Tres Niños (10) después de 3:23, y agrega Bel y el
    Dragón (11)
I Macabeos (12)
II Macabeos (13)
III Macabeos (14)
IV Macabeos (15)

Puesto que aun los mejores escribas, en ocasiones y sin darse cuenta, cometían errores cuando copiaban un texto, la tendencia de cualquier texto era deteriorarse. Los eruditos cuidadosos, en aquel entonces y ahora, comparaban los manuscritos en un esfuerzo por volver a captar el original. Por lo tanto, para el siglo III d.C., había cuatro versiones rivales de la Septuaginta que se usaban extensamente: (1) la Septuaginta tradicional que adoptaron los cristianos, y como consecuencia, abandonaron los judíos; (2) una re-traducción judía hecha por Aquila en el siglo II a.C. que tradujo el hebreo en forma muy literal; (3) una revisión judía libre de la Septuaginta tradicional hecha por Teodosio; y (4) una traducción en griego más idiomática hecha por Símaco.

A continuación vino el erudito más notable de toda la antigüedad, Orígenes de Alejandría (circa 185-255 d.C.), quien produjo la Biblia más monumental de la antigüedad, la *Hexapla*. En su esfuerzo por encontrar el mejor texto de la Septuaginta, Orígenes escribió seis columnas paralelas, que contenían: la primera, el hebreo; la segunda, el hebreo trasliterado en caracteres griegos; la tercera, el texto de Aquila; la cuarta, el texto de Símaco; la quinta, su propio texto corregido de la Septuaginta; y la sexta, el texto de Teodosio. Jerónimo usó esta gran Biblia en Cesarea en su trabajo en la Vulgata (después del año 382 —vea a continuación). Casi cuatro siglos después de la muerte de Orígenes, un Obispo de Mesopotamia, Pablo de Tella, también usó la *Hexapla* en la biblioteca de Cesarea (616-617), para traducir al siríaco la quinta columna de Orígenes, que es la Septuaginta corregida. Luego, en el año 638, las hordas islámicas arrasaron Cesarea, y la *Hexapla* desapareció. Aparte de unos pocos fragmentos, sólo queda la traducción al siríaco de la quinta columna de Orígenes que hizo el obispo Pablo.

En un Museo de Milán hay una copia del siglo VIII de la traducción al siríaco del obispo Pablo, la *Hexapla* Septuaginta. Otros famosos manuscritos unciales de la Septuaginta son los siguientes: el Códice Vaticanus, de la primera parte del siglo IV, que ahora está en la Biblioteca del Vaticano; el Códice Sinaiticus, de mediados del siglo IV; y el Códice Alejandrino, del siglo V —los dos últimos se encuentran en el Museo Británico de Londres. Estas copias son estudiadas intensamente porque dan un testimonio griego a los textos hebreos de mucho antes del Texto Masorético o "texto recibido."

La tercera versión del Antiguo Testamento es la versión aramea. El arameo bíblico, llamado caldeo hasta el siglo XIX, era el idioma de los conquistadores y gradualmente llegó a ser el lenguaje común de los conquistados. Cuando los exiliados judíos regresaron de Babilonia a Palestina en 536 a.C., trajeron el idioma arameo con ellos. Muchos eruditos creen que cuando Esdras y los levitas "ponían el sentido" a medida que leían el Libro de la Ley (Nehemías 8:8), estaban parafraseando el hebreo en arameo, para que todos pudieran entenderlo. El arameo permaneció como la lengua viviente en Palestina hasta el tiempo de la rebelión de Bar-Kochba contra los romanos (132-135 d.C.), y el hebreo se convirtió cada vez más en un idioma religioso para especialistas de la sinagoga y del templo. A medida que los sacerdotes y los escribas leían la Ley y los Profetas, se esparció la costumbre de seguir la lectura con una traducción aramea. A esas traducciones se les llamaba tárgumes.

El liderazgo rabínico fue muy renuente a formalizar y escribir los tárgumes, pero inevitablemente estos fueron reunidos y estandarizados. El tárgum más antiguo estandarizado fue el de la Ley, y la persona que lo hizo fue Onkelos, en algún tiempo durante el siglo II o III d.C. Los tárgumes de los libros históricos y proféticos fueron completados en el siglo III y IV d.C., y el más importante de ellos fue el llamado Tárgum de Jonathan ben Uzziel. Evidentemente, ningún tárgum de la literatura de sabiduría (Proverbios, Eclesiastés, Job y algunos Salmos) fue terminado antes del siglo V d.C. Finalmente, los tárgumes rabínicos arameos incluyeron todo el Antiguo Testamento excepto Daniel, Esdras y Nehemías. Mientras tanto, la conquista islámica de todo el Medio Oriente le dio a la gente un idioma común, el árabe. Los rabinos, muchas veces, se encontraron produciendo tárgumes orales e informales en árabe, y el arameo se desvaneció de la sinagoga y pasó a formar parte de la historia religiosa.

VERSIONES COMPLETAS DE LA BIBLIA DEL CRISTIANISMO

Cuando la iglesia recopiló todos los libros del Nuevo Testamento y los agregó al Antiguo Testamento, comenzó el proceso de la traducción bíblica que ha marcado el crecimiento del cristianismo desde Jerusalén a través de Judea, a Samaria, y hasta "lo último" de la tierra.

Las versiones latinas

Al igual que el tárgum arameo de los adoradores judíos, la Biblia Latina Antigua creció de manera informal. En los primeros tiempos del Imperio Romano y de la iglesia, el griego era el idioma de los cristianos. Aun los primeros obispos de Roma escribieron y predicaron en griego. A medida que los años iban pasando para el Imperio y para la iglesia, el latín comenzó a triunfar, especialmente en el oeste. Fue natural que los sacerdotes y los obispos comenzaran a traducir informalmente el Nuevo Testamento griego y la Septuaginta al latín. La primera versión latina se conoce con el nombre de la Biblia Latina Antigua. No se ha conservado ningún manuscrito completo de esta Biblia. Sin embargo, mucho del Antiguo Testamento y la mayor parte del Nuevo Testamento pueden ser reconstruidos de citas de los padres de la iglesia primitiva. Pero los eruditos creen que la Biblia Latina Antigua estaba en circulación en Cartago, en el norte de África, ya desde 250 d.C. De los fragmentos que se tienen y de las citas, parecería que hubo dos tipos de texto latino antiguo, el africano y el europeo. El europeo también existía en una versión italiana. En estudio textual, la mayor importancia de la Biblia Latina Antigua está en el estudio comparativo de la Septuaginta, porque la Biblia Latina Antigua fue traducido de la Septuaginta antes de que Orígenes hiciera su *Hexapla*.

De todas partes, los líderes de la iglesia expresaron la necesidad de una traducción latina autoritativa y uniforme de toda la Biblia. El papa Dámaso I (366–384) tenía un secretario excepcionalmente hábil y erudito llamado Jerónimo (circa 340–420), a quien comisionó la tarea de hacer una nueva traducción latina de los Evangelios en 382; Jerónimo terminó con los Evangelios en 383. Evidentemente les siguieron el libro de Hechos y el resto del

Nuevo Testamento. Los Evangelios fueron una traducción nueva cuidadosa y esmerada que se basó en el texto europeo de la Biblia Latina Antigua y en un texto griego alejandrino. Sin embargo, el resto del Nuevo Testamento fue un esfuerzo mucho más limitado con el dominio de la Biblia Latina Antigua, a menos que el texto griego demandara algún cambio. Es probable que no haya sido el trabajo de Jerónimo.

Jerónimo se fue de Roma en 385, y en 389, él y una de sus seguidoras, Paula, fundaron dos casas religiosas cerca de Belén. Jerónimo dirigió una de estas casas y allí dedicó su atención al Antiguo Testamento. Él se dio cuenta de que lo que se necesitaba era una re-traducción del hebreo y no una revisión de la Septuaginta griega. Usó de asesores a rabinos judíos y completó la traducción hasta incluir los libros de Reyes para 390. Jerónimo revisó una traducción anterior que había hecho de los Salmos, y completó los libros de los profetas, Job, Esdras y Crónicas en los años 390–396. Después de haber estado enfermo durante dos años, él continuó de nuevo la tarea y tradujo Proverbios, Eclesiastés y el Cantar de los Cantares. En 404, trabajó completando los libros de Josué, Jueces, Rut y Ester. Poco después, hizo las partes apócrifas de Daniel y Ester, y tradujo del arameo los libros apócrifos de Tobías y Judit. Él no tradujo la Sabiduría de Salomón, el Eclesiástico, Baruc ni la literatura de los Macabeos, así que esos libros apócrifos pasaron a formar parte de la Biblia Latina oficial en su forma de la Biblia Latina Antigua. El trabajo de Jerónimo no fue uniforme en cuanto a calidad y tampoco lo compiló en una Biblia unificada.

El trabajo de Jerónimo fue acerbamente criticado, y aunque él lo defendió con pluma rápida y pronta disposición, no vivió el tiempo suficiente como para ver que su obra ganara respeto universal. Sin embargo, la obra de su vida es lo que ahora se conoce con el nombre de La Biblia Vulgata (*vulga* quiere decir el idioma "vulgar" o de todos los días de la gente). La evidencia parece indicar que la compilación de todo el trabajo de Jerónimo en un libro puede haber sido hecha por Casiodoro (quien murió alrededor del año 580) en su monasterio en Scylacium, Italia. El manuscrito más antiguo que contiene la Biblia de Jerónimo en su totalidad es el Códice Amiatinus, que se escribió en el monasterio en Jarrow, Northumbria, Inglaterra alrededor del año 715. Los textos más antiguos de la Vulgata sólo son superados por la Septuaginta en importancia para el estudio del hebreo textual, porque Jerónimo trabajó usando textos hebreos que antecedieron al trabajo de los judíos masoretas.

Sólo en forma muy gradual fue que la Vulgata suplantó a la Biblia Latina Antigua. Pasaron mil años antes de que la Vulgata fuera hecha la Biblia católica oficial (por el Concilio de Trento en 1546). Ese concilio también autorizó una edición oficial corregida, la cual fue puesta en circulación por el papa Sixto V (1585–1590) en tres volúmenes, en 1590. Sin embargo, esa edición no fue popular, y el papa Clemente VIII (1592–1605) la sacó de circulación y publicó una nueva Vulgata oficial en 1592, la cual ha sido la edición estándar hasta tiempos recientes.

Versiones cópticas

El copto fue la última etapa del idioma egipcio y por lo tanto fue el idioma de la población nativa que vivía a lo largo del Río Nilo. Nunca fue suplantado por el griego de Alejandro y sus generales, ni aun por el latín de los césares. Su escritura constaba de veinticinco letras unciales griegas y siete cursivas que se habían tomado de las escrituras egipcias para expresar sonidos que no existían en griego. A través de los siglos desarrolló por lo menos cinco dialectos principales: akhmímico, sub-akhmímico (menfítico), sahídico, fayúmico y boháirico. Se han encontrado fragmentos de material bíblico en akhmímico, sub-akhmímico y fayúmico. Nadie sabe si alguna vez existió la Biblia completa en esos dialectos. Gradualmente cayeron en desuso y, para el siglo XI, sólo el boháirico, el idioma del delta, y el sahídico, el idioma del alto Egipto, permanecieron. Sin embargo, para el siglo XVII, estos dialectos también se fueron olvidando, o se usaban exclusivamente en las iglesias coptas, debido al extenso dominio del árabe que comenzó con la conquista islámica de Egipto en 641.

La traducción más antigua se hizo en sahídico en la parte alta de Egipto, donde el griego era menos entendido. El Antiguo y el Nuevo Testamento en sahídico fueron terminados probablemente alrededor de 200 d.C. El griego era mucho más dominante en el delta, y probablemente la traducción de las Escrituras en boháirico no haya sido terminada hasta después. Sin embargo, puesto que el boháirico era el idioma del delta, también fue el idioma del patriarca copto en Alejandría. Cuando el patriarcado se mudó de Alejandría para el Cairo en el siglo XI, los textos boháiricos fueron con ellos. Gradualmente, el boháirico llegó a ser el idioma religioso principal de la iglesia copta. Los coptos se habían separado del Imperio Romano, o de la llamada Gran Iglesia Católica, por asuntos doctrinales después del Concilio de Calcedonia en 451, y desde entonces habían estado aislados del cristianismo occidental por siglos de gobierno islámico.

La versión gótica

El idioma gótico fue un idioma del este de Germania. Los restos más antiguos que se han encontrado escritos en lengua germana son los fragmentos de la Biblia que hizo Ulfilas (o Wulfila), que hizo la traducción para llevar el evangelio a su propia gente. Ulfilas (circa 311–383), uno de los misioneros más famosos de la iglesia primitiva, nació en Dacia; sus padres eran cristianos romanos que habían sido capturados por los depredadores godos. Él viajó a Constantinopla desde su zona rural y es posible que se haya convertido allí. Mientras estaba en el este, el obispo ario, Eusebio de Nicomedia, lo ordenó obispo alrededor del año 340. En cuanto a sus creencias, Ulfilas era ario (es decir, creía que Cristo era Salvador y Señor porque Dios lo había dispuesto así y por su obediencia, pero que él era menos que Dios, o que estaba subordinado a Dios).

Ulfilas regresó para predicarle a su pueblo, y evidentemente inventó un abecedario para reducir el idioma de ellos a lenguaje escrito; luego tradujo las Escrituras usando ese lenguaje escrito. Los registros de ese tiempo dicen que Ulfilas tradujo toda la Biblia excepto los libros de Reyes, los cuales excluyó porque sintió que tendrían una influencia adversa en los godos, quienes ya eran demasiado belicosos. Todavía existen algunos fragmentos dispersos de su traducción del Antiguo Testamento, y sólo cerca de la mitad de los Evangelios se ha preservado en el Códice Argenteus, un manuscrito de Bohemia del siglo V o VI, que ahora se encuentra en Uppsala en Suecia.

Versiones siríacas

El siríaco, uno de los idiomas de la familia de los lenguajes semíticos, era la lengua predominante de la región de Edesa y de la parte oeste de Mesopotamia. La versión que hoy se conoce con el nombre de la Biblia Peshitta (que todavía es la Biblia oficial de los cristianos de la zona de las antiguas iglesias cristianas asirias, y que a menudo no incluye 2 Pedro, 2 y 3 Juan, Judas y Apocalipsis), se desarrolló a través de muchas etapas. Una de las traducciones más famosas y más ampliamente usadas en la iglesia primitiva fue el *Diatessaron* siríaco, hecho por Taciano, un hombre que había sido discípulo de Justino Mártir en Roma. El *Diatessaron,* la armonía de los Evangelios traducida del griego por Taciano alrededor de 170 d.C., era muy popular entre los cristianos de habla siríaca. Los obispos siríacos tenían una batalla casi perdida tratando de lograr que los cristianos usaran en sus iglesias "El Evangelio de los Libros Separados" (refiriéndose al manuscrito en el que los cuatro Evangelios estaban separados unos de otros en lugar de estar combinados).

También se tradujeron otras porciones de la Biblia en idioma siríaco antiguo. Algunas citas de los padres de la iglesia indican que existía algún tipo de texto antiguo siríaco del siglo II junto con la *Diatessaron*. De hecho, el Antiguo Testamento puede haber sido una traducción judía al siríaco, la cual adoptaron los cristianos sirios, lo mismo que los cristianos griegos habían hecho con la Septuaginta. Entonces se le hizo una revisión más o menos oficial alrededor de fines del siglo IV, surgiendo como el texto Peshitta (que quiere decir "básico" o "simple"). La tradición indica que por lo menos la parte del Nuevo Testamento de esa versión puede haber sido hecha por instigación de Rábbula, obispo de Edesa (411–435).

Entre tanto, los cristianos de habla siríaca sufrieron una división en 431 d.C., cuando los grupos monofisitas (o jacobitas) se separaron de los creyentes nestorianos (la batalla fue sobre el punto de vista que tenían de la persona de Cristo). Durante algún tiempo ambos grupos usaron la Biblia Peshitta, pero los grupos jacobitas comenzaron a desear una traducción nueva. El obispo Filoxeno (o Mar Zenaia) de Mabbug (485–519), en el Río Éufrates, trabajando con la Septuaginta y los manuscritos del Nuevo Testamento griego, hizo una traducción nueva en idioma siríaco que fue terminada en 508. La importancia de esa versión fue que incluyó por primera vez 2 Pedro, 2 y 3 Juan y Judas, los cuales entonces pasaron a formar parte del texto estándar Peshitta.

Aunque la versión Peshitta se había usado constantemente desde el siglo V, y se había distribuido en lugares tan apartados como la India y la China, no había tenido, ni de cerca, la importancia de la Septuaginta como una fuente para los eruditos textuales. Eso fue porque había experimentado una revisión constante por medio de comparaciones con diversos textos griegos en Constantinopla: con textos hebreos, la *Hexapla* Septuaginta de Orígenes y los tárgumes arábicos; por lo tanto, su testimonio de tener una fuente textual antigua ha sido muy difícil de rastrear. Uno de los manuscritos Peshitta más valiosos que existen es el Códice Ambrosianus de Milán, el cual data del siglo VI y contiene la totalidad del Antiguo Testamento.

Versión armenia

Los cristianos sirios llevaron su fe a sus vecinos armenios de la parte este del Asia Menor. Ya desde el siglo III, con la conversión de Tirídates III (reinó en los años 259-314), Armenia llegó a ser un reino cristiano —el primero en la historia. En algún momento durante el siglo V se creó un alfabeto armenio para que la Biblia pudiera ser traducida al idioma de los nuevos creyentes. La traducción en armenio se considera como una de las más hermosas y exactas basadas en las versiones antiguas del griego, aun cuando la evidencia textual indica que tal vez haya sido hecha primero del siríaco, y luego modificada usando el griego. (El idioma armenio es muy semejante al griego en gramática, sintaxis y expresiones idiomáticas.) Una tradición antigua dice que el Nuevo Testamento fue obra de Mesrop (un obispo de Armenia, 390-439), a quien se le acredita haber inventado ambos, el alfabeto armenio y el georgiano. En las iglesias armenias, el libro del Apocalipsis no fue aceptado como parte del canon hasta el siglo XII.

La versión georgiana

La misma tradición que dice que Mesrop tradujo la Biblia al armenio también dice que una mujer esclava armenia fue la misionera a través de la cual las personas de habla georgiana se convirtieron a Cristo. Los primeros manuscritos de las Escrituras georgianas datan sólo del siglo VIII, pero antes que ellos existió una traducción georgiana con trazas de siríaco y armenio. Es evidente que los Evangelios llegaron primero en la forma del *Diatessaron;* por lo tanto, los fragmentos georgianos son importantes para estudiar ese texto. Hay una copia de todo el manuscrito de la Biblia Georgiana, en dos volúmenes, que se encuentra en el Monasterio de Iverón en el Monte Atos, en Grecia.

Junto con los armenios y los georgianos, un tercer grupo de caucásicos, los albaneses, aparentemente recibieron un abecedario que les hizo Mesrop para el propósito de traducir las Escrituras. Sin embargo, la iglesia fue destruida por las guerras islámicas y nunca se han encontrado restos de esa versión.

Versión etiópica

Para mediados del siglo V, un rey cristiano gobernaba en Etiopía (Abisinia), y hasta la época de las conquistas islámicas, mantuvieron relaciones estrechas con los cristianos de Egipto. Es probable que para el siglo IV, el Antiguo Testamento haya sido traducido al idioma etíope antiguo (llamado ge'ez). Esa versión es de interés especial por dos razones. Es la Biblia de los falashas, esa notable comunidad de judíos africanos que afirman ser descendientes de judíos que emigraron a Etiopía en tiempos del rey Salomón y la reina de Saba. Además, la versión etiópica antigua del Antiguo Testamento contiene varios libros que no se encuentran en la Biblia Hebrea apócrifa. El más interesante de ellos es el libro de Enoc, que se cita en Judas 14, y que los eruditos bíblicos no conocieron hasta que James Bruce llevó una copia a Europa en 1773. También, el libro apócrifo 3 Baruc sólo se conoce de la Biblia etiópica.

El Nuevo Testamento fue traducido al idioma etíope antiguo un poco después que el Antiguo Testamento, y contiene una colección de escritos mencionados por Clemente de Alejandría, incluyendo el Apocalipsis de Pedro. Ambos Testamentos existen en manuscritos etiópicos. Sin embargo, ninguno es de antes del siglo XIII, y esos manuscritos parecen haberse basado mucho en las versiones cópticas y árabes. Nada sobrevivió al caos absoluto que reinó en Etiopía desde el siglo VII hasta el XIII, y debido a que son tan posteriores, los manuscritos etiópicos son de poco valor para el estudio textual.

Versiones árabes

Alrededor de 570 d.C., Mahoma nació en la Meca. Cuando tenía veinticinco años se casó con una viuda rica llamada Kadija. Recibió su "llamado" cuando tenía cuarenta años. En 622, se inició la "hégira" con la huida de Mahoma de la Meca a la ciudad de Medina. Murió en 632, como el profeta principal e incontestable de Arabia. El dominio islámico se extendió, en un período de cien años, desde los Pirineos a través de España, saltó el Estrecho de Gibraltar, abarcó toda la parte norte de África, y capturó Egipto y las tierras bíblicas. Así fue que comenzó una presión sin tregua en Bizancio, que culminó con la caída de Constantinopla en 1453. Finalmente, la conquista islámica se extendió hasta lugares tan alejados como al este de la India. El árabe llegó a ser el idioma más universal que había visto el mundo desde que Alejandro había propagado el idioma griego más de nueve siglos antes.

En la época de Mahoma había varias comunidades judías dominantes en Arabia, y las vastas conquistas absorbieron cientos de comunidades cristianas, unas pocas de las cuales sobrevivieron sin dejarse avasallar. Sin embargo, es evidente que la versión árabe de la Biblia no se produjo hasta el trabajo de Saadia Gaon. Saadia nació en el año 892 en Fayum, en la parte norte de Egipto, y murió en Babilonia en el año 942. Tradujo el Pentateuco del hebreo. A esto siguieron otras partes del Antiguo Testamento —Josué del hebreo; Jueces, Samuel, Reyes, Crónicas y Job de la Peshitta; y los libros de los Profetas, Salmos y Proverbios de la Septuaginta— que tal vez no haya sido trabajo de Saadia. Los judíos de habla árabe han estado usando esta versión hasta el presente. Los caraítas, que desaprobaron la traducción más liberal de Saadia, hicieron traducciones rivales; la más notable es la de Japheth ben-Eli-ha-Levi en el siglo X. En el período comprendido entre los siglos VII y IX, comenzaron a aparecer traducciones del Nuevo Testamento en árabe que fueron hechas de fuentes siríacas, griegas y coptas. Hay escritores árabes que dicen que Juan I, un patriarca jacobita de Antioquía (631–648), tradujo los Evangelios del siríaco al árabe. Se dice que otro Juan, Obispo de Sevilla, España, produjo Evangelios árabes traducidos de la Vulgata alrededor del año 724. La forma final del Nuevo Testamento árabe se basó más extensamente en el copto boháirico.

Debido a su fecha posterior y a su origen mixto, los textos árabes tuvieron poca importancia para los estudios textuales.

Versión eslava

Aunque los eslavos fueron uno de los grandes grupos étnicos vecinos de los centros del cristianismo primitivo, no se pueden encontrar traducciones bíblicas en idioma eslavo antes del siglo IX. Dos hermanos, Constantino y Metodio, hijos de un noble griego, comenzaron a traducir al idioma eslavo la liturgia usada en la iglesia. Con la aprobación de los papas Adriano II y Juan VIII (como se hizo notar anteriormente), tradujeron la Biblia. Constantino (quien más tarde cambió su nombre a Cirilo, 827–869) y Metodio (826–885) trabajaron entre los eslavos y los moravos. Constantino inventó el alfabeto que lleva el nombre que se deriva de su nombre de santo (cirílico) para facilitar la traducción. Todavía hay porciones de manuscritos del siglo X u XI, pero el manuscrito más antiguo de toda la Biblia es el Códice Gennadius que está en Moscú, que data de 1499, y que es demasiado posterior para ser de valor para el estudio textual.

BIBLIOGRAFÍA

Ackroyd, P. R. y C. F. Evans, editores. *The Cambridge History of the Bible [La Historia Cambridge de la Biblia]*, Volumen I, *From the Beginnings to Jerome [Desde el Principio hasta Jerónimo]*, 1975.

Greenslade, S. L., editor. *The Cambridge History of the Bible [La Historia Cambridge de la Biblia]*, Volumen III, *The West from the Reformation to the Present Day [El Occidente desde la Reforma hasta el Día Presente]*, 1975.

Lampe, G. W., editor. *The Cambridge History of the Bible [La Historia Cambridge de la Biblia]*, Volumen II, *The West from the Fathers to the Reformation [El Occidente desde los Padres hasta la Reforma]*, 1975.

Metzger, Bruce. *The Text of the New Testament—Its Transmission, Corruption, and Restoration [El Texto del Nuevo Testamento —Su Transmisión, Corrupción y Restauración]*, 1968.

——. *The Early Versions of the New Testament—Their Origin, Transmission, and Limitations [Las Versiones Tempranas del Nuevo Testamento —Su Origen, Su Transmisión y Sus Limitaciones]*, 1977.

Price, Ira Maurice. *The Ancestry of Our English Bible [El Linaje de Nuestra Biblia Inglesa]*, 1956.

Weiser, Arthur. *The Old Testament: Its Formation and Development [El Antiguo Testamento: Su Formación y Desarrollo]*, 1968.

La historia de la Biblia en inglés

PHILIP W. COMFORT

A MEDIDA QUE EL EVANGELIO se difundió y las iglesias se multiplicaron durante los primeros siglos de la era cristiana, los cristianos en muchos países querían leer la Biblia en sus propios idiomas. Como resultado, ya desde el siglo II se hicieron muchas traducciones en muchos idiomas diferentes. Por ejemplo, había traducciones hechas en copto para los egipcios; en siríaco para aquellos que hablaban arameo; en gótico para los alemanes llamados godos; y en latín para los romanos y los cartaginenses. Alrededor del año 400, Jerónimo hizo la traducción al latín más famosa. Esta traducción, conocida como la Vulgata Latina (vulgata significa "común," de ahí que este texto fuera para el hombre común), fue usada muy extensamente en la iglesia católica romana siglo tras siglo.

LAS PRIMERAS TRADUCCIONES: LA DE CAEDMON, LA DE BEDE, Y LA DE ALFREDO EL GRANDE

En el siglo VI, misioneros de Roma llevaron el evangelio a Inglaterra. La Biblia que llevaron con ellos fue la Vulgata Latina. Los cristianos que vivían en Inglaterra en aquel tiempo dependían de los monjes para recibir instrucción de la Biblia. Los monjes leían la Biblia latina y enseñaban de ella. Después de unos pocos siglos,

303

cuando se fundaron los monasterios, surgió la necesidad de traducciones de la Biblia al inglés. La primera traducción inglesa, por lo que sabemos, la hizo un monje llamado Caedmon en el siglo VII, quien hizo una versión métrica de partes del Antiguo y del Nuevo Testamento. Se dice que otro sacerdote inglés, de apellido Bede, tradujo los Evangelios al inglés. La tradición dice que estaba traduciendo el Evangelio de Juan en su lecho de muerte en el año 735. Otro traductor fue Alfredo el Grande (reinó 871–899), quien era considerado un rey muy letrado. En sus leyes incluyó partes de los Diez Mandamientos traducidos al inglés, y también tradujo el libro de los Salmos.

OTRAS VERSIONES TEMPRANAS: LOS EVANGELIOS DE LINDISFARNE, LOS SALMOS DE SHOREHAM Y LOS SALMOS DE ROLLE

Todas las traducciones de la Biblia inglesa previas al trabajo de Tyndale (del cual hablaremos más adelante) fueron hechas del texto latino. Algunas versiones latinas de los Evangelios, con las traducciones inglesas de palabra-por-palabra escritas entre líneas —que se llaman traducciones interlineales— perduran desde el siglo X. La traducción más famosa de este período es llamada los Evangelios de Lindisfarne (950). En la última parte del siglo X, Aelfrico (circa 955–1020), abad de Eynsham, hizo traducciones idiomáticas de varias partes de la Biblia. Todavía existen dos de esas traducciones. Más tarde, en los años 1300, William de Shoreham tradujo los Salmos al inglés y lo mismo hizo Richard Rolle, cuyas ediciones de los Salmos incluían un comentario versículo por versículo. Ambas traducciones, que eran métricas y por lo tanto se llamaban salterios, eran populares cuando John Wycliffe era joven.

LA VERSIÓN DE WYCLIFFE

John Wycliffe (circa 1329–1384), el teólogo de Oxford más eminente de su época, y sus asociados, fueron los primeros en traducir la

Biblia completa del latín al inglés. Wycliffe ha sido llamado "el Lucero del Alba de la Reforma" porque cuestionó la autoridad papal con valentía, criticando la venta de indulgencias (que se suponía librarían a una persona del castigo en el purgatorio), negando la realidad de la transustanciación (la doctrina de que el pan y el vino se transforman literalmente en el cuerpo y la sangre de Jesucristo durante la comunión), y habló en contra de las jerarquías eclesiásticas. El papa censuró a Wycliffe por sus enseñanzas herejes y le pidió a la Universidad de Oxford que lo despidiera. Pero Oxford y muchos otros líderes gubernamentales estuvieron del lado de Wycliffe, así que él pudo sobrevivir a los ataques del papa.

Wycliffe creía que la forma de ganar en su lucha contra la autoridad abusiva de la iglesia era hacer que la Biblia estuviera a la disposición de la gente en su propio idioma. Entonces podrían leer por sí mismos acerca de cómo cada uno podía tener una relación personal con Dios a través de Jesucristo —aparte de la autoridad eclesiástica. Wycliffe, con sus asociados, completó la traducción del Nuevo Testamento alrededor de 1380, y del Antiguo Testamento en 1382. Wycliffe concentró sus labores en el Nuevo Testamento, mientras que un asociado, Nicholas de Hereford, hizo una gran parte del Antiguo Testamento. Wycliffe y sus colegas, que no estaban familiarizados con el hebreo y el griego originales, tradujeron el texto del latín al inglés.

Después que Wycliffe terminó el trabajo de traducción, organizó un grupo de feligreses pobres, conocido como los lolardos, para que fueran por toda Inglaterra predicando las verdades cristianas y leyendo las Escrituras en su lengua nativa a todos los que quisieran escuchar la Palabra de Dios. Como resultado, la Palabra de Dios, a través de la traducción de Wycliffe, se puso en las manos de los habitantes de Inglaterra. Él fue amado y también odiado. Sus enemigos eclesiásticos no se olvidaron de la oposición que había manifestado al poder de ellos, ni los esfuerzos exitosos de Wycliffe de hacer que las Escrituras estuvieran a la disposición de todos. Varios siglos después de su muerte lo condenaron como hereje, sacaron su cuerpo de la tumba, lo quemaron, y arrojaron sus cenizas al Río Swift.

Uno de los asociados cercanos de Wycliffe, John Purvey (circa 1353-1428), continuó el trabajo de Wycliffe produciendo una revisión de su traducción en 1388. Purvey era un erudito excelente; su trabajo fue muy bien recibido en su generación y en las generaciones siguientes. En menos de un siglo la revisión de Purvey había reemplazado a la Biblia original de Wycliffe.

Como dijimos antes, Wycliffe y sus asociados fueron los primeros ingleses que tradujeron la Biblia completa del latín al inglés. Por lo tanto, su Biblia era una traducción de una traducción, y no una traducción de los idiomas originales. Con la llegada del Renacimiento surgió la reaparición del estudio de los clásicos —y con ella, el renacimiento del estudio del griego, así como del hebreo. Por lo tanto, por primera vez en casi mil años (500-1500 —el tiempo aproximado en que el latín fue la lengua dominante de los letrados, excepto en la iglesia griega), los eruditos comenzaron a leer el Nuevo Testamento en su idioma original, el griego. Para 1500 se comenzó a enseñar griego en la Universidad de Oxford.

LA TRADUCCIÓN DE TYNDALE

William Tyndale nació en la época del Renacimiento. En 1515 se graduó de la Universidad de Oxford, donde había estudiado las Escrituras en griego y en hebreo. Para cuando llegó a los treinta años de edad, Tyndale había comprometido su vida a la traducción de la Biblia de los idiomas originales al inglés. El deseo de su corazón se trasluce en una declaración que le hizo a un eclesiástico, cuando le refutó la opinión de que sólo los clérigos estaban capacitados para leer y entender correctamente las Escrituras. Tyndale dijo: "Si Dios me conserva la vida, tantos años como sean, lograré que un muchacho que va detrás de un arado sepa más de las Escrituras de lo que sabes tú" (Brian Edwards, *God's Outlaw* [*El Fugitivo de Dios*], 61).

En 1523 Tyndale fue a Londres a buscar un lugar para trabajar en su traducción. Cuando el obispo de Londres le negó la hospitalidad, Humphrey Monmouth, un mercader de telas, le proveyó un lugar. Entonces, en 1524, Tyndale se fue de Inglaterra para Alemania, porque la iglesia de Inglaterra, que todavía estaba bajo la autoridad papal de Roma, se oponía fuertemente a poner la Biblia en manos de los laicos. Tyndale se radicó primero en Hamburgo, Alemania. Es muy posible que haya conocido a Lutero en Wittenberg poco después. Pero aun si no conoció a Lutero, estaba muy al tanto de los escritos de Lutero, y de la traducción de Lutero al alemán del Nuevo Testamento (publicado en 1522). A través de toda su vida, Tyndale fue acosado por propagar las ideas de Lutero. Tanto Lutero como Tyndale usaron el mismo texto griego (uno que Erasmo había compilado en 1516) para hacer sus traducciones.

Tyndale completó su traducción del Nuevo Testamento en 1525. Se llevaron de contrabando a Inglaterra quince mil ejemplares, en seis ediciones, entre 1525 y 1530. Las autoridades eclesiásticas hicieron lo imposible para confiscar los ejemplares de la traducción de Tyndale y quemarlos, pero no pudieron detener la corriente de Biblias que entraban a Inglaterra desde Alemania. Tyndale no pudo regresar a Inglaterra porque su vida corría peligro, puesto que su traducción había sido prohibida. Sin embargo, continuó su trabajo en el extranjero, corrigiendo, revisando y volviendo a publicar su traducción hasta que la revisión final apareció en 1535. Poco después de eso, en mayo de 1535, Tyndale fue arrestado y llevado a un castillo cerca de Bruselas. Después de haber estado en la cárcel por más de un año, fue juzgado y condenado a muerte. Fue estrangulado y quemado en la hoguera el 6 de octubre de 1536. Sus últimas palabras fueron muy conmovedoras: "Señor, ábrele los ojos al rey de Inglaterra."

Después de haber terminado el Nuevo Testamento, Tyndale había comenzado a trabajar en una traducción del Antiguo Testamento hebreo, pero no vivió el tiempo suficiente para completar su tarea. Sin embargo, había traducido el Pentateuco (los primeros cinco libros del Antiguo Testamento), Jonás y algunos libros históricos. Mientras que Tyndale estaba en la cárcel, uno de sus asociados, llamado Miles Coverdale (1488–1569), completó la traducción de toda la Biblia en inglés —basándose principalmente en la traducción de Tyndale del Nuevo Testamento y otros libros del Antiguo Testamento. En otras palabras, Coverdale completó lo que Tyndale había comenzado.

LA VERSIÓN DE COVERDALE

Miles Coverdale era graduado de la Universidad de Cambridge y, al igual que Tyndale, fue forzado a huir de Inglaterra porque había sido influenciado fuertemente por Lutero, hasta el punto de que predicaba valientemente contra la doctrina de la iglesia católica. Mientras estaba en el extranjero, Coverdale conoció a Tyndale, y luego llegó a ser asistente de este, especialmente ayudando a Tyndale a traducir el Pentateuco. Para cuando Coverdale logró producir una traducción completa (1537), el rey de Inglaterra, Enrique VIII, había roto todos los lazos con el papa y estaba listo para ver la aparición de una Biblia en inglés. Tal vez la oración de Tyndale había sido contestada, con un giro muy irónico. Entonces el rey le dio aprobación real a la traducción de Coverdale, que estaba basada en el trabajo de Tyndale, el hombre a quien antes había condenado Enrique VIII.

LA VERSIÓN DE THOMAS MATTHEW Y LA GRAN BIBLIA

En el mismo año en el que la Biblia de Coverdale recibió la aprobación del rey (1537), se publicó otra Biblia en Inglaterra. Esta fue obra de un hombre llamado Thomas Matthew, un seudónimo para John Rogers (circa 1500–1555), que era amigo de Tyndale.

Evidentemente, Rogers usó la traducción no publicada de Tyndale de los libros históricos del Antiguo Testamento, otras partes de la traducción de Tyndale y además otras partes de la traducción de Coverdale para formar una Biblia completa. Esta Biblia también recibió la aprobación del rey. La Biblia de Matthew fue revisada en 1538 y se imprimió para ser distribuida en las iglesias a través de Inglaterra. Esta Biblia, llamada la Gran Biblia, debido a su tamaño y alto costo, llegó a ser la primera Biblia inglesa autorizada para uso público.

Se imprimieron muchas ediciones de la Gran Biblia en la primera parte de la década de 1540. Sin embargo, su distribución fue limitada. La actitud del rey Enrique en cuanto a la nueva traducción cambió. Como resultado, el parlamento inglés pasó una ley en 1543 restringiendo el uso de la traducción inglesa. Constituía un crimen que cualquier persona que no tuviera una licencia explicara las Escrituras en público. Muchos ejemplares del Nuevo Testamento de Tyndale y de la Biblia de Coverdale fueron quemados en Londres.

A esto le siguió una represión aún mayor. Después de un período corto de clemencia (durante el reinado de Eduardo VI, 1547–1553), la reina María llevó a cabo una severa persecución. Ella era católica, y estaba determinada a restaurar el catolicismo en Inglaterra y a reprimir el protestantismo. Muchos protestantes fueron ejecutados, incluyendo John Rogers, el traductor de la Biblia. Coverdale fue arrestado y luego puesto en libertad. Huyó a Ginebra, que era un santuario para los protestantes ingleses.

LA BIBLIA DE GINEBRA Y LA BIBLIA DEL OBISPO
Los exiliados ingleses en Ginebra eligieron a William Whittingham (circa 1524–1579) para que les hiciera una traducción del Nuevo Testamento. Él usó la traducción latina de Theodore Beza y consultó el texto griego. Esta Biblia llegó a ser muy popular porque era pequeña y su precio era moderado. El prefacio de la Biblia y

sus muchas anotaciones fueron afectados por una fuerte influencia evangélica, así como por las enseñanzas de Juan Calvino. Calvino fue uno de los más grandes pensadores de la Reforma; era un comentarista bíblico de renombre y el líder principal en Ginebra en aquellos días.

Mientras que la Biblia de Ginebra era popular entre muchos hombres y mujeres ingleses, no tuvo aceptación entre muchos líderes de la iglesia de Inglaterra debido a sus notas calvinistas. Estos líderes, reconociendo que la Gran Biblia era inferior a la Biblia de Ginebra en estilo y erudición, iniciaron una revisión de la Gran Biblia. Esta Biblia revisada, publicada en 1568, llegó a ser conocida como la Biblia del Obispo; continuó siendo usada hasta que fue reemplazada por la Versión del Rey Jacobo en 1611.

LA VERSIÓN DEL REY JACOBO

Después que Jacobo VI de Escocia llegó a ser rey de Inglaterra (también conocido como Jacobo I), insistió que varios clérigos de sectores puritanos y anglicanos se reunieran con la esperanza de que sus diferencias pudieran ser reconciliadas. La reunión no logró la reconciliación. Sin embargo, durante la reunión, uno de los líderes puritanos, John Reynolds, presidente de Corpus Christi College en Oxford, le pidió al rey que autorizara una nueva traducción, porque quería ver una traducción más exacta que las anteriores. Al rey Jacobo le gustó esa idea, porque la Biblia del Obispo no había tenido éxito y porque él consideraba que las notas de la Biblia de Ginebra eran sediciosas. El rey inició este trabajo y tomó una parte activa en los planes de la nueva traducción. Él sugirió que profesores universitarios trabajaran en la traducción para asegurar la mejor erudición posible, e instó fuertemente a que no pusieran ninguna nota marginal salvo las que correspondían a explicaciones literales del hebreo y griego. La ausencia de notas interpretativas ayudaría a que todas las iglesias de Inglaterra aceptaran la traducción.

Más de cincuenta eruditos, instruidos en hebreo y griego, comenzaron el trabajo en 1607. La traducción pasó por varios comités antes de ser terminada. Los eruditos recibieron instrucciones de seguir la Biblia del Obispo como la versión básica, siempre y cuando concordara con el texto original, y de consultar las traducciones de Tyndale, Matthew y Coverdale, así como la Gran Biblia y la Biblia de Ginebra, cuando parecía que contenían traducciones más exactas de los idiomas originales. Esta dependencia en otras versiones se expresa en el prefacio de la Versión del Rey Jacobo: "En realidad, buen lector cristiano, desde el principio nunca pensamos que necesitaríamos hacer una nueva traducción, ni tampoco hacer una buena traducción de una mala . . . sino hacer una buena mejor, o de muchas buenas una buena principal."

La Versión del Rey Jacobo, también conocida en Inglaterra como la Versión Autorizada, porque fue autorizada por el rey, capturó todo lo mejor de las traducciones que la precedieron y las sobrepasó largamente. J. H. Skilton expresó esto muy bien cuando dijo:

La Versión Autorizada contiene las virtudes de la larga y brillante estirpe de traducciones de la Biblia inglesa; unió a la alta erudición con la devoción y el fervor cristianos. Salió a la luz en una época durante la cual el idioma inglés era vibrante y joven, y sus eruditos tenían un dominio notable del instrumento [talento] para el cual la Providencia los había preparado. Su versión se ha llamado con toda justicia "el monumento más ilustre de la prosa inglesa." (J. H. Skilton, "English Versions of the Bible [Versiones Inglesas de la Biblia]," *New Bible Dictionary [Nuevo Diccionario de la Biblia]*, 325–33)

Es cierto que la Versión del Rey Jacobo ha llegado a ser un monumento perdurable de la prosa inglesa debido a su estilo lleno de gracia, su idioma majestuoso y sus ritmos poéticos. Ningún otro libro ha tenido una influencia tan grande en la literatura inglesa, y ninguna otra traducción ha tocado las vidas de tantas personas de habla inglesa durante siglos y siglos, aun hasta el presente.

LOS SIGLOS XVIII Y XIX: NUEVOS DESCUBRIMIENTOS DE MANUSCRITOS MÁS ANTIGUOS Y MAYOR CONOCIMIENTO DE LOS IDIOMAS ORIGINALES

La Versión del Rey Jacobo llegó a ser la traducción más popular de los siglos XVII y XVIII. Adquirió la reputación de haber llegado a ser la Biblia inglesa estándar. Pero la Versión del Rey Jacobo tenía defectos que no les pasaron inadvertidos a ciertos eruditos. En primer lugar, el conocimiento del hebreo era inadecuado en la primera parte del siglo XVII. El texto hebreo que usaron (es decir, el Texto Masorético) fue adecuado, pero su comprensión del vocabulario hebreo fue insuficiente. Tomaría muchos más años de estudio lingüístico para que se aumentara y se refinara el conocimiento del vocabulario hebreo. En segundo lugar, el texto griego que se usó para el Nuevo Testamento de la Versión del Rey Jacobo fue un texto inferior. Los traductores de la Versión del Rey Jacobo básicamente usaron un texto griego conocido como el Textus Receptus (o el "texto recibido"), que procedió del trabajo de Erasmo, quien compiló el primer texto griego que se produciría en una imprenta. Cuando Erasmo compiló este texto, usó cinco o seis manuscritos posteriores que databan desde el siglo X hasta el XIII. Estos manuscritos eran muy inferiores comparados con manuscritos más antiguos.

Los traductores de la Versión del Rey Jacobo hicieron un buen trabajo con los recursos que tenían disponibles, pero esos recursos fueron insuficientes, especialmente con respecto al texto del Nuevo Testamento. Después de la publicación de la Versión del Rey Jacobo se descubrieron manuscritos más antiguos y mejores. Alrededor de 1630, el Códice Alejandrino se llevó a Inglaterra. Este era un manuscrito del siglo V que contenía el Nuevo Testamento en su totalidad, y proveyó un testimonio bastante bueno al texto del Nuevo Testamento, especialmente al texto original del Apo-calipsis. Doscientos años más tarde, un erudito alemán llamado Constantin von Tischendorf descubrió el Códice Sinaiticus en el monasterio de Santa Catalina. El manuscrito, que era de alrede-dor de 350 d.C., es uno de los dos manuscritos más antiguos del Nuevo Testamento griego. El manuscrito más antiguo, el Códice Vaticanus, había estado en la biblioteca del Vaticano desde por lo menos 1481, pero no se puso a disposición de los eruditos hasta mediados del siglo XIX. Este manuscrito, fechado apenas un poco antes (circa 325 d.C.) que el Códice Sinaiticus, es una de las copias más confiables del Nuevo Testamento griego.

A medida que estos manuscritos (y otros) fueron descubier-tos y se hicieron públicos, ciertos eruditos trabajaron arduamen-te para compilar un texto griego que representara el texto original con más fidelidad que el Textus Receptus. Alrededor de 1700, John Mill produjo un Textus Receptus mejorado, y por los años 1730, Johannes Albert Bengel, conocido como el padre de los es-tudios textuales y filológicos modernos del Nuevo Testamento, publicó un texto que difería del Textus Receptus de acuerdo a la evidencia de manuscritos anteriores.

En el siglo XVII, algunos eruditos comenzaron a abandonar el Textus Receptus. Karl Lachman, un filólogo clásico, produjo un texto nuevo en 1831 que representaba los manuscritos del siglo IV. Samuel Tregelles, autodidacta en latín, hebreo y griego, trabajó arduamente durante toda su vida y concentró todos sus esfuerzos en publicar un texto griego, que se publicó en seis partes, de 1857 a 1872. Tischendorf dedicó toda una vida a la labor de descubrir manuscritos y producir ediciones exactas del Nuevo Testamento griego. No sólo descubrió el Códice Sinaiticus, sino que también descifró el palimpsesto Códice Ephraemi Rescriptus; comparó in-numerables manuscritos; y produjo varias ediciones del Nuevo Testamento griego (su octava edición es la mejor). Ayudado por el trabajo de estos eruditos, dos hombres ingleses, Brooke Westcott y

Fenton Hort, trabajaron juntos durante veintiocho años para producir un volumen titulado *The New Testament in the Original Greek* [*El Nuevo Testamento en el Griego Original*] (1881). Esta edición del Nuevo Testamento griego, basada mayormente en el Códice Vaticanus, llegó a ser el texto estándar que fue responsable de destronar al Texto Receptus.

LA VERSIÓN REVISADA INGLESA Y LA VERSIÓN ESTÁNDAR NORTEAMERICANA

Para la última parte del siglo XIX, la comunidad cristiana tenía tres textos griegos muy buenos del Nuevo Testamento: el de Tregelles, el de Tischendorf y el de Westcott y Hort. Estos textos eran muy diferentes del Textus Receptus. Y como hemos mencionado antes, la comunidad erudita había acumulado conocimientos sobre el significado de varias palabras hebreas y griegas. Por lo tanto, había una gran necesidad de una traducción inglesa nueva que se basara en un mejor texto y con traducciones más exactas de los idiomas originales.

Unos pocos individuos trataron de suplir esta necesidad. En 1871, John Nelson Darby, líder del movimiento de los Hermanos de Plymouth, produjo una traducción llamada la *Nueva Traducción,* que principalmente se basaba en el Códice Vaticanus y el Códice Sinaiticus. En 1872, J. B. Rotherham publicó una traducción del texto de Tregelles, en el cual intentó reflejar el énfasis inherente del texto griego. Esta traducción todavía está siendo publicada bajo el nombre de *La Biblia Enfatizada.* Y en 1875, Samuel Davidson produjo la traducción de un Nuevo Testamento del texto de Tischendorf.

La Convocación de Canterbury inició el primer esfuerzo corporativo importante en 1870, y decidió patrocinar una revisión más extensa de la Versión del Rey Jacobo. Sesenta y cinco eruditos británicos, trabajando en varios comités, hicieron cambios significativos a la Versión del Rey Jacobo. Los eruditos del Antiguo Testamento corrigieron traducciones incorrectas de palabras hebreas, y reformaron pasajes poéticos escribiéndolos en forma de poesía. Los eruditos del Nuevo Testamento hicieron miles de cambios basados en una mejor evidencia textual. Su meta era hacer que la revisión del Nuevo Testamento no reflejara el Textus Receptus, sino los textos de Tregelles, Tischendorf y Westcott y Hort. Cuando la Versión Revisada apareció en 1885, fue recibida con gran entusiasmo. En el primer año de su publicación se vendieron más de 3 millones de ejemplares. Desafortunadamente, su popularidad no duró mucho, porque la mayoría de las personas continuó prefiriendo la Versión del Rey Jacobo sobre todas las demás traducciones.

Varios eruditos estadounidenses fueron invitados a participar en el trabajo de revisión, con el acuerdo de que cualquiera de sus sugerencias que los eruditos británicos no aceptaran serían publicadas en un apéndice. Además, los eruditos estadounidenses tuvieron que prometer que no publicarían su propia revisión hasta después de catorce años. Cuando llegó ese tiempo (1901), varios miembros del comité original estadounidense que todavía estaban vivos publicaron la Versión Estándar Norteamericana. Esta traducción, que por lo general se considera superior a la Versión Revisada Inglesa, es una interpretación precisa y literal de textos muy confiables de ambos, el Antiguo Testamento y el Nuevo Testamento.

EL SIGLO XX: NUEVOS DESCUBRIMIENTOS Y NUEVAS TRADUCCIONES

El siglo XIX fue una época muy provechosa para el Nuevo Testamento griego y para las traducciones inglesas siguientes; también fue un siglo en el que los estudios del hebreo avanzaron mucho. El siglo XX también fue provechoso, especialmente para los estudios de los textos. Los que vivieron en el siglo XX han sido testigos de los descubrimientos de los Rollos del Mar Muerto (vea "Textos y manuscritos del Antiguo Testamento" en la sección 4), los Papiros Oxirrinco, los Papiros Chester Beatty, y los Papiros

Bodmer (vea "Textos y manuscritos del Nuevo Testamento" en la sección 4). Estos sorprendentes descubrimientos, que proveyeron a los eruditos cientos de manuscritos antiguos, han mejorado grandemente el esfuerzo de recobrar las palabras originales del Antiguo y del Nuevo Testamentos. Al mismo tiempo, otros descubrimientos arqueológicos han validado la exactitud histórica de la Biblia, y han ayudado a los eruditos bíblicos a entender el significado de algunas palabras antiguas. Por ejemplo, la palabra griega *parousia* (que por lo general se traduce "venida") se encontró en muchos manuscritos antiguos, fechados antes del tiempo de Cristo, y muchas veces esa palabra indicaba la visita de alguien de la realeza. Cuando se usó esta palabra en el Nuevo Testamento relacionándola a la segunda venida de Cristo, los lectores pensaban en su venida como que era la visita de un rey. En koiné (griego), la expresión *entos humon* (literalmente, "dentro de ti") a menudo significaba "dentro del alcance." Así que la declaración de Jesús en Lucas 17:21 podría significar "el reino está dentro de tu alcance."

A medida que han aparecido manuscritos de la Biblia más antiguos y mejores, los eruditos han estado ocupados en actualizar los textos bíblicos. Los eruditos del Antiguo Testamento todavía han usado el Texto Masorético, pero han notado diferencias significativas en los Rollos del Mar Muerto. La edición actual que usan los eruditos del Antiguo Testamento se llama *Biblia Hebraica Stuttgartensia.* Los eruditos del Nuevo Testamento, en su mayoría, han llegado a confiar en una edición del Nuevo Testamento griego conocida como el Texto de Nestle-Aland. Eberhard Nestle usó las mejores ediciones del Nuevo Testamento griego, producidas en el siglo XIX, para compilar un texto que representara el consenso de la mayoría. Por varios años, su hijo continuó con el trabajo de hacer nuevas ediciones, y dicho trabajo ahora está en manos de Kurt Aland. La última edición (la número 27) del Nuevo Testamento llamada *Novum Testamentum Graece* de Nestle-Aland apareció en el año 1993, con una edición corregida en 1998. El mismo texto griego aparece en otro volumen popular publicado por las Sociedades Bíblicas Unidas llamado *El Nuevo Testamento Griego* (cuarta edición revisada —1993).

TRADUCCIONES REALIZADAS EN LA PRIMERA PARTE DEL SIGLO XX EN EL IDIOMA DEL PUEBLO

Los miles y miles de papiros que fueron descubiertos en Egipto alrededor de principios del siglo XX mostraban una forma griega llamada koiné. La koiné (que significa "común") era el idioma de todo el mundo en Grecia; era el idioma común de casi todo el mundo que vivió en el mundo grecorromano desde el siglo II a.C. hasta el siglo III d.C. En otras palabras, era la "lingua franca" del mundo del Mar Mediterráneo. Todas las personas instruidas de aquel tiempo hablaban, leían y escribían en griego, al igual que todas las personas instruidas en los tiempos modernos pueden hablar un poco de inglés, leer un poco de inglés, y tal vez escribir un poco de inglés. La koiné no era el griego literario (es decir, la clase de griego en que escribían los poetas y dramaturgos griegos); era la clase de griego que se usaba en cartas personales, documentos legales y otros textos no literarios.

Los eruditos del Nuevo Testamento comenzaron a descubrir que la mayor parte del Nuevo Testamento estaba escrito en koiné, el idioma del pueblo. Como resultado, surgió una fuerte tendencia a traducir el Nuevo Testamento al idioma del pueblo. Varios traductores eligieron separarse del inglés tradicional isabelino, que se usó en la Versión del Rey Jacobo (y aun el usado en la Versión Revisada inglesa y en la Versión Estándar Norteamericana), y producir una traducción nueva en el idioma común.

El Nuevo Testamento del Siglo XX

La primera de esas traducciones fue *El Nuevo Testamento del Siglo XX* (1902). El prefacio a una nueva edición de esta traducción provee una excelente descripción de la obra:

El Nuevo Testamento del Siglo XX es una traducción que fluye con facilidad, exacta y fácil de leer, que cautiva a los lectores desde el principio hasta el fin. Nacida del deseo de lograr que la Biblia sea fácil de leer y entender, es el producto de la labor de un comité de veinte hombres y mujeres que trabajaron juntos durante muchos años para construir, nosotros creemos bajo divina observación, esta hermosa y simple traducción de la Palabra de Dios. (Prefacio a la nueva edición [1961], publicada por Moody Press)

El Nuevo Testamento en Palabras Modernas

Un año después de la publicación del *Nuevo Testamento del Siglo XX*, Richard Weymouth publicó *El Nuevo Testamento en Palabras Modernas* (1903). Weymouth, que había recibido el primer título de Doctor en Literatura de la Universidad de Londres, era director de una escuela privada en Londres. Durante su vida, pasó algún tiempo produciendo una edición del texto griego (publicada en 1862) que fue más exacta que el Textus Receptus, y luego trabajó para producir una traducción inglesa del texto griego (llamada *El Testamento Griego Resultante*) en una versión usando palabras modernas. Su traducción ha sido muy bien recibida, y ya hay varias ediciones y numerosas impresiones.

El Nuevo Testamento: Una Traducción Nueva

Otra traducción nueva que apareció en la primera parte del siglo XX fue la que hizo James Moffatt, un brillante erudito escocés. En 1913, publicó su primera edición de *El Nuevo Testamento: Una Traducción Nueva*. Esta era en realidad su segunda traducción del Nuevo Testamento; su primera traducción fue hecha en el año 1901, y se llamaba *El Nuevo Testamento Histórico*. En su *Traducción Nueva*, la meta de Moffatt era "traducir el Nuevo Testamento en la forma exacta en la que uno traduciría cualquier otro material de prosa helenística contemporánea." Su trabajo fue brillante y demuestra marcada independencia de otras versiones; desafortunadamente se basó en el Nuevo Testamento griego de Hermann von Soden, el cual, como saben todos los eruditos ahora, es muy defectuoso.

La Biblia Completa: Una Traducción Norteamericana

La traducción más antigua en lenguaje moderno estadounidense fue producida por Edgar J. Goodspeed, profesor de Nuevo Testamento de la Universidad de Chicago. Él había criticado *El Nuevo Testamento del Siglo XX,* la versión de Weymouth, y la traducción de Moffatt. Como consecuencia, otros eruditos lo desafiaron a hacer algo mejor. Él aceptó el desafío, y en 1923 publicó *El Nuevo Testamento: Una Traducción Norteamericana.* Cuando hizo esta traducción, dijo que quería darle a su "versión algo de la fuerza y la frescura que había en el griego original." Él dijo: "Yo quería que mi traducción dejara en el lector parte de la impresión que el Nuevo Testamento debe haber dejado en sus primeros lectores, e invitar a la lectura continua de todo el libro, leyendo un libro por vez" (*New Chapters in New Testament Study [Nuevos Capítulos en el Estudio del Nuevo Testamento],* 113). Su traducción fue un éxito. Le siguió una traducción del Antiguo Testamento, producida por J. M. Powis Smith y otros tres eruditos. *La Biblia Completa: Una Traducción Norteamericana* fue publicada en 1935.

LA VERSIÓN ESTÁNDAR REVISADA

La Versión Revisada Inglesa y la Versión Estándar Norteamericana se habían ganado la reputación de ser textos de estudio exactos, pero muy "rígidos" en su construcción. Los traductores que trabajaron en las versiones revisadas intentaron traducir fielmente las palabras del idioma original sin tener en cuenta el contexto, y algunas veces hasta siguieron el orden de las palabras en griego. Eso creó una versión de expresiones idiomáticas inapropiadas, y se hizo necesaria una revisión.

El pedido de una revisión se hizo más apremiante por el hecho de que en las décadas de 1930 y 1940 se habían descubierto muchos manuscritos bíblicos importantes —principalmente los Rollos del Mar Muerto para el Antiguo Testamento, y los Papiros Chester Beatty para el Nuevo Testamento. Se sintió que la nueva evidencia desplegada en estos documentos debería ser reflejada en una revisión. La revisión mostró algunos cambios textuales en el libro de Isaías, debido al rollo de Isaías, y varios cambios en las Epístolas Paulinas debido al Papiro Chester Beatty P46. Hubo otras revisiones significativas. La historia de la mujer que encontraron en adulterio (Juan 7:52–8:11) no fue incluida en el texto, sino en el margen, porque ninguno de los manuscritos tempranos contenía esa historia, y el final de Marcos (16:9-20) no fue incluido en el texto porque no se encuentra en los dos manuscritos más antiguos que son el Códice Vaticanus y el Códice Sinaiticus.

La organización que tiene los derechos (copyright) de la Versión Estándar Norteamericana, llamada la International Council of Religious Education, autorizó una nueva revisión en 1937. Los traductores del Nuevo Testamento por lo general siguieron la edición decimoséptima del Texto de Nestle (1941), mientras que los traductores del Antiguo Testamento siguieron el Texto Masorético. Sin embargo, ambos grupos adoptaron interpretaciones de otras fuentes antiguas cuando estas se consideraban más exactas. El Nuevo Testamento fue publicado en 1946, y la Biblia completa con el Antiguo Testamento, en 1952.

Estos principios de revisión fueron especificados en el prefacio de la Versión Estándar Revisada:

La Versión Estándar Revisada no es una traducción nueva en el idioma de hoy. No es una paráfrasis que usa expresiones idiomáticas llamativas. Es una revisión que busca preservar todo lo mejor de la Biblia inglesa como ha sido conocido y usado a través de los años.

Muchas iglesias protestantes recibieron muy bien esta revisión, que pronto llegó a ser su texto "estándar." Más tarde, la Versión Estándar Revisada fue publicada con los libros apócrifos del Antiguo Testamento (1957), en una edición católica (1965), y en lo que se llama la Biblia Común, que incluye el Antiguo Testamento, el Nuevo Testamento, los libros apócrifos y los libros deuterocanónicos, con la promoción internacional de los protestantes, los griegos ortodoxos y los católicos romanos. Sin embargo, los cristianos evangélicos y los fundamentalistas no recibieron muy bien la Versión Estándar Revisada —principalmente debido a un versículo, Isaías 7:14, el que lee: "El Señor mismo les dará una señal. Mira, la joven concebirá y dará a luz un hijo, y lo llamará Emanuel." Los evangélicos y los fundamentalistas contienden que el texto debería decir "virgen" y no "joven." Como resultado, la Versión Estándar Revisada fue severamente criticada, aunque no prohibida, por muchos cristianos evangélicos y fundamentalistas.

LA *NUEVA BIBLIA INGLESA*

En el año en que se publicó el Nuevo Testamento de la Versión Estándar Revisada (1946), la iglesia de Escocia les propuso a las otras iglesias en Gran Bretaña que era tiempo de que se hiciera una traducción completamente nueva de la Biblia. Los que iniciaron este trabajo les pidieron a los traductores que produjeran una traducción nueva, con expresiones idiomáticas modernas de los idiomas originales; esta no debía ser una revisión de ninguna traducción anterior, ni tampoco debía ser una traducción literal. A los traductores, bajo la dirección de C. H. Dodd, se les pidió que tradujeran el significado del texto en inglés moderno. El prefacio al Nuevo Testamento (publicado en 1961), escrito por C. H. Dodd, explica esto más ampliamente:

> Los traductores antiguos, en su totalidad, consideraban que la fidelidad al original demandaba que reprodujeran, tanto

como les fuera posible, las características del idioma original, tales como el orden sintáctico de las palabras, la estructura y la división de las frases, y aun algunas irregularidades de la gramática que les eran muy naturales a los autores que escribían en el lenguaje original del griego popular helénico, pero mucho menos naturales cuando se usaban en inglés. A los traductores actuales se les ordenó que reemplazaran las construcciones y las expresiones idiomáticas griegas por aquellas del inglés contemporáneo.

Esto significó una teoría y práctica de traducción diferentes, que impuso una carga más pesada en los traductores. La fidelidad en la traducción no quería decir mantener intacta la estructura general del original mientras se reemplazaban las palabras griegas usando palabras inglesas más o menos equivalentes. . . . Así es que no nos hemos sentido obligados (como fue el caso con los revisores de 1881) a hacer el esfuerzo de traducir la misma palabra griega en todos lados con la misma palabra inglesa. En este aspecto hemos vuelto a la sana práctica de los hombres de la Versión del Rey Jacobo, quienes (como lo afirmaron expresamente en su prefacio) no reconocieron tal obligación. Comprendimos que nuestra tarea era entender el original con tanta precisión como fuera posible (usando todas las ayudas disponibles) y, entonces, decir de nuevo en nuestro idioma nativo lo que creíamos que estaba diciendo el autor en su idioma.

La *Nueva Biblia Inglesa* completa fue publicada en 1970; fue muy bien recibida en Gran Bretaña y en los Estados Unidos (aunque sus expresiones idiomáticas son muy británicas), y fue muy elogiada por su buen estilo literario. Los traductores fueron muy experimentadores, produciendo traducciones que nunca antes habían sido impresas en ninguna versión inglesa, y adoptaron ciertas traducciones de varios manuscritos hebreos y griegos que nunca antes habían sido adoptadas. Como resultado, la *Nueva Biblia Inglesa* fue altamente alabada por su ingeniosidad tanto como severamente criticada por las libertades que se había tomado.

LA *BIBLIA BUENAS NOTICIAS*: LA VERSIÓN EN EL INGLÉS DE HOY

El Nuevo Testamento en la Versión en el Inglés de Hoy, también conocido como *Buenas Noticias para el Hombre Moderno,* fue publicado por la Sociedad Bíblica Norteamericana en 1966. La traducción fue hecha originalmente por Robert Bratcher, un investigador asociado del departamento de traducciones de la Sociedad Bíblica Norteamericana, y más tarde fue pulida por la Sociedad Bíblica Norteamericana. La traducción, que ha sido promovida ampliamente por varias sociedades bíblicas, y de precio muy económico, vendió más de 35 millones de ejemplares en los primeros seis años desde su impresión. La traducción del Nuevo Testamento, basada en la primera edición del *Nuevo Testamento Griego* (las Sociedades Bíblicas Unidas, 1966), es una versión idiomática en inglés simple y moderno. La traducción fue muy influenciada por la teoría lingüística de la equivalencia dinámica, y tuvo bastante éxito en proveer a los lectores de habla inglesa una traducción que, en su mayor parte, refleja con exactitud el significado de los textos originales. Esto se expresa en el prefacio del Nuevo Testamento:

La Sociedad Bíblica Norteamericana preparó esta traducción del Nuevo Testamento para personas cuya lengua vernácula es el inglés, o para los que han aprendido el idioma inglés. Como una traducción completamente nueva, no se conforma a un vocabulario o estilo tradicionales, sino que busca expresar el significado del texto griego usando palabras y formas aceptadas como estándar por la gente, en todos los lugares, que emplea el idioma inglés como medio de comunicación. La Versión en el Inglés de Hoy intenta seguir, en este siglo, los ejemplos que nos dieron los autores de los libros del Nuevo Testamento, quienes, en su mayor parte, escribieron usando la forma estándar o común del idioma griego que se usaba a través del Imperio Romano.

Debido al éxito del Nuevo Testamento, otras sociedades bíblicas le pidieron a la Sociedad Bíblica Norteamericana que hiciera una traducción del Antiguo Testamento siguiendo los mismos principios que se usaron en el Nuevo Testamento. La Biblia completa fue publicada en 1976, y se conoce con el nombre de la *Biblia Buenas Noticias*: Versión en el Inglés de Hoy.

THE LIVING BIBLE

En 1962, Kenneth Taylor publicó una paráfrasis de las epístolas del Nuevo Testamento en un volumen llamado *Living Letters*. Esta nueva y dinámica paráfrasis, escrita usando un lenguaje común, llegó a ser muy bien recibida y ampliamente aclamada, especialmente por su habilidad de comunicar el mensaje de la Palabra de Dios al hombre común. Al principio, su circulación fue ampliamente apoyada por la Organización Evangelística Billy Graham, que contribuyó a darle mucha publicidad a este libro y distribuyó gratuitamente miles de ejemplares. Taylor continuó parafraseando otras porciones de la Biblia y publicó otros volúmenes: *Living Prophecies* (1965), *Living Gospels* (1966), *Living Psalms* (1967), *Living Lessons of Life and Love* (1968), *Living Books of Moses* (1969), y *Living History of Moses* (1970). La *Living Bible* completa fue publicada en 1971 (el *Living New Testament* fue impreso en 1966).

Kenneth Taylor usó la Versión Estándar Norteamericana como su texto de trabajo y parafraseó la Biblia en la manera de hablar moderna —de tal forma que cualquier persona, aun un niño, pudiera entender el mensaje de los escritores originales. En el prefacio de *The Living Bible,* Taylor explica su punto de vista en cuanto a parafrasear:

> Parafrasear es decir algo con palabras diferentes a las que usó el autor. Es exponer de nuevo los pensamientos del autor usando palabras diferentes a las que él usó. Este libro es una paráfrasis del Antiguo y del Nuevo Testamento. Su propósito es decir, tan exactamente como sea posible, lo que quisieron decir los escritores de la Biblia, y decirlo en forma simple, expandiéndose donde sea necesario para que el lector moderno lo pueda entender claramente.

Aun cuando muchos lectores modernos han apreciado en gran manera el hecho de que *The Living Bible* les ha aclarado la Palabra de Dios, la paráfrasis de Taylor ha sido criticada por ser demasiado interpretativa. Taylor estaba consciente de esto cuando hizo la paráfrasis. De nuevo, el prefacio aclara:

> En las paráfrasis hay peligros, como también valores. Porque en los lugares en que las palabras exactas del autor no han sido traducidas de los idiomas originales, existe la posibilidad de que el traductor, por más honesto que sea, pueda darle al lector de habla inglesa algo que el autor original no quiso decir.

The Living Bible ha sido muy popular entre los lectores de habla inglesa en todo el mundo. Kenneth Taylor creó una editorial para publicar *The Living Bible,* de la cual se han vendido más de 35 millones de ejemplares. El nombre de la editorial es Tyndale House Publishers —llamada así por William Tyndale, el padre de las traducciones modernas de la Biblia en inglés.

LA *NUEVA BIBLIA NORTEAMERICANA ESTÁNDAR*

Hay dos traducciones modernas que son revisiones de (o se han basado en) la Versión Estándar Norteamericana (1901): la Versión Estándar Revisada (1952), y la *Nueva Biblia Norteamericana Estándar* (1971). La organización Lockman Foundation, una corporación cristiana sin fines de lucro cuyo propósito es evangelizar, promovió esta revisión de la Versión Estándar Norteamericana porque "los que produjeron esta traducción estaban completamente convencidos de que el interés en la Versión Estándar Norteamericana de 1901 debería ser renovado y aumentado" (tomado del prefacio). Por cierto que la Versión Estándar Norteamericana fue un trabajo monumental de erudición y su traducción es muy exacta. Sin embargo, su popularidad estaba disminuyendo y estaba desapareciendo rápidamente del escenario. Por lo tanto, la Lockman Foundation organizó un equipo de treinta y dos eruditos para que prepararan una nueva revisión. Estos eruditos, que estaban comprometidos con la inspiración de la Escritura, se esforzaron por producir una traducción literal de la Biblia, porque creían que tal traducción "lleva a los lectores contemporáneos lo más cerca posible a las palabras reales y a la estructura gramatical que usaron los escritores originales" (ibid.).

Los traductores de la *Nueva Biblia Norteamericana* recibieron instrucciones de la Lockman Foundation de que "se adhirieran al idioma original de las Sagradas Escrituras lo más posible, y al mismo tiempo, que obtuvieran un estilo que fuera fluido y fácil de leer de acuerdo al uso común del inglés" (Sakae Kubo y Walter Specht, *So Many Versions? [¿Tantas Versiones?]* 171). Después de su publicación, la *Nueva Biblia Norteamericana Estándar* (1963 para el Nuevo Testamento y 1971 para la Biblia completa), recibió una respuesta mixta. Algunos críticos aplaudieron su exactitud literaria, mientras que otros criticaron con dureza el lenguaje que se había usado por no ser contemporáneo o moderno.

En general, la *Nueva Biblia Norteamericana* llegó a ser respetada como una buena Biblia de estudio que refleja con exactitud el idioma original, y sin embargo no es una buena traducción para la lectura de la Biblia. Además, se debe decir que esta traducción está ahora treinta años atrasada en términos de fidelidad textual —especialmente el Nuevo Testamento, el cual se suponía, originalmente, que debía seguir la edición vigésimo tercera del Texto Nestle, pero que tiende a seguir el Textus Receptus.

LA NEW INTERNATIONAL VERSION

La New International Version es una traducción completamente nueva de los idiomas originales que fue hecha por un grupo internacional de más de cien eruditos. Estos eruditos trabajaron muchos años y en varios comités para producir una excelente traducción de pensamiento-a-pensamiento en inglés contemporáneo, para uso privado y uso público. La New International Version se llama "internacional" porque fue preparada por eruditos de diferentes países de habla inglesa tales como Estados Unidos, Canadá, Gran Bretaña, Australia y Nueva Zelanda, y porque "los traductores buscaron usar un vocabulario común a la mayoría de las naciones de habla inglesa del mundo" (ibid., 191–192).

Los traductores de la New International Version buscaron hacer una versión que estuviera a mitad de camino entre una traducción literal (como en la *Nueva Biblia Norteamericana Estándar*) y una paráfrasis libre (como en *The Living Bible*). Su meta fue comunicar en inglés el pensamiento de los escritores originales. Esto se explica en forma breve en el prefacio del Nuevo Testamento:

Ciertas convicciones y metas guiaron a los traductores. Todos ellos están comprometidos con la autoridad total y la completa fidelidad de las Escrituras. Por lo tanto, su primera preocupación fue la exactitud de la traducción y su fidelidad al pensamiento de los escritores del Nuevo

Testamento. Mientras que pesaron el significado de los detalles léxicos y gramaticales del texto griego, se han esforzado por obtener más que una traducción de palabra-por-palabra. Debido a que los patrones de pensamiento y la sintaxis difieren de idioma a idioma, la comunicación fiel de lo que quisieron decir los escritores del Nuevo Testamento demandó modificaciones frecuentes en la estructura de las frases y constante cuidado por el significado contextual de las palabras.

La preocupación por la claridad del estilo —de que fuera idiomático sin ser idiosincrásico, contemporáneo sin ser anticuado— también motivó a los traductores y a sus consultores. En forma constante han puesto la mira en la simplicidad de expresión, con sensible atención a las connotaciones y el sonido de una palabra dada. Al mismo tiempo, se han esforzado por evitar usar siempre el mismo estilo para reflejar la variedad de estilos y modos que usaron los escritores del Nuevo Testamento.

El Nuevo Testamento de la New International Version fue publicado en 1973, y la Biblia completa en 1978. Esta versión ha tenido un éxito fenomenal. Millones y millones de lectores han adoptado la New International Version como su "Biblia." Desde 1987 se han vendido más ejemplares de la New International Version que de la Versión del Rey Jacobo, que había sido el éxito de librería durante siglos —lo que es una indicación notable de su popularidad y aceptación en la comunidad cristiana. La New International Version, que fue patrocinada por la Sociedad Bíblica de Nueva York (ahora la Sociedad Bíblica Internacional) y publicada por Zondervan Publishers, ha llegado a ser una versión estándar que se usa para la lectura privada y la lectura desde el púlpito en muchos países de habla inglesa.

DOS TRADUCCIONES CATÓLICAS MODERNAS: *THE JERUSALEM BIBLE* Y *LA NUEVA BIBLIA NORTEAMERICANA*

En 1943, el papa Pío XII promulgó la famosa encíclica que alentaba a los católicos a leer y estudiar las Escrituras. Al mismo tiempo, el papa recomendó que se tradujeran las Escrituras usando los idiomas originales. Anteriormente, todas las traducciones católicas estaban basadas en la Vulgata Latina. Esto incluye la traducción de Knox, que fue comenzada en 1939 y publicada en 1944 (el Nuevo Testamento), y en 1955 (toda la Biblia).

La primera Biblia católica completa que se tradujo de los idiomas originales fue *The Jerusalem Bible*, publicada en Inglaterra en 1966. Esta Biblia es el homólogo inglés de una traducción francés llamada *La Bible de Jerusalem*. La traducción francesa fue "la culminación de décadas de investigación y de erudición bíblica" (tomado del prefacio de *The Jerusalem Bible*), publicada por la organización llamada la Escuela Bíblica Dominicana de Jerusalén. Esta Biblia, que incluye los libros apócrifos y los libros deuterocanónicos, contiene muchas guías de estudio tales como introducciones a cada libro de la Biblia y notas extensas sobre varios pasajes y mapas. Las guías de estudio son una parte complicada de toda la traducción, porque el liderazgo de la iglesia católica cree que a los laicos se les deben dar ayudas para interpretar la lectura del texto sagrado. Las guías de estudio de *The Jerusalem Bible* fueron traducidas del francés, mientras que el texto mismo de la Biblia fue traducido de los idiomas originales con la ayuda de la traducción francesa. La traducción del texto, producido bajo el liderazgo editorial de Alexander Jones, es considerablemente más libre que otras traducciones, tales como la Versión Estándar Revisada, porque los traductores buscaron capturar los significados de los escritos originales en un "estilo contemporáneo y lleno de viveza" (tomado del prefacio de *The Jerusalem Bible*).

La primera Biblia católica norteamericana que se tradujo de los idiomas originales fue *La Nueva Biblia Norteamericana* (que no se debe confundir con *La Nueva Biblia Norteamericana Estándar*). Aunque esta traducción se publicó en 1970, el trabajo en esta versión había comenzado varias décadas antes. Con antelación a la encíclica del papa Pío XII, se publicó una traducción norteamericana del Nuevo Testamento, basada en la Vulgata latina, que se conoció con el nombre de Versión de la Confraternidad. Después de la encíclica, el Antiguo Testamento se tradujo usando el Texto Masorético hebreo y el Nuevo Testamento revisado, basándose en la edición vigésimo quinta del texto griego de Nestle-Aland. La *Nueva Biblia Norteamericana* tiene cortas introducciones a cada libro de la Biblia y muy pocas notas marginales. Kubo y Specht proveen una justa descripción de la traducción:

> La traducción en sí es simple, clara y directa, y se lee con mucha fluidez. El inglés que se usó es buen inglés estadounidense, no tan punzante y colorido como el de la NEB *[Nueva Biblia Inglesa]*. Sus traducciones no son llamativas, pero tampoco son desatinadas. Parecen ser más conservadoras en el sentido de que tienden a no salirse del original. Esto no quiere decir que esta es una traducción literal, sino que es más fiel. (*So Many Versions?* 165)

TRADUCCIONES JUDÍAS
En el siglo XX se publicaron algunas traducciones judías de la Biblia muy importantes. La organización Jewish Publication Society creó una traducción de las Escrituras hebreas llamada *Las Sagradas Escrituras* Según el Texto Masorético, una Traducción Nueva (publicada en 1917). El prefacio a esta traducción explica su propósito:

> La meta es combinar el espíritu de la tradición judía con los resultados de la erudición bíblica antigua, medieval y moderna. Le provee al mundo judío una traducción de las

Escrituras hecha por hombres que están empapados de conocimientos judíos, mientras que se espera que el mundo no judío recibirá con agrado una traducción que presenta muchos pasajes desde el punto de vista tradicional judío.

En 1955, la Jewish Publication Society nombró un comité nuevo de siete eminentes eruditos judíos para hacer una nueva traducción judía de las Escrituras hebreas. La traducción llamada la Nueva Versión Judía fue publicada en 1962. Una segunda edición mejorada se publicó en 1973. Esta obra no es una revisión de *Las Sagradas Escrituras* de Acuerdo al Texto Masorético; es una traducción completamente nueva en inglés moderno. Los traductores trataron de "producir una versión que le diera al hombre moderno el mismo mensaje que el original dio en el mundo de los tiempos antiguos" (Kubo y Specht, *So Many Versions?* 108).

TRADUCCIONES IMPORTANTES DE LAS DÉCADAS DE 1980 Y 1990

La Nueva Versión del Rey Jacobo

La Nueva Versión del Rey Jacobo, publicada en 1982, es una revisión de la Versión del Rey Jacobo, que es una traducción literal de por sí. Como tal, la Nueva Versión del Rey Jacobo sigue el precedente histórico de la Versión Autorizada, manteniendo un enfoque literal de traducción. Los revisores han llamado a este método de traducción "equivalencia completa." Esto quiere decir que los revisores buscaron proveer representación completa de toda la información del texto original con respecto a la historia de su uso y etimología de las palabras en el contexto (vea el Prefacio, iv). Desde luego, lograr la "equivalencia completa" cuando se traduce de un idioma a otro es un ideal que nunca puede ser totalmente logrado.

La característica más distintiva de la Nueva Versión del Rey Jacobo es el texto original subyacente. Los revisores del Nuevo Testamento de la Nueva Versión del Rey Jacobo eligieron usar el

Textus Receptus más que ediciones modernas críticas, incluyendo el Texto de la Mayoría y el Texto Nestle-Aland. A manera de concesión, han colocado notas al pie de página cuando su texto varía en forma significativa del Texto de la Mayoría y de las ediciones críticas modernas. El Texto de la Mayoría, que es el texto que apoya la mayoría de todos los manuscritos conocidos del Nuevo Testamento, casi no difiere del Textus Receptus; por lo tanto, hay muy pocas diferencias anotadas (como "M-text"). Pero hay mucho más de mil diferencias en notas al pie de página referentes al texto NA^{26}/UBS^3 (anotadas como "NU"). El lector, por lo tanto, puede notar cuántas diferencias significativas hay entre los dos textos.

Aunque exhibe un texto antiguo, el idioma de la Nueva Versión del Rey Jacobo es básicamente moderno. Todo el inglés isabelino de la primera Versión del Rey Jacobo ha sido reemplazado con un lenguaje inglés norteamericano contemporáneo. Aunque mucha de la estructura de las frases de la Nueva Versión del Rey Jacobo todavía es antigua, los lectores contemporáneos a quienes les gusta el espíritu de la Versión del Rey Jacobo pero que no entienden mucho de su lenguaje arcaico apreciarán esta revisión.

La *New Jerusalem Bible*

La *Jerusalem Bible* había llegado a ser muy usada para los propósitos litúrgicos, de estudio y para la lectura privada. Este éxito motivó una nueva revisión, tanto de la *Bible de Jerusalem* en francés, como de la *Jerusalem Bible* en inglés. Esta nueva edición "incorporó progreso en la erudición desde las dos décadas que habían pasado desde la preparación de la primera edición. Las introducciones y notas a menudo se cambiaron mucho para tomar en consideración los avances lingüísticos, arqueológicos y teológicos, y el texto mismo en algunas instancias refleja nueva comprensión de los originales" (tomado del Prefacio). *The New Jerusalem Bible* (publicada en 1986), por lo general ha sido recibida como un excelente texto de estudio.

Los traductores del Antiguo Testamento siguieron el Texto Masorético, excepto cuando este texto presentaba problemas —como se dice en el prefacio: "Sólo cuando este texto presenta dificultades insuperables se han usado enmiendas, o las versiones de otros manuscritos hebreos o las versiones antiguas (notablemente la LXX y la Siríaca)" (tomado del Prefacio). El Nuevo Testamento ofrece algunas variaciones interesantes de muchas otras versiones modernas porque despliega un texto ecléctico —especialmente en el libro de Hechos, donde se adoptaron muchas interpretaciones "occidentales."

La Biblia Inglesa Revisada

La Biblia Inglesa Revisada (1989) es una revisión de la *Nueva Biblia Inglesa* (NEB), que fue publicada en 1971. Debido a que la NEB obtuvo mucha popularidad en las iglesias británicas, y se usaba en forma regular para las lecturas públicas, varias iglesias británicas decidieron que debería hacerse una revisión de la NEB para mantener el idioma actualizado, y el texto al día de acuerdo a la erudición moderna.

Para el Antiguo Testamento, los revisores usaron el Texto Masorético según aparece en la *Biblia Hebraica Stuttgartensia* (1967, 1977). También usaron los Rollos del Mar Muerto y algunas otras versiones importantes, incluyendo la Septuaginta. Con todo, los traductores de *La Biblia Inglesa Revisada* fueron muy conservadores en cuanto a apartarse del Texto Masorético, como se hace evidente en su posición, la cual declaran en el prefacio. Por cierto que la posición de los traductores de *La Biblia Inglesa Revisada* demuestra un cambio en su actitud hacia el texto, cuando se compara con la de sus predecesores:

Es probable que el Texto Masorético haya permanecido sin alteraciones considerables desde el siglo II d.C. hasta el tiempo presente, y este texto se reproduce en todas las

Biblias hebreas. Los traductores de La Nueva Biblia Inglesa usaron la tercera edición de la *Biblia Hebraica* de Kittel. . . . A pesar del cuidado que se usó cuando se copiaba del Texto Masorético, contiene errores, en la corrección de los cuales hay testigos que deben ser oídos. Ninguno de ellos es completamente superior al Texto Masorético, pero en algunos lugares particulares su evidencia puede preservar la interpretación correcta.

Los revisores del Nuevo Testamento usaron el *Novum Testamentum Graece* de Nestle-Aland (edición vigésimo sexta, 1979) como su texto base. Esta elección dio como resultado varios cambios del texto de *La Nueva Biblia Inglesa*, que seguía un texto muy ecléctico. Los traductores de la NEB adoptaron interpretaciones que nunca antes habían sido publicadas por los traductores ingleses. Los eruditos que trabajaron en *La Biblia Inglesa Revisada* ajustaron muchas de estas interpretaciones para proveer un texto más balanceado. Al mismo tiempo, también hicieron algunos cambios textuales significativos. Lo más notable es lo que hicieron con la historia de la mujer sorprendida en adulterio (Juan 7:53–8:11). Reflejando la aplastante evidencia de los manuscritos griegos, esta historia *no* se incluye en el cuerpo del Evangelio de Juan, sino que más bien se imprime en un apéndice que sigue a dicho Evangelio.

La Nueva Versión Estándar Revisada

Como lo indica claramente su nombre, la Nueva Versión Estándar Revisada es una revisión de la Versión Estándar Revisada. Con el tiempo, llegó el momento de hacer aún otra revisión de la versión autorizada. En el prefacio de esta revisión, Bruce Metzger, presidente del comité de revisión, escribió:

La Nueva Versión Estándar Revisada de la Biblia es una revisión autorizada de la Versión Estándar Revisada, publicada en 1952, la cual era una revisión de la Versión Estándar Americana, publicada en 1901, la cual, a su vez, incluía revisiones anteriores de la Versión del Rey Jacobo, publicada en 1611.

La necesidad de publicar una revisión de la Versión Estándar Revisada surge de tres circunstancias: (a) la adquisición de manuscritos bíblicos aún más antiguos, (b) la investigación más a fondo de las características lingüísticas del texto, y (c) cambios en los usos preferidos del idioma inglés (tomado del Prefacio, i).

Las tres razones de Metzger para producir la Nueva Versión Estándar Revisada son esencialmente las mismas razones que hay detrás de todas las revisiones de las traducciones de la Biblia. Pero la Nueva Versión Estándar Revisada presenta una revisión significativa, especialmente en lo que se refiere a la primera y tercera circunstancias: la adquisición de manuscritos bíblicos aún más antiguos, y cambios en los usos preferidos del idioma inglés.

En el prefacio de la Nueva Versión Estándar Revisada, los traductores declaran que el descubrimiento de otros Rollos del Mar Muerto, que no estuvieron disponibles para el comité de la Versión Estándar Revisada, contribuyó en forma significativa a la revisión. Así que, usando la *Biblia Hebraica Stuttgartensia* (1977; segunda edición enmendada, 1983) como su texto principal, el comité del Antiguo Testamento se apartó de él cuando la evidencia de los manuscritos del Qumrán u otras versiones antiguas (en griego, latín antiguo y siríaco) ameritaban que se apartaran.

La desviación del Texto Masorético se manifiesta más en 1 y 2 Samuel. Una mirada a 1 Samuel 1–2 es bastante reveladora. Como dice Scanlin: "Estos capítulos contienen el relato del nacimiento y la niñez de Samuel. La Nueva Versión Estándar Revisada contiene veintisiete notas textuales en estos dos capítulos; la traducción se aparta del Texto Masorético en todos los casos, con el apoyo de Qumrán para diecisiete de esas desviaciones del Texto Masorético" (Scanlin, *The Dead Sea Scrolls and Modern Translations of the Old Testament [Los Rollos del Mar Muerto y las Traducciones Modernas del Antiguo Testamento]*, 115-116). La Nueva Versión Estándar Revisada, apartándose del Texto Masorético, adopta los textos más largos del griego antiguo en 1 Samuel 4:1; 13:15; 14:23-24; y 29:10. Estos y otros ejemplos revelan que el aumento de las veces en que se aparta del Texto Masorético indica que las consideraciones críticas del texto han aumentado en años recientes.

De todas las traducciones modernas, la Nueva Versión Estándar Revisada es la que sigue con más fidelidad el texto del NA^{26}/UBS^3. Esto se debe, sin duda, a la participación de Bruce Metzger en ambos comités editoriales —fue un miembro líder del comité del NA^{26}/UBS^3, y presidente del comité de la Nueva Versión Estándar Revisada. Es por eso que esta traducción refleja los estudios textuales más recientes sobre el Nuevo Testamento. Muchas interpretaciones que nunca antes se habían aceptado en una traducción de la Biblia fueron incluidas en la Nueva Versión Estándar Revisada. Por ejemplo, la Nueva Versión Estándar Revisada adopta la traducción de "Jesús Barrabás" como el nombre del rebelde que Pilato puso en libertad en lugar de Jesús de Nazaret (Mateo 27:16).

Tal vez la característica más notable de la Nueva Versión Estándar Revisada es la atención que le presta al idioma que usa el género inclusivo. Mientras que respetaron la historicidad de los textos antiguos, los traductores de la Nueva Versión Estándar Revisada intentaron hacer que esta nueva versión fuera más clara para los lectores que prefieren un idioma de género inclusivo. Hicieron esto evitando usar expresiones masculinas cuando les fue posible. Por ejemplo, en las epístolas del Nuevo Testamento, cuando se habla de los creyentes, tradicionalmente se usa la palabra "hermanos" (*adelphoi*), y sin embargo es claro que estas epístolas fueron dirigidas a todos los lectores —tanto varones como mujeres. Es así que los traductores de la Nueva Versión Estándar Revisada han usado frases tales como "hermanos y hermanas" o "amigos" (siempre con una nota al pie de página diciendo: "en el griego, hermanos") para representar la situación histórica al mismo tiempo que muestran sensibilidad hacia los lectores modernos.

Sin embargo, Metzger y los otros traductores tuvieron mucho cuidado de no enfatizar demasiado el principio del género inclusivo. Algunos lectores habían estado esperando una revisión más radical en cuanto a este tema. Muchos de esos lectores estaban esperando que la revisión incorporara este principio cuando se habla de Dios, cambiando frases tales como "Dios nuestro padre" a una expresión que incluyera a ambos, padre y madre. Pero los revisores de la Nueva Versión Estándar Revisada, bajo el liderazgo de Metzger, se decidieron en contra de este enfoque, porque lo consideraron una reflexión errónea del significado del texto original.

La Versión Inglesa Contemporánea

Barclay Newman, de la Sociedad Bíblica Estadounidense, es el pionero de una traducción nueva para adolescentes. Trabajando según el modelo de la equivalencia funcional de Eugene Nida, Barclay Newman, en cooperación con otros miembros de la Sociedad Bíblica Estadounidense, produjo traducciones nuevas de los libros del Nuevo Testamento basadas en el *Nuevo Testamento Griego* (tercera edición corregida 1983) de las Sociedades Bíblicas Unidas. Al principio, estas traducciones aparecieron en libros individuales: *Un Libro acerca de Jesús* (que contenía pasajes de los cuatro Evangelios), *Lucas Cuenta las Buenas Nuevas de Jesús,* y *Las Buenas Nuevas Viajan Rápidamente: Los Hechos de los Apóstoles*. Luego se publicó el Nuevo Testamento completo en 1991. Con la ayuda de otros eruditos, Barclay Newman completó toda la Biblia en 1994.

La Versión Inglesa Contemporánea trata de ser ambos, fiel a los idiomas originales y de lectura fácil para los lectores modernos de habla inglesa. Cuando estaban produciendo esta traducción, los traductores, constantemente, se estaban formulando estas dos preguntas: (1) "¿Qué significan las palabras?" y (2) "¿Cuál es la forma más exacta y natural de expresar este significado en inglés contemporáneo?" Puesto que algunos términos técnicos, tales como "salvación," "gracia" y "justificación" no comunican el significado fácilmente a los lectores modernos, la Versión Inglesa Contemporánea ha buscado equivalentes más naturales del idioma inglés como "Dios te salva," "Dios es bueno contigo" y "Dios te acepta." Algunas veces, los traductores no pueden evitar usar términos difíciles en el texto (tales como "fariseos," "el día de la expiación" y "circuncidar"), porque estas palabras tienen un significado religioso que no es fácil de comunicar en términos simples. Para ayudar al lector con estas palabras, la Versión Inglesa Contemporánea las define en una lista separada.

La New Living Translation

Con más de cuarenta millones de Biblias impresas, *The Living Bible* ha sido una versión muy popular de la Biblia por más de cuarenta años. Pero varias críticas animaron a Kenneth Taylor, traductor de *The Living Bible,* a producir una revisión de su paráfrasis. Bajo el patrocinio de Tyndale House Publishers se hizo una revisión completa de *The Living Bible.* Más de noventa eruditos evangélicos, de varios trasfondos teológicos y diferentes denominaciones, trabajaron durante siete años para producir la New Living Translation (NLT). El resultado fue que la New Living Translation es una versión cuya exégesis es correcta y cuyo idioma es poderoso.

Con sumo cuidado, los eruditos revisaron el texto de *The Living Bible* usando las ediciones más confiables de los textos hebreos y griegos. Para el Antiguo Testamento, los revisores usaron el Texto Masorético como aparece en la *Biblia Hebraica Stuttgartensia* (1967, 1977). También usaron los Rollos del Mar Muerto, y algunas otras versiones importantes, incluyendo la Septuaginta. Los revisores del Nuevo Testamento usaron el texto del NA^{27}/UBS^4 como su texto base.

El método de traducción usado para la New Living Translation ha sido descrito como el método de "equivalencia dinámica" o "equivalencia funcional." La meta de esta clase de traducción es producir en inglés el equivalente natural más cercano del mensaje de los textos hebreos y griegos —tanto en significado como en estilo. Esta traducción debe intentar tener el mismo impacto en los lectores modernos que la original tuvo en la audiencia de aquel tiempo. Traducir la Biblia de esta manera requiere que el texto sea interpretado correctamente, y luego debe ser traducido al inglés actual que se entienda. Al hacer esto, los traductores trataron de entrar al mismo patrón de pensamiento de los autores y presentar la misma idea, connotación y efecto en el idioma receptor. Para cuidarse del subjetivismo personal y asegurar la exactitud del mensaje, la New Living Translation fue producida por un gran número de eruditos que estaban muy bien versados en su campo de estudio particular. Para asegurarse de que la traducción fuera fácil de leer y entender, un grupo de expertos en estilo ajustó las palabras para lograr claridad y fluidez.

Una traducción pensamiento-por-pensamiento, creada por un grupo de eruditos competentes, tiene el potencial de representar el significado que se le quiso dar en el texto original aún más exactamente que una traducción palabra-por-palabra. Esto se ilustra en las varias traducciones de la palabra hebrea *hesed*. Este término no se puede traducir por una sola palabra inglesa porque puede querer decir amor, misericordia, gracia, amabilidad, fidelidad y lealtad. El contexto, y no el diccionario, debe determinar qué palabra inglesa se selecciona para la traducción.

El valor de una traducción pensamiento-por-pensamiento se puede ilustrar comparando 1 Reyes 2:10 en la Versión del Rey Jacobo, la New International Version y la New Living Translation. "Así que David durmió con sus padres, y fue enterrado en la ciudad de

David" (Versión del Rey Jacobo). "Entonces David descansó con sus padres, y fue enterrado en la ciudad de David" (New International Version). "Entonces David murió y fue enterrado en la ciudad de David" (New Living Translation). Sólo la New Living Translation traduce claramente el significado de la expresión idiomática hebrea (tomado de la Introducción).

En un trabajo reciente titulado *The Journey from Texts to Translations* [*La Jornada de los Textos a las Traducciones*], Paul Wegner provee un excelente estudio comparativo entre la *Living Bible* original y la New Living Translation. Él alaba el trabajo de erudición que se invirtió en la New Living Translation, tanto en términos del calibre de los eruditos que trabajaron en la traducción como en términos de la metodología de la traducción (equivalencia dinámica) que se aplicó. Paul Wegner estima que "el idioma de la New Living Translation es claro y de fácil lectura . . . y la notable mejora en exactitud sobre *The Living Bible* puede ser acreditada al excelente equipo de traductores" (390).

BIBLIOGRAFÍA

Comfort, Philip. *Essential Guide to Bible Versions* [*La Guía Esencial a las Versiones Bíblicas*], 2000.

Edwards, Brian. *God's Outlaw* [*El Fugitivo de Dios*], 1981.

Kubo, Sakae, y Walter Specht. *So Many Versions?* [*¿Tantas Versiones?*] edición revisada, 1983.

Scanlin, Harold. *Dead Sea Scrolls and Modern Translations of the Old Testament* [*Los Rollos del Mar Muerto y las Traducciones Modernas del Antiguo Testamento*], 1993.

Skilton, J. H. "English Versions of the Bible [Versiones Inglesas de la Biblia]" en el *New Bible Dictionary* [*Nuevo Diccionario Bíblico*], editado por J. D. Douglas, 1962.

Wegner, Paul. *The Journey from Texts to Translations* [*La Jornada de los Textos a las Traducciones*], 1999.

La historia de la Biblia en español

RAFAEL A. SERRANO

LA REGIÓN GEOGRÁFICA de lo que hoy es España es una región mencionada desde muy temprano en la Biblia. Si nos remontamos al Antiguo Testamento, se menciona con alguna frecuencia una región lejana y rica en minerales denominada Tarsis. Aunque se han considerado diferentes sitios como ubicación de esa ciudad, una de las ubicaciones más probables ha sido Tartessos, en España. También la mención en Abdías 20 a *Sefarad* ha sido tradicionalmente considerada como una mención a España, por lo cual los judíos provenientes de España han recibido la denominación de judíos sefardíes. De lo que no cabe duda es de la mención expresa a España hecha por el apóstol Pablo en Romanos 15:24, 28, donde manifiesta su deseo de visitar Roma de paso para España.

No obstante lo anterior, indagar acerca de lo que ha sido la historia de la traducción de la Biblia en español es una tarea que muy pocos se han animado a realizar, así que la bibliografía sobre el tema es escasa. Cada uno de los principales diccionarios bíblicos en castellano —tanto los escritos originalmente en español como los traducidos de otras lenguas— dedican una sección a las versiones castellanas de la Biblia, pero como es de esperarse en un diccionario, su contenido es apenas un vistazo rápido de las diferentes versiones y traducciones.

Como resultado de la escasa investigación publicada sobre el tema, no existe una obra dedicada por entero al estudio de todas las versiones castellanas de la Biblia desde sus comienzos hasta la época actual. Tampoco se conoce de investigaciones en marcha actualmente con el objetivo de presentar un estudio detallado y completo de la traducción de la Biblia en nuestro idioma. Hay que reconocer que sí existen trabajos monográficos, especialmente sobre la versión de Casiodoro de Reina, que es la que ha gozado de mayor aceptación entre los creyentes latinoamericanos, especialmente durante el siglo XX.

La importancia de conocer la historia de la Biblia en español no puede dejar de enfatizarse. La Biblia ha marcado la historia de la humanidad y de las diferentes naciones que hoy la componen. España y los países latinoamericanos no han sido la excepción. Se han publicado estudios acerca de la influencia de la Biblia en Cervantes y en su obra *Don Quijote de la Mancha*. El estudio más conocido es el de Juan Antonio Monroy, *La Biblia en el Quijote*. Nuestra lengua y nuestra cultura española han sido influenciadas directa e indirectamente por la Biblia.

La Biblia ha sido también el libro de cabecera de personajes importantes de la historia y de las culturas iberoamericanas, como la premio Nobel Gabriela Mistral, para citar sólo un ejemplo. El impacto que hoy mismo está ejerciendo la Biblia en el mundo hispanoamericano es impresionante. Latinoamérica es una de las regiones del mundo en las que más está creciendo el cristianismo bíblico. Todo aquel que quiera entender este fenómeno no puede dejar de lado la historia de la Biblia en español, libro que marca la pauta del gran avance evangelístico actual.

Una característica que emana del estudio de la historia de la Biblia en español es la interrelación directa o indirecta que han tenido los traductores, editores y comités que han trabajado en las diferentes versiones, lo cual ha creado una tradición de traducción bíblica en español que el lector de la Biblia en los tiempos modernos no puede ignorar, máxime cuando se intenta crear un debate artificial a favor y en contra de algunas versiones. Entender y trazar el hilo de la tradición que la traducción bíblica en español tiene desde tiempos antiguos —y anteriores a muchas lenguas modernas— será una ayuda valiosa para todo aquel que hoy quiera entender la trascendencia de las versiones antiguas y la razón de ser de las versiones modernas.

VERSIONES DE LA BIBLIA EN ESPAÑOL

Las porciones traducidas por Aimerich Malafaida

Tal vez los textos bíblicos más antiguos de la Biblia en traducción al español son los de Aimerich Malafaida en el siglo XII. Este personaje, que afirma ser Arcediano de Antioquía y de quien se dice llegó a ser tercer patriarca de Antioquía, inserta varios textos bíblicos en una descripción de un viaje que hizo a Palestina y que se denomina la *Fazienda de Ultramar*. La descripción del viaje está dirigida a Raimundo, quien era arzobispo de Toledo y murió en 1151.

El libro de Salmos traducido por Hernán Alemán

Hernán "El Alemán" (1266–1272), obispo de Astorga, en la provincia de León, España, tradujo el libro de los Salmos al castellano en el siglo XII.

Las Biblias romanceadas

Las primeras versiones de la Biblia en español son las llamadas Biblias romanceadas o Biblias escurialenses, nombre que se le da a unos códices que reposan hoy en la Biblioteca del Monasterio de El Escorial, en España. Son manuscritos del siglo XIII aunque reflejan probablemente un español del siglo XII. Estos códices son los primeros ejemplos de la literatura española en prosa. El nombre de "romanceadas" les viene de que son textos en lengua "romance," o sea, en una lengua producto de la evolución del latín vulgar, en este caso el español. Por otra parte, el nombre de "escurialenses" les viene del lugar donde se encuentran los códices, o sea, como ya se ha dicho, el Monasterio de El Escorial.

La *Biblia prealfonsina*

El nombre específico de *Biblia prealfonsina* se le da a dos de los manuscritos escurialenses del siglo XIII, Ms. I-j-6 y I-j-8 de El Escorial, que son una traducción de la Biblia al español, trabajo que se basó en la Vulgata latina y en las lenguas originales. A esta Biblia también se le denomina *Biblia medieval romanceada*. En 1927 se hizo una edición de esta Biblia a cargo de Américo Castro, conteniendo los manuscritos escurialenses I-j-3, I-j-8 y I-j-6. Fue publicada por la Universidad de Buenos Aires, Facultad de Filosofía y Letras, en la Colección Biblioteca del Instituto de Filología. Venía con cinco grabados y constaba de 285 páginas.

La *Biblia Alfonsina*

La *Biblia Alfonsina*, publicada en 1280, es una Biblia que era parte de un proyecto más amplio denominado *Grande e general estoria*, compuesto de cinco volúmenes. Este proyecto fue patrocinado por el rey Alfonso X el Sabio, llamado así, entre otras razones, porque fue promotor de la Escuela de Traductores de Toledo y de otra obra en español denominada *Estoria de España*. La *Biblia Alfonsina* es una traducción de la Vulgata y muestra influencia de la *Biblia prealfonsina*.

La *Biblia de Alba*

La *Biblia de Alba* es solamente una traducción del Antiguo Testamento, la Biblia de los judíos. Esta traducción fue realizada por un erudito judío de nombre Moisés Arragel, natural de Guadalajara, España. La traducción se llevó a cabo por encargo de don Luis González de Guzmán, gran maestre de la orden de Calatrava. Don Luis González de Guzmán le encargó al erudito judío que realizara la traducción contando con la asesoría de dos teólogos

católicos, sus primos Fray Arias de Encinas, del convento francis-
cano de Toledo, y D. Vasco de Guzmán, arcediano de la catedral
de Toledo. El deseo del gran maestre era que la traducción llevara comentarios e ilustraciones. En un principio el erudito judío se
negó aduciendo que la tarea era demasiado difícil, que él no era
digno de tal encargo, que a los judíos no les era permitido hacer
imágenes y que las creencias de católicos y judíos eran diferentes.
Incluso llegó a sugerir que la obra se le encomendara a eruditos
católicos. Sin embargo, el gran maestre, personaje de mucho poder, no desistió —y decidió cambiar los términos del ofrecimiento
en el sentido de que obligó al erudito judío mediante una orden
escrita a que hiciera la traducción. El erudito tendría plena libertad en su trabajo de traductor; los comentarios correrían a cargo
de los teólogos católicos y las ilustraciones las harían pintores de
Toledo bajo la supervisión de Fray Arias.

La traducción dio comienzo en 1422 y duró ocho años. La obra
empieza con una introducción en la que se invoca a Dios, se hace
mención al patrocinador, el gran maestre de Calatrava, y a los teólogos católicos don Vasco de Guzmán y Fray Arias, y se transcriben
las cartas en las que se le hace el ofrecimiento y una explicación
acerca de cómo se realizó la traducción. Luego viene una presentación del texto bíblico donde se hace una aclaración acerca de las
dificultades que representa la traducción del hebreo al español. A
continuación sigue un glosario de términos latinos y hebreos para
ayudar al lector. La introducción termina con el discurso que pro-
nunció el erudito judío al hacer entrega de la obra y con las palabras de agradecimiento de Fray Arias para el erudito judío. La obra
completa consta de 513 páginas y 334 ilustraciones.

El nombre dado a esta obra, *Biblia de Alba*, se debe a que esta
Biblia está en posesión de los Duques de Alba de Tormes, una
familia de la nobleza española, quienes la mantienen al cuidado
de la Fundación Casa de Alba en el Palacio de Liria en Madrid,
España.

345

La Biblia de Alfonso V

El rey Alfonso V de Aragón, quien gobernó además varias partes de Italia (Nápoles, Sicilia y Cerdeña) vivió entre 1416 y 1458. Este rey europeo patrocinó muchos proyectos culturales, entre los cuales está una traducción del Antiguo Testamento al español (con excepción del libro de Eclesiastés). No se sabe quién hizo la traducción, sólo que se tradujo del hebreo y latín al español. El padre Scio de San Miguel afirmaba que un ejemplar de esta Biblia se encuentra en la biblioteca del monasterio de El Escorial en España.

La Biblia del rabino Salomón

Plutarco Bonilla (1998) menciona brevemente una Biblia atribuida "al rabino Salomón," publicada en 1420. Ni Bonilla ni ningún otro documento conocido dan información más completa acerca de esta Biblia ni de quién pudo ser el mencionado rabino Salomón, pero puede tratarse del famoso escritor judío Salomón Haleví, rabino mayor de Burgos, quien se convirtió al catolicismo en 1390. Su nombre en español fue Pablo de Santa María. Después de su conversión ocupó los cargos de canciller de Castilla, nuncio del papa Benedicto XIII en la corte de Castilla y obispo de Burgos.

El Nuevo Testamento de Martín de Lucena

Don Iñigo López de Mendoza, Marqués de Santillana, famoso militar y escritor español, patrocinó la que quizás fue la primera traducción del Nuevo Testamento del griego al español. La obra fue llevada a cabo en Toledo en 1450 por el converso judío Martín de Lucena. El erudito judeocristiano fue objeto de persecución por parte de la Inquisición debido a lo cual tuvo que marcharse a Sevilla, y de allí a Puebla de Montalbán, España, para posteriormente escapar a Roma. De su trabajo se conservan la traducción de los Evangelios y las Epístolas de Pablo en la biblioteca del monasterio de El Escorial, en España.

El Nuevo Testamento de Francisco de Enzinas

En 1543 se publicó en la imprenta de P. Mierdman en Amberes, Países Bajos, el *Nuevo Testamento traducido por Francisco de Enzinas*. Esta traducción fue hecha directamente del griego, usando como base el texto griego de Erasmo de Róterdam. Francisco de Enzinas nació en la población de Burgos, España, en 1520. Fue uno de los primeros españoles en convertirse a la causa de la Reforma Protestante. Este erudito español estudió en la Universidad de Alcalá de Henares. Al salir de España continuó su formación en las universidades de París, Lovaina y Wittenberg. En Wittenberg conoció a Melachton, el cual lo animó a traducir la Biblia al español. Tradujo algunos textos del Antiguo Testamento, pero su obra principal fue la traducción del Nuevo Testamento. Dedicó su traducción al emperador Carlos V, con quien se entrevistó y a quien le entregó personalmente una copia de la traducción. A instancias de Pedro de Soto, confesor del emperador, fue arrestado en Bruselas y su traducción fue prohibida por la Inquisición. Entre sus muchas actividades y obras, se destaca el hecho de haber sido profesor de griego en la Universidad de Cambridge, Inglaterra.

En su dedicatoria al emperador Carlos V, Francisco de Enzinas menciona las tres razones que lo llevaron a realizar su traducción: la seguridad de que haciendo la traducción se rendía un servicio a Dios y al mundo cristiano, la honra que traería la traducción a la nación española, quien se había visto privada injustamente de traducciones en la lengua nacional, y el hecho de que el autor consideraba que no estaba violando ninguna ley al hacer la traducción. Francisco de Enzinas murió en Estrasburgo, Francia, en 1552.

La *Biblia de Ferrara*

En 1553 los judíos portugueses Duarte Pinel y Gerónimo Vargas tradujeron el Antiguo Testamento al castellano. Esta traducción tenía lugar en el ducado de Ferrara, Italia, y por esa razón se denomina *Biblia de Ferrara*. Los duques de Ferrara habían dado protección a los judíos portugueses y españoles que habían sido expulsados de España y posteriormente de Roma y Nápoles. Los nombres judíos de los traductores son Abraham Usque para Duarte Pinel y Yom Tob Atias para Gerónimo Vargas. Esta Biblia es una traducción muy literal del hebreo al castellano. El nombre de Dios se traduce ".A." —haciendo referencia probablemente a *Adonai,* palabra hebrea para "Señor." También cuando aparece la palabra "Dios" se escribe sin la *s:* "Dio." Al parecer se hicieron dos ediciones, una dedicada al duque de Ferrara y otra a la dama judía Gracia Nacy.

Un rasgo particular que aparece en la portada de esta Biblia es que menciona que la traducción fue "vista y examinada por la Santa Inquisición," lo que es muy dudoso dado que esa institución estaba en contra de la traducción de la Biblia al castellano. Tal vez la aparición de esa frase fue un recurso para evitar la persecución y facilitar la distribución.

La traducción de Juan de Valdés

Juan de Valdés fue un humanista español nacido en 1509 en la población de Cuenca, España. Tradujo el Evangelio de Mateo y las Epístolas de Pablo, usando el texto griego de Erasmo. También tradujo del hebreo el libro de los Salmos.

Juan de Valdés era miembro de una familia española muy distinguida, tanto que su hermano Alfonso de Valdés llegó a ser secretario del emperador Carlos V. Estudió en la Universidad de Alcalá de Henares y fue elogiado por Erasmo, con quien sostuvo correspondencia.

Era un erudito de la lengua española y escribió en Nápoles el *Diálogo de la Lengua,* calificado por muchos lingüistas como uno de los primeros textos gramáticos de la lengua española que se ocupa de aspectos de etimología, ortografía y orígenes del español.

Juan de Valdés murió en 1541 en Nápoles, Italia.

El Nuevo Testamento y los Salmos de Juan Pérez de Pineda

Juan Pérez de Pineda nació en la población de Montilla, provincia de Córdoba, España, aproximadamente en el año 1500. Fue rector del Colegio de la Doctrina de la ciudad de Sevilla, una de las ciudades más importantes del mundo en esa época y sede principal del protestantismo español, donde hizo amistad con Casiodoro de Reina y otros simpatizantes del luteranismo. Una vez que se desató la persecución contra ellos por parte de la Inquisición, Juan Pérez huyó a Ginebra, Suiza. La Inquisición española quemó su efigie en Sevilla en 1560. En Ginebra tradujo los Salmos del hebreo al español y dedicó su traducción a la hermana del emperador Carlos V, María de Hungría, quien para esa época era regente de los Países Bajos. Luego tradujo el Nuevo Testamento sirviéndose de los trabajos previos hechos por Francisco de Enzinas y Juan de Valdés. Con el fin de burlar a la Inquisición, este Nuevo Testamento apareció como impreso en Venecia, pero en realidad fue impreso en Ginebra, en la imprenta de Jean Crespin en 1556. Este Nuevo Testamento logró distribuirse en España gracias al trabajo de otro simpatizante de la reforma, Julián Hernández, apodado "Julianillo" porque era de baja estatura y tenía una pequeña joroba. Julianillo, tipógrafo y corrector de pruebas, disfrazado de cuidador de mulas metió de contrabando muchos ejemplares de este Nuevo Testamento escondidos en toneles, hasta que fue apresado y condenado a morir en la hoguera por la Inquisición en Sevilla.

Juan Pérez de Pineda murió en París en 1567, dejando su fortuna para que sirviera a la causa bíblica en lengua española.

Las traducciones antiguas de los Evangelios

En el monasterio de El Escorial en España se encuentra una traducción de los cuatro Evangelios titulada *Nova traslación e interpretación de los cuatro Evangelios* atribuida a Juan de Medina, a quien también se conoce con los nombres de Juan Robles o Diego Robles, monje de Montserrat quien vivió entre los años de 1492 y 1572. Otra traducción de los Evangelios la realizó el fraile jerónimo José de Sigüenza, quien vivió entre 1544 y 1606.

La traducción antigua de los libros sapienciales

Fray Luis de León nació en 1528 en la población de Belmonte, provincia de Cuenca, España. Fue un clérigo, catedrático, poeta y humanista muy conocido y respetado en el campo de las letras españolas. Tradujo el Cantar de los Cantares (1561), Job, Salmos y Proverbios. Su traducción le acarreó problemas con la Inquisición a tal punto que estuvo cuatro años preso en la cárcel debido a su traducción de textos bíblicos. Este hecho ocasionó que su producción bíblica en español no fuese más copiosa. Murió en 1561 en la población de Madrigal de las Altas Torres, provincia de Ávila, España.

La Biblia de Casiodoro de Reina

Casiodoro de Reina nació en la población de Montemolín, provincia de Badajoz, España, en 1520. Se hizo monje en el monasterio de San Isidoro del Campo en la ciudad de Sevilla. En ese monasterio empezó a leer la traducción del Nuevo Testamento de Juan Pérez de Pineda y a discutir las obras de los principales líderes de la Reforma Protestante introducidas de contrabando en España. Casiodoro de Reina se conviertió en el líder de los simpatizantes de la Reforma en el monasterio; finalmente casi la totalidad de los monjes se unieron a la causa de la Reforma. También un grupo de laicos de la ciudad de Sevilla se conviertieron a la causa de la Reforma o simpatizaron con ella. Este hecho fue prontamente notado por la Inquisición hasta el punto de desatar una tenaz persecución en la ciudad contra todo aquel que simpatizara con la causa de la Reforma. Esto obligó a Casiodoro de Reina, y a otros muchos monjes con él, a huir a Ginebra, Suiza, en 1557.

En Ginebra, Casiodoro de Reina observó mucha rigidez entre los protestantes de esa ciudad y decidió viajar a Inglaterra, donde fue acogido por la reina Isabel I, quien le suministró una iglesia en la que se reunían los protestantes de habla española. Durante su estadía en Inglaterra, Casiodoro de Reina empezó la traducción de la Biblia completa al español. En Inglaterra, espías de la Inquisición y del propio rey Felipe II de España desataron una persecución contra él. A esto se sumó la enemistad con los protestantes de habla francesa en Inglaterra, con los cuales no había tenido buenas relaciones en Ginebra, quienes emprendieron una campaña de difamación contra Casiodoro de Reina. Se vio obligado a salir de Inglaterra y viajar a Amberes, Países Bajos. Luego se estableció en Fráncfort, donde continuó la labor de traducción. En 1567 terminó allí la traducción del Antiguo Testamento. Ese mismo año se publicó en Heidelberg un libro en que denunció las actividades de la Inquisición en España, titulado *Las malas artes de la Inquisición en España*. Estaba escrito en latín bajo el seudónimo de Reginaldus Gonsalvius Montanus. Ese libro se tradujo prontamente al alemán, al francés y a otras lenguas europeas. La Biblia completa se publicó en Basilea en 1569. Fue la primera Biblia completa que se publicó en español. Esta traducción se compuso de tres partes: la introducción, el Antiguo Testamento, con los libros apócrifos incluidos dentro de él, y el Nuevo Testamento. Antes de cada capítulo se mostró un resumen de este, y al margen llevó escritas muchas referencias y variantes. El impresor de la Biblia de Casiodoro de Reina fue Tomás Guarín, quien imprimió 2600 ejemplares en su propio taller. Había en Basilea otro impresor de libros pequeños, Samuel Apiario, quien usaba como logotipo de sus trabajos la imagen de un oso. Apiario dejó de usar ese logotipo, pero a Casiodoro de Reina le gustó y le pidió permiso a Apiario para hacerlo imprimir por Guarín en la portada de su traducción, en la que también aparece el texto de Isaías 40:8, "La palabra del Dios nuestro permanece para siempre." Esa es la razón por la que esta Biblia se conoce también como "La Biblia del oso." Esta Biblia por varios siglos fue la única Biblia protestante completa en español. Su lenguaje del Siglo de Oro español le ha valido elogios de la crítica literaria, como el de Marcelino Menéndez Pelayo, reconocido crítico español.

Casiodoro de Reina se sirvió de diversas fuentes para realizar su traducción, algunas de las cuales menciona en la introducción, o "Amonestación al lector." Otras fuentes no las menciona por temor a la Inquisición, pero se nota que fueron usadas por él en su trabajo. Los textos básicos en los que se basó fueron los textos en hebreo y griego de los que se disponían en la época, el texto hebreo masorético y el texto griego de Erasmo de Róterdam. Además de esos textos usó la versión latina hecha en Lyon en 1528 por Sanctes Pagnini, la *Biblia de Ferrara*, la Biblia latina de Zúrich y la Biblia latina de Castellion, que tenía "Jehová" en lugar de "Señor" como traducción del nombre divino. Aunque no lo menciona por temor a la Inquisición, ya que figuraban en el índice de libros prohibidos, se sirvió también de las traducciones españolas de Francisco de Enzinas, Juan Pérez y Juan de Valdés. Reina quería que su Biblia fuera aceptada por la iglesia católica y el gobierno español, tanto que su traducción tiene los mismos libros y sigue el mismo orden que la Biblia Vulgata latina, confirmados por el Concilio de Trento. En la Biblia, Casiodoro de Reina transcribe las reglas del Concilio de Trento referentes a los libros prohibidos. Desafortunadamente, la iglesia católica y el rey de España no sólo no aceptaron la traducción, sino que la prohibieron y persiguieron. El rey de España puso precio a la cabeza de Casiodoro de Reina y fue uno de los pocos a los que se les condenó con el título no sólo de hereje sino de "heresiarca," o maestro de herejes. Su imagen fue quemada por la Inquisición en un "auto de fe" celebrado en Sevilla en 1562. Todos sus escritos fueron puestos en el índice de libros prohibidos por la iglesia católica.

Casiodoro de Reina se estableció en Amberes y vivió allí hasta 1585, cuando la ciudad fue tomada por el rey de España, Felipe II. Él huyó a Fráncfort, donde vivió ocho años trabajando en un negocio de sedas de su propiedad hasta su muerte en 1594. En 1622 se realizó una nueva impresión de esta Biblia, sin cambios.

Es de anotar que la traducción de Reina marcó un hito importante en la traducción bíblica mundial, pues fue una de las primeras traducciones de la Biblia a un idioma europeo. Se publicó muchos años antes de la versión inglesa del Rey Jacobo, denominada en inglés The King James Version, la cual está reseñada en esta obra en el capítulo dedicado a la historia de la Biblia en inglés.

La Biblia Reina-Valera

Cipriano de Valera nació en la población de Fregenal de la Sierra, provincia de Badajoz, España, en 1532. Al igual que Casiodoro de Reina, de quien fue paisano y amigo, estudió en la Universidad de Sevilla e ingresó en el monasterio de San Isidoro del Campo en Sevilla, donde se hizo simpatizante de las doctrinas de la Reforma. Fue miembro del grupo de frailes que huyó del monasterio de San Isidoro del Campo de Sevilla rumbo a Ginebra, Suiza, debido a la persecución de la Inquisición. Cipriano de Valera fue discípulo de Calvino, de quien fue un fiel seguidor, hasta el punto de ser el primero en traducir al español la obra de Calvino *Instituciones de la religión cristiana*. Se radicó en Inglaterra, donde fue profesor de las universidades de Oxford y Cambridge. Murió probablemente en Londres en 1602.

Cipriano de Valera publicó dos años después de la muerte de Casiodoro de Reina una revisión del Nuevo Testamento, y luego en 1602 la Biblia completa. Esta Biblia es llamada "La Biblia del cántaro" porque en la portada aparece un hombre con un cántaro en la mano regando una planta y la frase de Pablo en 1 Corintios 3:6: "Yo planté, Apolos regó." Para entender en qué consistió la revisión debemos mencionar que la traducción de Casiodoro de Reina tenía como propósito ser una Biblia en lengua española para que pudiera ser leída por miembros de todas las tendencias de la Reforma Protestante y también por los católicos. Casiodoro quería que su traducción fuera aceptada por la iglesia católica, por lo cual la traducción de Casiodoro incluía los mismos libros y en el mismo orden que la Biblia Vulgata, como mencionamos antes. Las notas y referencias en los libros canónicos incluían notas y referencias de estos a los libros apócrifos cuando así era el caso. En suma, la traducción de Casiodoro pretendía ser una Biblia para todos los hablantes de lengua española, de todas las confesiones religiosas.

En la revisión de Cipriano de Valera, la Biblia de Casiodoro de Reina se acerca al modelo de Biblia de uso de los protestantes. No aparece el nombre de Casiodoro de Reina en la portada de la Biblia, aunque sí en la introducción. Cipriano de Valera quitó todo lo que Reina había puesto de la Septuaginta o de la Vulgata. Sacó los libros deuterocanónicos del Antiguo Testamento y los puso entre los dos testamentos, aclarando al final que esos libros eran "apócrifos." Valera eliminó también las notas y referencias que Casiodoro de Reina había puesto en los libros canónicos que hacían mención a los libros apócrifos. En cuanto al texto bíblico en general, son muy pocos los cambios que realizó Valera en su revisión, dejando el texto de la traducción de Casiodoro de Reina casi sin modificación alguna.

Esta revisión de la Biblia de Casiodoro de Reina se menciona algunas veces como la traducción de Cipriano de Valera, sin reconocer que es obra de Casiodoro de Reina. Por otra parte, se ha dado en llamar Biblia Reina-Valera dentro de la comunidad protestante, y ha sido por siglos la versión de la Biblia más leída y aceptada en el mundo protestante de habla española.

Esta Biblia ha sido reimpresa y revisada varias veces. La primera reimpresión se hizo en 1625.

En 1831 la Sociedad Bíblica de Glasgow, Escocia, publicó una revisión del Nuevo Testamento con cambios ortográficos. Esa misma revisión se reimprimió en 1845 con algunas pocas actualizaciones en el vocabulario, y luego en 1849 y en 1865.

La Sociedad Bíblica Británica y Extranjera publicó en 1858 el

Nuevo Testamento con la ortografía revisada y algunos cambios textuales. Esa misma edición del Nuevo Testamento se reimprimió en 1860, 1865 y 1867.

La primera edición de la Biblia Reina-Valera sin los libros apócrifos se realizó en 1862. Esta revisión fue obra de Lorenzo Lucena Pedroza, nacido en Aguilar de la Frontera, provincia de Córdoba, España, en 1807. Estudió en Sevilla y Córdoba, España, y en Inglaterra, donde fue profesor de la Universidad de Oxford. Era misionero de la Iglesia Anglicana, donde sirvió en diversos cargos, casi todos relacionados con el trabajo entre los hablantes de lengua española. La revisión de Lucena fue patrocinada por la Sociedad para la Promoción del Conocimiento Cristiano, una institución de la Iglesia Anglicana. Además de quitar los libros deuterocanónicos, hizo una revisión de la ortografía de todo el texto en español. Esta revisión fue reimpresa en 1863, 1866, 1869 y 1876. Se hizo una revisión de la ortografía y se le añadieron referencias en 1870 por parte de E.B. Cowel de la Universidad de Cambridge y de George Alton, misionero metodista en España.

En 1865 la Sociedad Bíblica Estadounidense patrocinó una revisión de la Reina-Valera, la cual estuvo a cargo en mayor medida por Henry B. Pratt, un misionero norteamericano en Bogotá, Colombia, con colaboración del español Ángel H. de Mora. Esta revisión se apega estrictamente al Textus Receptus (denominación que se le da al texto griego del Nuevo Testamento publicado inicialmente por Erasmo de Róterdam), colocando en letra cursiva toda palabra que no es traducción literal de los idiomas originales. Esta revisión tuvo al menos nueve reimpresiones en el período comprendido entre 1870 y 1905.

La primera revisión de la Biblia Reina-Valera en el siglo XX fue hecha en 1909. El Antiguo Testamento fue revisado por Juan B. Cabrera (1837–1916) y Cipriano Tornos (1833–1918). Las notas estuvieron a cargo de Segundo Sabio, pastor presbiteriano y agente de la Sociedad Bíblica Británica y Extranjera en Madrid. Esta revisión captó la aceptación de las iglesias evangélicas de España y Latino-américa, y es aún la revisión preferida por muchos evangélicos.

La siguiente revisión a la Biblia Reina-Valera fue publicada en 1960. Esta revisión fue hecha bajo los auspicios del famoso biblista Eugene Nida, en ese entonces secretario de traducciones de la Sociedad Bíblica Estadounidense. El equipo de revisión estaba conformado por Juan Díaz (México), Honorio Espinosa (Chile), Francisco Estrello (México), Alfonso Lloreda (Colombia), Enrique Parra (Colombia) y Alfonso Rodríguez (Cuba). El trabajo de revisión duró nueve años, desde 1951 hasta su publicación en 1960.

Esta es la versión preferida por los evangélicos de Latinoamérica y España. La revisión se ciñó mayormente al Texto Masorético del Antiguo Testamento y al Textus Receptus.

La Biblia Reina-Valera ha tenido otras revisiones después de la de 1960. Las más importantes han sido la Reina-Valera, revisión de 1977, la Reina-Valera Actualizada y la Reina-Valera, revisión de 1995. La Reina-Valera, revisión de 1977, fue patrocinada por la editorial CLIE de España y publicada inicialmente por la Sociedad Bíblica Internacional.

La Reina-Valera, revisión de 1989, fue patrocinada por la Editorial Mundo Hispano de El Paso, Texas, EE. UU., y se realizó bajo la dirección del Dr. Moisés Chávez, experto hebraísta peruano. Se basa en la revisión de 1909, pero consulta además los textos en hebreo, arameo y griego más actuales. También actualizó extensamente el vocabulario.

La revisión de 1995, realizada por un comité de revisores de las Sociedades Bíblicas Unidas, actualizó extensamente la redacción, el vocabulario y la ortografía de la versión. También se mantuvo el nombre "Jehová" para referirse al nombre divino. Se ha publicado, además, una edición de estudio, también patrocinada por las Sociedades Bíblicas Unidas.

En 2001, la Sociedad Bíblica Iberoamericana publicó la *Biblia Textual Reina Valera*. Se trata de una edición crítica en la que se corrige el texto de esta Biblia, valiéndose de una base textual actualizada. Hasta ahora se ha publicado el Nuevo Testamento, pero el Antiguo Testamento está en sus etapas finales y está próximo a publicarse.

La Biblia del padre Scío de San Miguel

Felipe Scío y Riaza o Felipe de San Miguel fue un sacerdote católico nacido en la población de Balsaín, provincia de Segovia, España, en 1738. Perteneció al alto clero español, relacionándose con la nobleza española desde su nacimiento. Estudió en Roma y dominaba magistralmente el latín, el griego y el hebreo. La obra le fue encomendada por el rey Carlos III de España y fue completada bajo el reinado de su hijo Carlos IV, quien apoyó el proyecto. El Nuevo Testamento fue publicado en Valencia en 1790 y la Biblia completa en 1793. Felipe Scío contó con la ayuda de un grupo de sacerdotes españoles, entre los que destaca Benito Feliú de San Pedro, quien dirigió la impresión.

La traducción es del texto de la Biblia oficial de la iglesia católica, la Vulgata, al español, pero cotejando los textos en hebreo y griego como se demuestra en las notas de esta Biblia. Esta versión emplea un modelo de traducción muy literal.

De esta Biblia se hicieron muchas reimpresiones y ediciones, tanto en España como en Latinoamérica.

La editorial Edicep de Valencia, España, publicó en 1994 una revisión de esta Biblia con el nombre de *Biblia Americana San Jerónimo*. Esta revisión fue dirigida por el sacerdote católico Jesús María Lecea, quien revisó completamente la obra cotejándola con los textos en hebreo y griego; también revisó la redacción y vocabulario, produciendo una edición en español latinoamericano. Se proyecta publicar una edición adaptada para España.

La Versión Moderna

Henry B. Pratt nació en la población de Darién, estado de Georgia, Estados Unidos, en 1832. Estudió en la Universidad de Oglethorpe en Atlanta, Georgia, y en el Seminario Teológico de Princeton. Fue misionero presbiteriano en Colombia y en México. Como misionero en Colombia trabajó en labores educativas fundando una escuela nocturna, siendo así el precursor de los "colegios americanos," famosos en ese país por su calidad educativa. Estando en la ciudad de Bucaramanga, Colombia, comenzó la traducción de la Biblia directamente de los textos en las lenguas originales. Se sirvió también en su trabajo de las traducciones de Casiodoro de Reina, del padre Scío de San Miguel, la de Torres Amat y de la Versión Autorizada en inglés, conocida como la del rey Jacobo. La Sociedad Bíblica Estadounidense la publicó en 1893. A pesar de su excelente calidad no pudo desplazar a la versión Reina-Valera, y se dejó de publicar en 1929. Pratt murió en la casa de su hijo en Hackensack, New Jersey, en 1912, cuando realizaba una revisión de su traducción.

La Biblia de José Petisco y Félix Torres Amat

José Petisco y Félix Torres Amat fueron dos sacerdotes católicos. José Petisco nació en la población de Ledesma, en la provincia de Salamanca, España, en 1724. Este sacerdote jesuita estudió lenguas bíblicas en Lyon, Francia, y fue profesor de Biblia en Córcega y Bolonia, Italia. En Italia, dio comienzo en 1786 a la traducción de la Biblia basado en el texto de la Vulgata. Con la traducción casi finalizada, regresó a España en 1798 y murió en 1800 en la misma ciudad donde nació.

Félix Torres Amat nació en la población de Sallent Bagés, Barcelona, España, en 1772. Estudió en Alcalá de Henares, Tarragona y Madrid. Era experto en idiomas, incluidas las lenguas bíblicas. Dio comienzo a la traducción de la Biblia en 1823 basado en el texto de la Vulgata. La Biblia completa apareció en 1825.

La traducción es de fácil lectura y viene con buena cantidad de notas y glosas explicativas. De esta Biblia se han hecho numerosas ediciones y reimpresiones, y se sigue usando actualmente.

La Biblia de Mariano Galván Rivera

Mariano Galván Rivera nació en 1791 en la población de Tepotzotlán, estado de México, México. Fue comerciante en libros, impresor y editor. Es famoso por la publicación del Calendario Galván.

Mariano Galván Rivera tradujo la Biblia del francés al español, ayudado por un equipo de ocho sacerdote católicos. La Biblia que usó era la llamada "Biblia de Vence" en el idioma francés. Esta Biblia era una traducción al francés de 1672 de la Vulgata, trabajo realizado por Louis de Sacy, compilada por Louis de Carrières y editada por el abate de Vence en 1748, de quien recibe su nombre. La obra consta de 25 tomos. Galván Rivera murió en ciudad de México en 1876.

El Nuevo Testamento de Guillermo Rule

Guillermo H. Rule fue un misionero inglés que vivió en Cádiz, España, y fundó allí la primera iglesia evangélica de los tiempos modernos. Rule publicó en 1841 en Gibraltar los cuatro Evangelios, primera parte de una traducción del Nuevo Testamento del griego al español. Luego publicó en Londres en 1841 la segunda parte, que constaba de los libros de Hechos a Corintios. Finalmente, publicó en 1880, también en Londres, la tercera parte, que constaba de los libros de Gálatas a Apocalipsis, completando así todo el Nuevo Testamento.

El Nuevo Testamento *Las Escrituras del Nuevo Pacto*

Juan Calderón nació en Villafranca de los Caballeros, provincia de Toledo, España, en 1791. Estudió en Alcázar de San Juan y en Lorca, provincia de Murcia, España. Debido a sus ideas liberales fue perseguido, y en 1853 tuvo que huir a Francia, donde se convirtió al protestantismo. Luego viajó a Londres, donde tradujo del griego al español el Nuevo Testamento, que se publicó en forma póstuma en 1858 en Edimburgo, Escocia, por Guillermo Norton, quien también participó en la traducción. Este Nuevo Testamento es muy literal; en él la palabra "bautizar" se traduce "sumergir" y la palabra "bautismo" se traduce "inmersión." Por esta razón se le llamó "la versión bautista." La primera edición se realizó en Edimburgo, Escocia, en 1858, y una segunda edición se realizó en Barcelona en 1870. Se reimprimió en 1916 por la Casa Bautista de Publicaciones.

El Nuevo Testamento Versión Hispanoamericana
Este Nuevo Testamento fue publicado en 1916 por la Sociedad Bíblica Británica y Extranjera y por la Sociedad Bíblica Estadounidense. El equipo de traductores que participó en el proyecto estaba conformado por los biblistas Victoriano D. Báez, Carlos W. Dress, Enrique C. Thompson, Juan Howland y Francisco Diez.

El Nuevo Testamento de Pablo Besson
Pablo Besson nació en la población de Nod, Suiza, en 1848. Estudió en la Universidad de Neuchatel y en la Universidad de Basilea. Estudió también en Alemania, donde fue discípulo de Tischendorf. Fue misionero bautista en Francia y viajó a Argentina en 1881, también como misionero. Fundó en Buenos Aires la primera iglesia bautista de habla española en Argentina. Realizó una traducción del Nuevo Testamento del griego al español, basada en el Textus Receptus, la cual se publicó en 1919. Dos revisiones de esta obra se publicaron, ambas en Argentina, una en 1948 y otra en 1981. Murió en Buenos Aires en 1932.

La Biblia Jünemann
Guillermo Jünemann nació en la población de Welwer, Alemania, en 1855. Sus padres emigraron a Chile cuando él tenía ocho años. Estudió en el Colegio San Ignacio de Santiago y luego en el Seminario Conciliar de Concepción. Fue ordenado sacerdote católico en 1880. Tradujo la Biblia completa, basándose en el texto griego de la Septuaginta y del Textus Receptus. Sin embargo, sólo se

publicó el Nuevo Testamento en 1928. La Biblia completa, que ya estaba traducida en 1928, no se publicó hasta 1992. Jünemann murió en 1938 en la población de Tomé, Chile. La principal característica de la Biblia de Jünemann es su literalismo extremo.

La Biblia Nácar-Colunga

Esta Biblia de confesión católica fue traducida por los sacerdotes Eloino Nácar Fuster y Alberto Colunga. Fue traducida de las lenguas originales —hebreo, arameo y griego— al español. Se publicó en Madrid en 1944. Esta Biblia fue revisada por un equipo dirigido por Maximiliano García Cordero en 1965.

La Biblia Straubinger

Juan Straubinger nació en la población de Esenhausen, provincia de Baden-Wurttemberg, Alemania, en 1883. Erudito en idiomas orientales, huyó del nazismo alemán en 1937 y en 1938 llegó a Argentina, donde se radicó. Tradujo la Biblia de las lenguas originales al español. El sacerdote argentino Juan Carlos Ruta fue su colaborador inmediato. La traducción de Straubinger se publicó por secciones a partir de 1944, año en que publicó los Evangelios. En 1945 publicó el libro de Hechos y en 1948 el Club de lectores de Buenos Aires publicó todo el Nuevo Testamento. La traducción de los Salmos salió en 1949 y la Biblia completa en 1951. Esta Biblia viene con comentarios, introducción a cada libro de la Biblia y notas.

Esta traducción ha recibido el nombre de *Biblia platense* por haberse realizado todo el trabajo en la población de La Plata, Argentina. La traducción es bastante literal. Al final de su vida, Juan Straubinger viajó a Alemania, donde murió en 1956.

La Biblia Bover-Cantera-Iglesias

La Biblioteca de Autores Cristianos de la Editorial Católica publicó en 1947 una Biblia traducida de las lenguas originales, realizada por José María Bover (1877–1954), sacerdote y erudito español, experto en lenguas bíblicas y especialista en griego; y el profesor Francisco Cantera Burgos (1901–1978), famoso hebraísta español. En su introducción dice que sus criterios de traducción eran "fidelidad, literalidad, diafanidad e hispanidad."

En 1975 se realizó una revisión completa de esta Biblia, bajo la dirección también de Francisco Cantera, junto con Manuel Iglesias y un equipo de eruditos españoles. La traducción es bastante literal y viene con numerosas notas.

La Biblia de La Biblioteca de Autores Cristianos

La Biblioteca de Autores Cristianos de la Editorial Católica publicó por secciones una traducción de la Biblia realizada por sacerdotes jesuitas. La publicación completa consta de nueve tomos, el primero de los cuales se publicó en 1960, y el último en 1974. Tiene introducción a cada libro de la Biblia y numerosas notas y comentarios.

La Biblia judía de Dujovne

En 1961 la Editorial Sigal de Buenos Aires, Argentina, publicó una traducción del hebreo al español realizada por León Dujovne y los hermanos Manasés y Moisés Konstantynowski. Contiene los treinta y nueve libros del Antiguo Testamento y se da en ella la transliteración fonética de los nombres hebreos.

La Traducción del Nuevo Mundo

La Sociedad de la Torre del Vigía de Brooklyn, Nueva York, Estados Unidos, que agrupa a los testigos de Jehová, publicó en 1963 una versión del Nuevo Testamento en español traducida del inglés. Luego, en 1970, publicó la Biblia completa. Ha tenido varias revisiones, la primera en 1985.

La Biblia de Martín Nieto

La Casa de la Biblia de Madrid patrocinó en 1966 una versión de la Biblia en español latinoamericano de fácil lectura. El equipo de traducción fue dirigido por Evaristo Martín Nieto. Esta Biblia ha tenido numerosas reimpresiones, la mayoría por parte de Ediciones Paulinas; una edición especial fue hecha por la editorial Reader's Digest. En 1988 se hizo una nueva revisión y edición de esta Biblia, a cargo de Antonio Carrera Páramo.

La Biblia Regina

Los sacerdotes católicos españoles Pedro Franquesa y José María Solé dirigieron un equipo de traductores de la orden claretiana que produjeron una Biblia traducida de las lenguas originales al español. Esta Biblia está especialmente preparada para usarse en la labor pedagógica. Se publicó en 1966 por la Editorial Regina, de Barcelona, España.

La Biblia versión popular Dios Habla Hoy

La publicación de esta Biblia en español marcó un hito en la traducción bíblica mundial. El equipo de traductores, conformado por las Sociedades Bíblicas Unidas, trabajó siguiendo el modelo de traducción de equivalencia dinámica —la primera traducción en un idioma europeo siguiendo completamente ese modelo de traducción. Así como la versión de Casiodoro de Reina se publicó antes de la versión del Rey Jacobo [The King James Version], así también la Biblia en versión popular se publicó antes de la versión popular en inglés la *Good News Bible,* la cual está reseñada en esta obra en el capítulo dedicado a la historia de la Biblia en inglés.

La Sociedad Bíblica Estadounidense publicó en 1966 la primera edición del Nuevo Testamento en versión popular con el nombre de *Dios llega al hombre.* Se hizo una revisión y se publicó una segunda edición en 1969. La Biblia completa se publicó en 1979 y luego se revisó en 1994. Esta versión ha sido muy popular tanto en círculos evangélicos como católicos. Las Sociedades Bíblicas Unidas la publica en ediciones separadas, una con los libros apócrifos y otra sin ellos. De esta versión se ha publicado una Biblia de estudio. De especial mención son las ilustraciones de Anna Volloton, artista suiza, que vienen en varias ediciones de esta Biblia. Aunque las Sociedades Bíblicas no han publicado el nombre de los miembros del equipo de traductores, extraoficialmente se conocen algunos. Uno de los más famosos eruditos en lenguas bíblicas, el jesuita colombiano Pedro Ortiz, participó en el equipo de traducción del Antiguo Testamento. También se conoce de la participación del erudito evangélico español Ignacio Mendoza Regaliza.

La *Biblia de Jerusalén*

En 1966 la Editorial Desclée de Brouwer de Bilbao, España, publicó la primera edición de la *Biblia de Jerusalén,* relacionada con la edición francesa preparada por la Escuela Bíblica de Jerusalén. La edición en español se tradujo de las lenguas originales, consultando las citas de los padres de la iglesia. La traducción estuvo dirigida por el erudito español José Ángel Ubieta. La primera revisión se hizo en 1975 y se han publicado numerosas reimpresiones. Contiene introducciones a cada sección y a cada libro de la Biblia, con numerosas notas. En 1998 se hizo una revisión completa de esta Biblia por un equipo dirigido también por José Ángel Ubieta y conformado, entre otros, por los eruditos Víctor Mola, Santiago García, Julio Trebollé, Félix García, Rafael Aguirre, Domingo Muñoz, Joaquín Méndez, Nuria Calduch, José María Abrego y José Luis Malillos.

En 2001, bajo la dirección de Santiago García, se realizó una edición en español latinoamericano por parte de expertos biblistas de Argentina, Colombia y México, la cual apareció con el nombre de *Biblia de Jerusalén latinoamericana.*

El Nuevo Testamento ecuménico

La comunidad de Taizé, Francia, una agrupación evangélica, financió la edición de este Nuevo Testamento, traducido por el sacerdote católico Serafín Ausejo y revisado por el famoso erudito evangélico mejicano Dr. Gonzalo Báez Camargo. Contó también con la participación del erudito evangélico español Ignacio Mendoza Regaliza. La primera edición de este Nuevo Testamento, realizada en 1968, tuvo una tirada de un millón de ejemplares y se distribuyó por toda Latinoamérica.

El Nuevo Testamento *Libro de la Nueva Alianza*
En 1968 la Fundación Palabra de Vida de Buenos Aires, Argentina, publicó el Nuevo Testamento *Libro de la Nueva Alianza,* fruto de un trabajo de traducción basada en el original griego realizada por un equipo de traducción conformado por los sacerdotes Armando J. Levoratti, Mateo Perdia y Alfredo B. Trusso.

La Biblia pontificia
En 1969 la Editorial Labor de Barcelona, España, publicó una Biblia traducida del italiano. Esta Biblia es una traducción de la *Sacra Biblia,* editada por Marietti ed. Ltd., de Roma y Turín, Italia.

La Biblia latinoamericana
Bernardo Hurault nació en Paris, Francia, en 1924. Este sacerdote católico llegó a trabajar como misionero a la ciudad de Concepción, Chile, en 1963. Realizó la traducción de la Biblia con base en las lenguas originales, con ayuda de otro sacerdote católico de nombre Ramón Ricciardi. La traducción fue publicada primero en 1970. Se han hecho varias reimpresiones de esta obra por Ediciones San Pablo y Editorial Verbo Divino desde 1972. Se hizo una revisión de esta traducción en 1995. Esta versión está hecha en español latinoamericano y viene con numerosas notas y comentarios. Bernardo Hurault murió en Concepción, Chile, en 2004.

La Biblia Bartina-Roquer
La Editorial Carrogio, de Barcelona, España, publicó en 1971 una traducción de la Biblia realizada por los sacerdotes jesuitas

Sebastián Bartina y Ramón Roquer, eruditos en teología y lenguas bíblicas, y autores de varias obras religiosas. Sebastián Bartina dirigió la traducción del Antiguo Testamento y Ramón Roquer la del Nuevo Testamento.

La Biblia judía de Rosenblum

La Editorial Yehuda, de Buenos Aires, Argentina, publicó en 1971 una Biblia judía en cuatro tomos. Es una traducción del hebreo al español realizada por un equipo compuesto por Abraham Rosenblum, Enrique Zadoff y Moisés Katznelson. Se lee como se acostumbra en hebreo, es decir que las páginas vienen de atrás para adelante.

El Nuevo Testamento parafraseado

En 1973 apareció una edición del Nuevo Testamento titulada *Lo más importante es el amor,* la cual era una traducción del inglés de la paráfrasis de Kenneth Taylor *The Living New Testament.* La traducción del inglés al español fue dirigida por Juan Rojas.

La Biblia de las Américas

La Fundación Lockman de California, Estados Unidos, publicó en 1973 una traducción del Nuevo Testamento basado en el texto griego, usando como modelo la versión en inglés denominada la *Nueva Biblia Norteamericana Estándar,* la cual está reseñada en esta obra en el capítulo dedicado a la historia de la Biblia en inglés.

La Biblia completa se publicó en 1986 basada en las lenguas originales. Una versión de esta Biblia en español latinoamericano se publicó en 2005 con el nombre de *Nueva Biblia de los hispanos.*

La Biblia de Editorial Herder

En 1975 la Editorial Herder publicó una versión de la Biblia cuya traducción fue realizada por un equipo dirigido por el sacerdote español Serafín Ausejo. Esta traducción se basó en las lenguas originales. Los salmos vienen traducidos en rima.

La Nueva Biblia Española

La editorial Ediciones Cristiandad de Madrid, España, publicó en 1975 una traducción de la Biblia basada en las lenguas originales —hebreo, arameo y griego— realizada por un equipo dirigido por el sacerdote jesuita Luis Alonso Schöckel, erudito bíblico y filólogo, profesor del Pontificio Instituto Bíblico de Roma; y Juan Mateos, también erudito bíblico, filólogo y profesor del Pontificio Instituto Bíblico y de la Universidad Gregoriana. Juan Mateos ya había publicado la traducción del Nuevo Testamento de esta Biblia en 1974.

La Nueva Biblia Española emplea invariablemente el modelo de traducción de equivalencia dinámica. Se hizo una edición especial en español latinoamericano.

La Biblia de Magaña

Agustín Magaña Méndez nació en la población de Tlazazalca, estado de Michoacán, México, en 1887. Este sacerdote católico, erudito en griego, publicó una traducción de la Biblia en 1978. La traducción del Antiguo Testamento se basó en otras traducciones hechas ya en español; el Nuevo Testamento fue traducido directamente del griego. La publicación estuvo a cargo de Ediciones Paulinas. Agustín Magaña murió en México en 1983.

El Nuevo Testamento Interconfesional

En 1978 se publicó el Nuevo Testamento Interconfesional, traducción del griego al español realizada por un equipo de la Comisión Episcopal Española de Relaciones Interconfesionales, la Casa de la Biblia, la Biblioteca de Autores Cristianos, las Sociedades Bíblicas y la Editorial Verbo Divino. En 2002 autorizó emprender la traducción de la Biblia completa.

La Biblia al día

La Sociedad Bíblica Internacional publicó en 1979 una paráfrasis de toda la Biblia, a la cual se denominó *La Biblia al día*, basada en la Biblia en inglés denominada *The Living Bible*, la cual está reseñada en esta obra en el capítulo dedicado a la historia de la Biblia en inglés. Una nueva edición revisada producida por la Sociedad Bíblica Internacional y el Grupo Nelson se publicó en 2007 con el nombre de *La nueva Biblia al día*, la cual ya no es una paráfrasis sino una traducción de las lenguas originales, hebreo, arameo y griego.

La Biblia del Pueblo de Dios

La editorial Ediciones Paulinas publicó en 1981 una traducción de la Biblia realizada por la Fundación Palabra de Vida, de Argentina. La traducción está basada en los textos originales, y fue hecha por un equipo dirigido por los sacerdotes católicos argentinos Armando Levoratti y Alfredo Trusso, y compuesto por Mateo Perdía, Orlando Aprile, Julián Falcato, Estela Picasso, Rosa Falcato, Lucy Juritz, Luisa Peredo, María C. Teglia y Haydeé Uthurralt. Armando Levoratti es profesor de Sagradas Escrituras en el Seminario Mayor de La Plata, Argentina. Esta traducción sigue los principios de la equivalencia dinámica. Un rasgo de esta Biblia es que los libros apócrifos, o deuterocanónicos, están ubicados entre los dos testamentos.

La Biblia de la Universidad de Navarra

En 1983 la Universidad de Navarra dio comienzo a la publicación de una Biblia preparada por los profesores de la facultad de teología. El texto es bilingüe —latín y español. El último tomo fue publicado por la Editorial EUNSA en 2004, dedicado al Nuevo Testamento, que es una revisión de la primera edición del Nuevo Testamento publicada en 1983. La Biblia completa consta de 5 tomos. Contiene numerosas notas.

La Biblia judía de Katznelson

La editorial El Árbol de la Vida de Tel Aviv, Israel, publicó en 1986 una traducción del Antiguo Testamento realizada por Moisés Katznelson. La Editorial Sinaí de Tel Aviv la reimprimió en 1996 en dos tomos, con el texto bilingüe hebreo-español.

La Biblia de la Casa de la Biblia

La editorial Casa de la Biblia, de Salamanca, España, auspició en 1992 una traducción de la Biblia basada en las lenguas originales, realizada por un equipo dirigido por Santiago Guijarro Oporto y Miguel Salvador. Se publicó simultáneamente por la Casa de la Biblia, Ediciones Sígueme y Editorial Verbo Divino. Santiago Guijarro es erudito en teología bíblica y filología; fue director del Instituto Español Bíblico y Arqueológico de Jerusalén y profesor de la Universidad de Salamanca, España. Esta obra, que es una revisión de otra realizada originalmente en 1966, viene con numerosas notas. En 1994 la Casa de la Biblia publicó una edición en español latinoamericano que lleva por nombre *Biblia de América*.

La Biblia del Peregrino

El sacerdote y erudito bíblico católico Alonso Schökel, al frente de un equipo de traductores, realizó esta edición de la Biblia en 1993, la cual es diferente de otra que él dirigió también, la Nueva Biblia Española, por lo cual no ha de confundirse con esta. La publicación fue realizada por Editorial Mensajero de Bilbao, España. La misma editorial produjo en 2006 una edición de esta Biblia en español latinoamericano con el nombre de *La Biblia de Nuestro Pueblo*, la cual trae numerosas notas y comentarios.

El Nuevo Testamento Versión Recobro

En 1994 una organización religiosa con nombre en inglés Living Stream Ministry, difusora de las enseñanzas de Watchman Nee, publicó una versión del Nuevo Testamento que afirma ser una traducción basada en las lenguas originales. Esta versión cuenta con numerosas notas, y emplea un modelo de traducción muy literal.

La Nueva Versión Internacional

La Sociedad Bíblica Internacional publicó en 1999 una traducción al español basada en las lenguas originales, siguiendo los mismos principios de traducción de la versión en inglés New International Version. El equipo fue dirigido por el ex sacerdote católico y luego pastor presbiteriano Luciano Jaramillo, erudito colombiano. El trabajo se realizó en la ciudad de Miami, Estados Unidos, por un equipo de traducción conformado por un selecto grupo de eruditos bíblicos hispanoamericanos, representando a más de diez países de habla española. Un aporte importante a la traducción bíblica que realizó esta versión fue la actualización de todos los nombres propios que aparecen en la Biblia conforme a la pronunciación española moderna latinoamericana. La Editorial Vida de Miami, Estados Unidos, publicó una edición de estudio de esta Biblia, trabajo realizado por un equipo dirigido por Luciano Jaramillo y compuesto, entre otros, por los eruditos Atala Jaramillo, René Padilla, Moisés Silva, Mariano Ávila, Emilio Núñez, Cosme Vivas y Giacomo Cassese.

El Nuevo Testamento de Pedro Ortíz

Pedro Ortiz, sacerdote jesuita colombiano, teólogo, filólogo y erudito bíblico, realizó en 2000 una traducción del Nuevo Testamento del griego al español. Este experto ha participado en muchos proyectos de traducción bíblica —la Biblia Dios Habla Hoy, entre otros. Ediciones Paulinas fue la editorial que se encargó de publicar esta traducción del Nuevo Testamento.

La Palabra de Dios para Todos

Rafael Alberto Serrano nació en Bogotá, Colombia, en 1955. Este filólogo de la Universidad Nacional de Colombia fue invitado en

1999 por el Centro Mundial de Traducción de la Biblia, de Fort Worth, Texas, Estados Unidos, para ser el editor de la Biblia en la versión *La Palabra de Dios para Todos*. El trabajo inicial se comenzó en Colombia y en 2001 se publicó el Nuevo Testamento. Esta versión está basada en las lenguas originales, consultando la Septuaginta y los manuscritos de Qumrán. El lenguaje de esta versión es español cotidiano latinoamericano.

La Biblia completa se publicó en 2005 en asociación con la Liga Bíblica. Entre los participantes en este proyecto de traducción están Ervin Bishop, Brian McLemore, Yancy Smith, Ken Berry, Alejandro Botta, Chris Heard, Patricia Rosales, David Stringham y Pablo Torrijano.

La Traducción en Lenguaje Actual

Las Sociedades Bíblicas Unidas publicaron en 2001 el Nuevo Testamento y los Salmos en la traducción denominada "en lenguaje sencillo," dirigida a un público infantil y juvenil. Esta traducción está basada en las lenguas originales. La Biblia completa se publicó en 2003. El director del equipo de traducción fue el erudito Edesio Sánchez Cetina, con participación, entre otros, del experto biblista Esteban Vogt.

La Biblia Peshitta

En 2006 la Editorial Broadman y Holman en español publicó la Biblia Peshitta. Es una traducción realizada por el Instituto Cultural Álef y Tau de México. No se ofrece información sobre los manuscritos específicos o versión crítica desde los que se realizó la traducción; sólo se menciona que se realizó desde "los antiguos manuscritos arameos."

PROYECTOS EN MARCHA
La Biblia romanceada

El Centro Internacional de Investigación de la Lengua Española

(Cilengua), ubicado en la población de San Millán de la Cogolla, provincia de La Rioja, España, ha iniciado un proyecto que tiene por objetivo profundizar en la historia de la lengua española a través de las traducciones de la Biblia a la lengua romance que se hacían en la Edad Media.

En el proyecto se investigan y reeditan diferentes traducciones de los textos bíblicos de los siglos XIII, XIV y XV, actualmente depositados en el monasterio de El Escorial. En el proyecto participan, entre otros, Claudio García Turza; Ángel Sáenz-Badillos; Gemma Avenoza, de la Universidad de Barcelona; Pedro Sánchez, de la Universidad de las Islas Baleares; y Santiago García, de la Universidad de Salamanca.

La Nueva Traducción Viviente

La Editorial Tyndale Español, de Carol Stream, Illinois, Estados Unidos, adelanta un proyecto de traducción dirigido por el Dr. Jaime Mirón y con Rafael Serrano como editor, que tiene por objeto publicar una traducción completa de la Biblia al español basada en las lenguas originales. Esta traducción sigue los mismos principios de traducción que guiaron la producción de la versión en inglés New Living Translation.

Esta traducción busca recrear en el lector moderno la experiencia que vivieron los lectores originales del texto bíblico, con todo su impacto y transformación de vidas. Servirá al lector promedio latinoamericano, la juventud, nuevos lectores y aquellos que desean una lectura fresca de la Biblia que les ayudará a comprender mejor lo que han leído en las versiones tradicionales. Su lenguaje será un español latinoamericano de fácil lectura y comprensión para todos los hablantes de español de todas las regiones de Latinoamérica.

El enfoque que han usado los traductores es balanceado, donde se aplica la más moderna erudición en materia de traducción bíblica para producir un texto que haga posible al lector la comprensión y aplicación apropiada del mensaje bíblico.

BIBLIOGRAFÍA

Bartina, Sebastián. "España en la Biblia," en *Enciclopedia de la Biblia*, 1963.

Bonilla, Plutarco. "Traducciones castellanas de la Biblia," en *Descubre la Biblia. Manual de ciencias bíblicas*, 1998.

Castro, Américo. *Biblia Medieval Romanceada*, 1927.

Calvo, Wenceslao. "Grandes traductores," en *Promotora española de lingüística*. http://www.proel.org/traductores2.html. Consulta 10 nov. 2007.

Carrasquero, Otto. "Las versiones españolas de la Biblia," en *Revista Bíblica,* Buenos Aires, Año 53 —Nueva época 41/42, 1991:1-2, pp. 35-94.

Enzinas, Francisco. "Dedicatoria del Nuevo Testamento al emperador Carlos V," *Centro de Estudios de la Reforma*. http://www.protestantes.net/Biblio/Textos/001.htm. Consulta 1 nov. 2007.

George, Calvin. *La Historia de la Biblia Reina Valera 1960*, 2005.

Fernández, Gabino, director. *Centro de Estudios de la Reforma*. http://www.protestantes.net/index.htm. Consulta 3 nov. 2007.

Fernández-Ordóñez, Inés. "El taller historiográfico alfonsí. La *Estoria de España* y la *General estoria* en el marco de las obras promovidas por Alfonso el Sabio," Universidad Autónoma de Madrid. http://www.uam.es/personal_pdi/filoyletras/ifo/publicaciones/4_cl.pdf. Consulta 25 oct. 2007.

Hill, Margarita T. "Síntesis Cronológica de las Revisiones Hechas a la Biblia Reina Valera," en *Antigua versión Valera 1909*. http://www.valera1909.com/sintesis.htm. Consulta 25 nov. 2007.

Lloyd, Roberto. "La Biblia en castellano," en *Obrero fiel.com*. http://www.obrerofiel.com/content.php?a=TVE9PQ==&c=TWpNPQ==&st=WXc9PQ==&cnt=TnpZMg. Consulta 29 nov. 2007.

Sainz de la Maza, Carlos. "Poder político y poder doctrinal en la creación de la Biblia de Alba," en *e-Spania*. http://espania.revues.org/document116.html. Consulta 25 oct. 2007.

Sánchez, José. "Historia de la Biblia en España," en Miguel Pérez y Julio Trebollé, *Historia de la Biblia*, 2006, pp. 311-337.